ŒUVRES COMPLÈTES
D'EDGAR QUINET

COURS DU COLLÈGE DE FRANCE

LE CHRISTIANISME
ET LA
RÉVOLUTION FRANÇAISE

PARIS
LIBRAIRIE HACHETTE ET Cie
79, BOULEVARD SAINT-GERMAIN, 79

ŒUVRES COMPLÈTES

D'EDGAR QUINET

LIBRAIRIE HACHETTE ET Cie

ŒUVRES COMPLÈTES D'EDGAR QUINET

en 30 volumes

Tomes.

- I. . . . Le Génie des Religions.
- II. . . . Les Jésuites. — L'Ultramontanisme.
- III. . . . Le Christianisme et la Révolution française.
- IV. . . .
  V. . . . } Les Révolutions d'Italie (2 volumes).
- VI. . . . Marnix de Sainte-Aldegonde. — Philosophie de l'Histoire de France.
- VII. . . Les Roumains. — Allemagne et Italie.
- VIII. . . Premiers travaux. — Introduction à la Philosophie de l'Histoire. — Essai sur Herder. — Examen de la vie de Jésus.
- IX. . . La Grèce moderne. — Histoire de la Poésie.
- X. . . . Mes vacances en Espagne.
- XI. . . . Ahasvérus.
- XII. . . . Prométhée. — Les Esclaves.
- XIII. . . Napoléon. Poème (Épuisé).
- XIV. . . L'Enseignement du peuple. — Œuvres politiques. Avant l'Exil.
- XV. . . Histoire de mes Idées (Autobiographie).
- XVI. . .
  XVII. . . } Merlin l'Enchanteur.
- XVIII. . .
  XIX. . . } La Révolution (3 volumes).
  XX. . .
- XXI. . . La Campagne de 1815.
- XXII. . .
  XXIII. . . } La Création (2 volumes).
- XXIV. . . Le livre de l'Exilé. — La Révolution religieuse au XIXe siècle. — Œuvres politiques pendant l'Exil.
- XXV. . . Le Siège de Paris. — Œuvres politiques après l'Exil.
- XXVI. . La République. — Conditions de régénération de la France.
- XXVII. . L'Esprit nouveau.
- XXVIII. Vie et mort du Génie grec. — Appendice. Discours du 29 mars 1875.
- XXIX. . }
  XXX. . . } Correspondance. Lettres à sa mère (2 volumes).

Lettres d'Exil d'EDGAR QUINET (4 volumes), Calmann Lévy, éditeur, 1885.

OUVRAGES DE Mme EDGAR QUINET

Mémoires d'Exil (2 volumes), éditeur Lacroix, 1868 (Épuisés).
Paris, journal du Siège (1 volume), éditeur Dentu, 1873.
Sentiers de France (1 volume), éditeur Dentu, 1875.
Edgar Quinet avant l'Exil (1 volume), éditeur Calmann Lévy, 1888.
Edgar Quinet depuis l'Exil (1 volume), éditeur Calmann Lévy, 1889.
Le Vrai dans l'Éducation (1 volume), éditeur Calmann Lévy, 1891.
Ce que dit la Musique (1 volume), éditeur Calmann Lévy, 1893.
La France Idéale (1 volume), éditeur Calmann Lévy, 1895.

Paris. — Imp. PAUL DUPONT (Cl.) 468.7.95.

ŒUVRES COMPLÈTES

D'EDGAR QUINET

COURS DU COLLÈGE DE FRANCE

LE CHRISTIANISME

ET LA

RÉVOLUTION FRANÇAISE

PARIS

LIBRAIRIE HACHETTE ET Cie

79, BOULEVARD SAINT-GERMAIN, 79

LE

CHRISTIANISME

ET LA

RÉVOLUTION FRANÇAISE

AVERTISSEMENT

Les éditions de cet ouvrage, tant en France qu'à l'étranger, étaient épuisées depuis longtemps. Il reparaît aujourd'hui, tel qu'il a été publié pour la première fois en 1845. Ce que je disais au collège de France, il y a douze ans, je le pense, je le répète, je l'affirme aujourd'hui avec plus de certitude encore.

Nous n'avons guère d'autre moyen de contrôler nos idées que notre propre expérience. Lorsque tout a changé autour de nous dans le spectacle du monde, si les vérités philosophiques auxquelles nous nous sommes élevés dans des temps tout différents survivent au changement, si même elles nous frappent d'une plus vive lumière, d'une plus grande évidence, que devons-nous raisonnablement en conclure ? Que ces vérités ont une vie indépendante de la mobilité des affaires humaines.

Un écrivain a le droit de désirer deux choses : que ses principes soient réalisés, ou, du moins, qu'ils soient confirmés par les faits. Le premier de ces souhaits n'a pas été accompli pour moi ; le second, du moins, m'a été pleinement accordé.

Celui qui voit crouler autour de lui toutes les choses extérieures au milieu desquelles sa pensée a grandi n'a point à accuser la destinée, si les notions qu'il avait du monde moral, au lieu de s'écrouler avec les choses, ressortent avec plus de clarté.

Il vivait pour ces idées ; elles éclatent avec une autorité nouvelle. Est-ce à lui de se plaindre ? Il lui reste même l'espérance que plusieurs de ceux qui repoussaient, dans sa bouche, un enseignement abstrait, se rendront à l'enseignement de la vie.

Edgar Quinet.

Bruxelles, 30 janvier 1857.

A M. J. MICHELET

Il manquerait à ce livre une chose importante pour moi si je ne vous le dédiais pas, à vous, mon ami et mon frère de cœur et de pensée. Depuis le premier instant où nous nous sommes connus, par quel hasard est-il arrivé que, séparés ou rapprochés, nous n'ayons cessé au même moment de penser, de croire, et souvent d'imaginer les mêmes choses sans avoir eu besoin de nous parler? Cet accord de l'âme a toujours été pour nous la confirmation du vrai; depuis vingt ans[1] ce combat nous réunit; c'est le combat éternel qui ne finira qu'en Dieu.

Vous le savez comme moi, cet ouvrage est la

[1] Depuis trente et un ans. 1857.

suite du plan que j'ai conçu en commençant d'écrire, et dont les parties précédentes sont : le *Génie des religions*, l'*Essai sur la vie de Jésus-Christ*, une moitié de notre livre des *Jésuites*, l'*Ultramontanisme*. Dans cette carrière non interrompue[1], j'ai traité de la Révélation et de la Nature, des traditions de l'Asie orientale et occidentale, des Vedas et des castes, des religions de l'Inde, de la Chine, de la Perse, de l'Égypte, de la Phénicie, du Polythéisme grec, romain. J'ai suivi, à travers leurs principales variations, le Mosaïsme, le Christianisme des apôtres, le Schisme grec, l'Islamisme, la Papauté au moyen âge, la Réformation, la Société de Jésus, l'Église gallicane, les rapports de la Révolution française et du Catholicisme ; en sorte que ces ouvrages, différents de formes, mais semblables par le but, tendent à composer une histoire universelle des révolutions religieuses et sociales.

Si dans cette marche vers un but aperçu de loin j'ai fini par rencontrer avec vous des adversaires ardents, ils n'ont exercé aucune influence sur la nature et le caractère de mes idées, non plus que sur les vôtres. Je me suis appliqué à suivre d'une

---

[1] Voyez l'Appendice à la fin de ce volume.

manière imperturbable le projet que j'avais formé dans le temps où je ne comptais pas un seul ennemi. Déterminé seulement à ne pas dévier devant les difficultés qui surgissaient, je ne les ai combattues qu'autant qu'elles se liaient à cette grande polémique que chaque siècle soutient contre ceux qui l'ont précédé. Sans nulle haine contre les personnes, je pense même que l'opposition qui m'a été faite m'a été utile, lorsqu'elle n'a pas dégénéré en violence. Pour vaincre ces contradictions systématiques, j'ai dû veiller plus attentivement sur moi-même, ne rien avancer qui ne fût, de ma part, une conviction profonde, m'entourer de preuves, d'évidence, me passionner pour la vérité seule, certain que tout le reste, artifices de langage, ornements de style, futiles parures, me serait disputé sur-le-champ.

Si j'eusse écrit pour une académie, dans le fond de la retraite, sans qu'aucun ennemi épiât mes paroles, j'aurais dit au fond les mêmes choses; mais peut-être ne les eussé-je pas assez trempées dans le plus intime de mon cœur; j'aurais pu m'amuser à parer ce qui doit être nu. Au lieu qu'obligé, chaque jour, de porter moi-même ma parole en public, à la face de mes ennemis déclarés, je tiens pour assuré que cette sorte d'épreuve morale et immédiate m'a forcément ramené à ce qui est le nerf de mon sujet.

Dans nos mœurs modernes, l'écrivain retiré dans sa bibliothèque, sans contradicteur, ne court qu'un seul péril, qui est de se donner trop aisément raison[1]; cette volupté l'énerve. Un moment d'une lutte à outrance est nécessaire dans ce métier, le plus dangereux de tous, pour la santé de l'âme. Je remercie donc le ciel de m'avoir enlevé à une volupté redoutable. Quand les inimitiés se sont prononcées, loin d'éprouver aucun ressentiment, j'ai accepté de grand cœur l'occasion de lutter avec moi-même et de m'avancer dans la vérité, par le besoin même de m'y fortifier. Temps étrange que celui où toute élévation morale passe aisément pour un commencement de sédition !

En traçant ces mots, je sais d'avance, mon ami, que j'exprime votre propre pensée. Le témoignage de notre intimité m'a toujours paru la meilleure

---

[1] Parmi les écrivains et les ouvrages dont je me suis appuyé, je me contenterai de citer ici quelques-uns de ceux qui appartiennent à la littérature moderne du Midi de l'Europe : Zurita. Sarpi. Bellarmin. Loyola. Ribadeneiras. Pallavicini. Paruta. Ferrante. Molina. Savonarole. Sainte Thérèse. Acquaviva. Machiavel. Galilée. Vico. Quevedo. Arcipreste de Hita. Lettres de Christophe Colomb ; de Fernand Cortès. Campanella. Ercilla. Chiabrera. Filicaja. Platina. Gregorio Leti. Giannone. Muratori. Venturi. Beccaria. Sacro Arsenale. Quintana. Llorente. Le cardinal Pacca. Monti. etc.

partie de notre enseignement. Si quelqu'un se trouve touché par ce livre, je désire qu'il se dise : Voilà deux hommes qui ont été constamment occupés des mêmes choses; et leur amitié n'a fait que s'accroître jusqu'à la mort.

Edgar Quinet.

Paris, ce 23 juillet 1845.

LE
CHRISTIANISME
ET LA
RÉVOLUTION FRANÇAISE

PREMIÈRE LEÇON

INTRODUCTION.

Deux systèmes : un Dieu mort, un Dieu vivant. — Principe de la critique littéraire : rapports des littératures et des institutions religieuses. — Aperçu du sujet. — Pourquoi la révolution d'Espagne est stérile. — Accord de la servitude religieuse et de la servitude politique. — École des nouveaux Guelfes en Italie ; idéal de liberté, fondé sur la censure. — Les deux papes du dix-neuvième siècle. — Rome et la Russie. — De la famine morale chez un peuple.

Messieurs,

Une année nouvelle s'ouvre devant nous ; elle réclame de nous un esprit nouveau. C'est une condition particulière à l'homme qui paraît dans ces chaires que son auditoire rajeunit et se renouvelle constamment autour de lui. Dans toutes les autres assemblées, le temps pèse presque également sur celui qui parle et sur ceux qui écoutent; on vit et on vieillit ensemble. Ici, au contraire, les jours ne s'accumulent que d'un côté; la jeunesse, l'âge mûr, la vieillesse, à son tour, se succèdent chez l'orateur. De votre côté, au contraire, le printemps de l'année reverdit chaque saison; avec lui, la curiosité de l'esprit, l'espérance, l'audace de la pensée, demeurent ce qu'elles étaient; en un mot, la vie qui s'écoule pour moi, reste inépuisable pour vous; quand je ne serai plus, vous aurez la même jeunesse qu'aujourd'hui; comme auditoire renouvelé d'année en année, de génération en génération, vous ne périrez pas.

Ce partage serait trop inégal si, tandis que vous jouissez d'un présent permanent, le passé qui se creuse derrière moi était perdu pour moi; je veux croire que les paroles que j'ai prononcées ne sont pas mortes, que l'âme que j'ai cherché à répandre vit encore, ne fût-ce que dans un petit nombre d'entre vous. Et par là seulement peut s'établir la continuité de l'enseignement, qui est l'image de la vie elle-même. Ils sont loin d'ici, dispersés selon les vues de la Providence, ceux au milieu desquels j'ai commencé, à Lyon, la carrière d'idées que je poursuis ici; d'autres les ont remplacés qui à leur tour ont disparu. Aujourd'hui, je suis nouveau pour un grand nombre d'entre vous ; et pourtant je dois supposer que vous me connaissez tous, et que, malgré le changement des années, il reste ici debout un esprit qui garde au moins un souvenir de ma pensée. Autrement, quelle serait ma tâche? Refaire ce que j'ai déjà fait, redire ce que j'ai déjà dit, tourner dans un cercle sans issue.

Cet auditoire, je l'ai toujours considéré comme un être moral qui conserve la mémoire et me permet ainsi de faire chaque année un pas nouveau au-devant de la vérité. D'un côté, ce qu'il y a de durable dans la parole sincère germe dans quelques esprits qui représentent pour nous ici les années écoulées; de l'autre, des auditeurs nouveaux qui ne font qu'entrer dans la vie appellent avec impatience une nouvelle phase dans notre enseignement. Laissons donc l'ancien rivage, les anciens sujets, aspirons avec cette génération nouvelle d'auditeurs à une autre génération de faits et d'idées; surtout élevons et agrandissons de plus en plus notre pensée.

Cette méthode est celle de la nature elle même! Le flot marche et reflète un autre ciel ; l'ancienne sève circule dans les plantes rajeunies ; l'esprit de l'homme restera-t-il immobile ? Cela serait plus facile, mais cela serait déchoir au-dessous de la nature morte. Je ne sais si nous avons fait quelque chose, mais je le compte pour rien auprès de ce que nous avons à faire ; ne nous amusons pas à recommencer notre passé ; au lieu de nous réjouir dans nos œuvres en commun, comme dans un pécule amassé, prenons plutôt pour devise le mot d'un grand penseur américain : *Le vieux est fait pour les esclaves!*

Toutes les luttes, tous les systèmes religieux, politiques, philosophiques, littéraires, qui agitent aujourd'hui le monde, se réduisent nécessairement à deux. Dans l'un de ces systèmes on pense qu'à partir d'un certain moment tout est fini dans la nature et dans l'esprit, que la Bible est close, que l'éternité n'y ajoutera pas une page, que le souffle de Dieu ne se promène plus dans l'infini, que certains siècles ont usurpé toute la sagesse, toute la beauté d'un peuple, d'une race d'hommes, et qu'il ne reste plus qu'à les contrefaire ; en un mot, que la terre déshéritée, orpheline, est un sépulcre divin, où chaque génération vient écrire à son tour de son sang et de ses larmes l'épitaphe d'un monde.

D'autres pensent, au contraire, que chaque jour, chaque instant, renferme une création, que le soleil qui a lui dans la Genèse se lève sur vos têtes avec sa splendeur immaculée, que si quelques hommes sont las, Dieu n'est pas découragé comme eux, qu'il n'a pas fermé au moyen âge les portes de son Église, qu'il n'est pas fatigué de tourner les pages du livre de vie, qu'il n'est pas perpétuellement assis, immobile sur l'escabeau de David, mais qu'il se promène à travers les créatures, évoquant à chaque instant par leur nom des choses, des faits, des peuples, des générations nouvelles.

Sans entrer aujourd'hui au fond de ces systèmes de découragement ou d'espérance, je demanderai seulement, si tout est fini, si l'action divine est arrêtée, pourquoi cette génération nouvelle vient-elle frapper à la porte de vie ? Pourquoi est-elle sortie du néant? Où était-elle il y a moins de vingt ans ? Que vient-elle faire ici ? Que demande-t-elle sous le soleil? Pense-t-on qu'elle arrive sans mission, sans vocation ? Pour moi, je pense que qui la considérerait bien trouverait qu'elle porte sur le front la trace d'une pensée qui surgit avec elle pour la première fois dans le monde.

Que ces nouveaux venus nous disent s'ils sont las des années qu'ils n'ont pas vécu ! Qu'importe que l'antiquité, le moyen âge, la féodalité, les temps modernes, Napoléon, les invasions de 1814 et de 1815, aient précédé leur berceau ! le fardeau des temps passés les empêche-t-il d'entrer la tête haute dans la vie nouvelle ? Pourquoi leur sang courrait-il moins vite dans leurs veines qu'au temps de la chevalerie ou de Louis XIV, ou des armées de la République ? Chaque génération avant eux a fait son œuvre ; ils ont aussi la leur, dont ils portent le type sacré en eux-mêmes. A leur arrivée sur la terre, les vieillards leur disent : « Faites comme nous, le monde est vieux. Rome Byzance, l'Égypte, pèsent sur nos fronts ; le siècle de Louis XIV a tout écrit. L'Église de Grégoire VII a muré ses portes ; tout est consommé ; vous arrivez trop tard au lendemain des jours de vie ; nous ne connaissons qu'un Dieu mort ; asseyez-vous avec nous dans la tombe éternelle. »

Mais eux, au contraire, sentant l'impulsion encore neuve de celui qui les envoie, donnent intérieurement un démenti à cette prétendue lassitude de l'esprit créateur. Le moment où ils s'éveillent à la vie de l'âme, de l'intelligence, ce moment est, en soi, aussi fécond, aussi sacré qu'il l'a été dans aucune époque ; il contient le même infini que nos pères n'ont ni épuisé ni diminué. Écoutez en vous-même ! le réveil de l'âme sous l'arbre de la science est aujourd'hui aussi plein d'avenir qu'il a pu l'être au commencement des choses. La terre n'est pas fatiguée de se mouvoir ni la sève de monter ; pourquoi l'esprit de l'homme serait-il fatigué de chercher, d'aimer, de penser et d'adorer ? Les générations ont beau passer, la coupe de vie ne diminue pas en les abreuvant les unes après les autres ; tout homme qui arrive en ce monde est fait pour être le roi, non pas le serf du passé.

Ah! si l'histoire en s'accumulant sur notre Occident, si cette érudition qui pèse sur notre Europe, si la lecture et l'étude de ce qui a été imaginé, exécuté avant nous, devaient nous dispenser d'agir, de penser et d'être à notre tour; si nous acceptions cet héritage comme un fils de famille qui se repose dans les actions de ses ancêtres, je croirais que toute cette science n'est qu'un don trompeur et empoisonné, puisque son premier résultat serait de nous faire oublier de vivre; je craindrais que le Midi, en particulier, ne finît par s'ensevelir sous un fardeau de rites, de formes, de livres, et de souvenirs immobiles. Mais, en considérant les choses de plus près, je vois comment l'individu peut porter en soi l'histoire du genre humain sans en être accablé.

Les naturalistes ont trouvé que l'homme physique, avant de naître, traverse l'échelle des formes inférieures de la vie, jusqu'à ce qu'il ait, pour ainsi dire, conscience de la nature entière. Il en est de même de l'homme qui naît à la vie morale; il passe à travers toutes les formes, toutes les régions de l'histoire; et le chef-d'œuvre de son éducation, qui ne finit qu'à la mort, est de représenter dans cette ascension de vie l'humanité accumulée et développée dans son esprit. Il y a un âge dans lequel il ressemble, traits pour traits, sur les genoux de sa mère, à l'humanité orientale, sommeillant en Dieu ; il en a un autre, où, dans l'élan de l'adolescence, il personnifie la Grèce ; puis, avec la maturité, apparaît chez lui l'homme moderne. Plus il rassemble en lui-même de ces traits divins, disséminés dans la constitution du genre humain, à travers le temps, plus sa vie est puissante.

Imaginez un homme qui, suivant les époques de sa carrière, aurait senti la grandeur de la nature comme Moïse sur l'Oreb, qui aurait eu l'amour désintéressé de la gloire comme un artiste grec, qui aurait aimé son pays comme un Romain, l'humanité comme un chrétien, qui aurait senti l'enthousiasme de la foi comme Jeanne d'Arc, l'enthousiasme de la raison comme Mirabeau, et qui, sans se laisser arrêter sur aucun de ces degrés du passé, continuerait de développer en lui la sève de l'esprit ; cet homme-là, vrai miroir de l'humanité, en mourant pourrait dire : J'ai vécu.

Si nous voulons nous-mêmes nous conformer à ces idées, quel sujet choisirons-nous pour l'occupation de cette année ? Il ne faut pas que nous le choisissions ; il faut qu'il nous soit donné par la nature des choses, c'est-à-dire, qu'il soit d'un côté, plus vaste que ceux que nous avons traités, et que, de l'autre, il tienne plus intimement encore au génie des sociétés que nous devons représenter ici.

Ma situation à cet égard est particulière. La chaire que j'occupe est nouvelle ; personne ne m'y a précédé, d'où il résulte que mon devoir est surtout d'en poser les fondements : je ne puis descendre trop avant dans le principe de la civilisation de l'Europe du Midi. Il ne me suffit pas d'avoir parlé isolément de l'esprit de certains peuples de l'Italie, de l'Espagne, de la Grèce, d'avoir remué les noms et les œuvres de Dante, de Machiavel, de Camoëns, du Tasse, de Bruno, de Campanella : il faut encore montrer le lien, l'âme qui rassemble ces hommes et ces peuples, établir le rapport du Midi avec la France, avec le Nord, et marquer la condition et la mission de l'Europe méridionale dans le monde moderne.

Or rien de cela n'est possible et l'on se condamne à flotter toujours à la surface des choses, si l'on n'embrasse, une fois, dans une même vue, les révolutions religieuses, dont les institutions politiques, les littératures et les arts sont une conséquence. Ces révolutions religieuses, ces orages qui, à de certaines époques, s'élèvent dans le dogme et semblent d'abord tout bouleverser, c'est l'esprit de vie qui recommence à souffler sur la mer stagnante. L'homme qui s'est fait son abri recule devant cette tempête ; ses cheveux se hérissent de peur ; il croit que l'orage divin va tout emporter ; mais peu à peu l'abîme se tait, les haines s'apaisent. Du sein du dogme agrandi sort une création, c'est-à-dire une époque nouvelle ; un nouveau *fiat lux* a été prononcé ; des institutions, des poèmes, un autre idéal social jaillissent de cette lumière de l'esprit.

Quand j'ai eu à parler d'Homère et de Platon, il a paru indispensable de remonter à la mythologie ; comment, en parlant des poètes, des historiens, des législateurs chrétiens, pourrais-je m'abstenir de parler du christianisme ? Retranchez-moi l'Église, dans sa plus grande acception, l'âme de mon sujet disparaît. Que voulez-vous que je vous dise de l'Italie sans la papauté, de Calderón sans le catholicisme, de la philosophie espagnole sans Louis de Grenade et sainte Thérèse, de l'Amérique sans les dominicains, de l'Alhambra sans l'islamisme, de Byzance sans la religion grecque, des institutions d'Alphonse sans les conciles, de Philippe II sans la réforme, de l'Orient sans Mahomet, du monde sans l'Évangile ? Ce serait prendre le corps et abandonner l'esprit. Dans les derniers temps, nous avons traité du jésuitisme, puis d'un système plus vaste, l'ultramontanisme. Aujourd'hui, poussé par la nature des choses, notre sujet s'accroît encore : nous parlerons des révolutions religieuses dans leurs rapports avec la civilisation et les lettres du Midi en particulier, et de la France en général.

Je veux toucher, dans sa sublime innocence, cette Église primitive, et la comparer à ce qu'elle est devenue ; je veux voir de près cet idéal qui se lève sur les berceaux des sociétés modernes, mesurer jusqu'à quel point chaque peuple l'a réalisé dans ses pensées écrites et dans ses entreprises ; car chaque peuple chrétien, en naissant, est un apôtre qui a sa mission particulière ; tous cheminent en semant la parole ; quelques-uns finissent par le martyre.

Comment l'évêque de Rome est-il devenu le chef de la catholicité ? Par quelles phases a passé ce pouvoir extraordinaire, qui a été si longtemps toute l'âme du Midi ? Comment cette dictature du royaume de l'esprit a-t-elle été acceptée et brisée ? Pourquoi l'Église grecque s'est-elle si vite séparée, et quelles destinées cette scission a-t-elle préparées à la Grèce moderne et à la Russie ? Comment l'œuvre accomplie dans Byzance a-t-elle son retentissement dans Moscou et dans Saint-Pétersbourg ? D'autre part je veux voir naître du judaïsme et d'une hérésie chrétienne la puissance du Coran. Le choc et souvent le mélange de l'islamisme et du catholicisme me montreront l'Espagne dans sa langue, dans ses lois, dans sa politique ; je me rappellerai que j'ai lu ses poètes dans l'Alcazar de Séville et dans le Généralife de Grenade. Je m'arrêterai avec joie dans cette Arabie chrétienne. Mais nous ne connaîtrions pas le Midi si nous ne l'opposions au Nord. Le grand divorce du Nord et du Midi éclate dans la réformation ; l'Espagne et l'Italie nous seront alors expliquées par leurs opposés, l'Allemagne et l'Angleterre. Nous suivrons ainsi le grand flot des choses divines et des révolutions religieuses, jusqu'à ce que nous arrivions à la Révolution française, où nous trouverons l'abrégé et le sceau de toutes celles qui l'ont précédée ; arrivant enfin à nous-mêmes, nous chercherons s'il n'est pas des indices de réconciliation dans le genre humain, après tant de discordes divines. Telles sont, résumées en un mot, les choses dont nous nous occuperons ; ce sont, pour ainsi dire, les idées nourricières de l'humanité moderne.

Ne vous effrayez pas de la grandeur de ces objets : plus ils sont grands, plus ils sont simples. Je les aborde avec plaisir, pensant qu'ils nous serviront à nous élever nous-mêmes. Laissons, dépouillons les petites préoccupations ; entrons ici sans fiel, comme des hommes libres de haine, qui ne cherchent rien, ne demandent rien, que le joug de la vérité.

Avant de nous engager dans ce vaste passé, jetons un regard sur le système actuel des peuples du Midi de l'Europe. Que fait l'Espagne ? Ce qui m'a le plus étonné en l'étudiant, en la parcourant, a été de me convaincre qu'au milieu d'une révolution qui devait tout changer, l'ancienne intolérance religieuse est restée debout dans la loi. L'intolérance du moyen âge est demeurée la religion de l'État nouveau ; on a déplacé les noms, on a renversé des murailles, on a châtié des pierres ; mais, dans l'esprit du dogme sur lequel repose l'Espagne nouvelle, rien n'a changé. Encore aujourd'hui, à l'heure où je parle, nul ne peut écrire un article de journal, sur un sujet religieux, sans avoir le consentement du clergé. Et de là qu'arrive-t-il ? On a cru pouvoir détruire la servitude politique en laissant subsister la servitude religieuse : la première renaît nécessairement de l'autre.

Vit-on jamais pareil spectacle ! Un peuple se jette témérairement dans l'avenir, il menace de tout renouveler ; et il commence, dans le préambule de ses institutions nouvelles, par se refuser l'examen ! De là, dans ce chaos, malgré son élan héroïque, il ne trouve pas une idée, une pensée, dont il puisse, en se sauvant, aider le genre humain. L'Espagne, aujourd'hui, a des poètes pleins de fantaisie, mais elle attend encore qu'il lui soit permis de penser. Douleurs infécondes ! sang versé qui ne produit que des larmes ! on s'agite en aveugle, on tourne dans l'enceinte d'un dogme immobile, sans pouvoir découvrir une issue, et toujours, comme dans un vertige, on retombe sous la même conséquence, l'ancien despotisme politique, ombre inséparable du despotisme spirituel. Là où le prêtre peut dire à un peuple entier : Donne-moi ton esprit sans examen ; le prince, par une logique infaillible, redit aussitôt: Donne-moi ta liberté sans contrôle.

D'autre part, que se passe-t-il en Italie ? Depuis Dante jusqu'à Ugo Foscolo, l'esprit avait toujours réagi là contre ses liens ; l'histoire de la philosophie italienne est l'histoire de l'héroïsme de l'intelligence. Aujourd'hui un assez grand nombre d'écrivains, sans plus combattre, las de chercher, se réfugient dans le sein de Rome ; le peuple s'étonne de la retraite précipitée de ces hommes; il ne comprend rien aux espérances que leurs livres contiennent. Là on promet aux Italiens la couronne du monde s'ils veulent être le peuple sacerdotal par excellence, c'est-à-dire que l'on remonte, par amour du progrès, jusqu'aux castes des Indiens. Mais c'est le génie du découragement qui parle, au lieu de l'accent de l'espérance; il y a je ne sais quoi de brisé dans ce rêve de la philosophie des nouveaux Guelfes ; c'est le rêve de la philosophie enfermé dans le Spielberg, et l'on y sent les traces, non pas des chaînes, mais des idées autrichiennes. Le plus libéral, le plus audacieux de ces esprits, fonde sa charte ultramontaine, sa chimère de liberté, sur quoi ? sur la censure.

Illusion des ruines chez ces esprits trompés par le mirage du passé ! l'Italie se cherche aujourd'hui dans le fantôme de Grégoire VII, comme au moyen âge elle se cherchait dans le fantôme de César. Les Gibelins n'ont pas ressuscité César, les nouveaux Guelfes ne ressusciteront pas Grégoire VII. Il faut se réveiller de ce songe de mille années, et, s'il est un salut, le chercher en soi-même, dans ce qui est, et non dans ce qui fût, dans le moindre cœur qui bat plutôt que dans l'urne de César, de Pompée ou d'Hildebrand.

Je vois aujourd'hui l'esprit du Midi et du Nord à demi dominé par deux théocraties, deux papautés de formes diverses : l'une, ancienne, qui essaie de renaître et qui a son foyer dans Rome ; l'autre, nouvelle, qui se prépare en silence et a son Vatican dans Pétersbourg. Dans le principe de toutes deux, l'autorité temporelle et l'autorité spirituelle sont identifiées, puisque le pape et l'empereur se confondent dans le souverain de Russie. D'un côté est un vieillard auquel on essaie de rendre l'ambition et l'espérance perdues ; au bruit des hymnes du moyen âge, il attend de nouveau que le monde se soumette. De l'autre est le pape slave, soldat et prêtre, qui, debout sur le front de son clergé, créant et imposant des liturgies, livrant un peuple entier à ses auto-da-fé, convoite aussi, au nom de l'esprit, la suprématie universelle.

Pourquoi ces deux figures de l'absolutisme spirituel recommencent-elles à paraître ? pourquoi le Midi et le Nord nous pressent-ils, l'un de son passé, l'autre de son avenir ? Pourquoi ces immenses, ces colossales ambitions se dressent-elles autour de nous ? Pourquoi les morts viennent-ils redemander l'héritage intellectuel et libre des vivants ? Il faut bien le dire, — parce que nous ne vivons plus d'une vie assez forte, parce que nous semblons languir de cœur et d'âme, parce que nous ne faisons pas tout ce que nous pourrions faire, parce que nous ne sommes, ni comme individus, ni comme peuples, tout ce que nous pourrions être, parce que nous ne portons plus assez haut ni avec assez d'audace le drapeau de l'esprit.

On voit de loin, sous un souffle néfaste, pâlir le génie de la France ; alors au Nord et au Midi on croit déjà que tout est fini, et d'étranges héritiers se lèvent pour enlever, pendant la nuit, la couronne de la civilisation au chevet de la France endormie.

Combien de fois n'a-t-on pas dit et répété qu'après tout nous n'avions rien à redouter de l'esprit du Nord, parce qu'il est pauvre et que, nous, nous sommes riches ? là-dessus nous avons travaillé presque unanimement à nous enrichir encore. Mais la Providence veut nous donner de nouveau un grand avertissement. Elle vient d'ouvrir sous nos yeux à cette Russie qu'on disait si misérable, si incapable de solder une armée, dans l'Oural, des mines d'or plus riches que les mines du Pérou ; ce n'est donc pas notre argent tout seul qui pourra nous sauver ni nous relever, ni nous maintenir arbitres entre le Nord et le Midi. Ne jouons pas l'avenir à croix ou pile, dans une partie de bourse dont le pape et l'empereur seraient les partenaires. Rien n'est changé pour nous ; ce qui nous fera gagner la partie, c'est ce qui nous l'a fait gagner hier : c'est notre pensée, notre vie morale, notre liberté, notre attente de l'avenir, notre âme française. Puisez dans cette source sans crainte, elle est plus profonde et plus riche que les puits de l'Oural.

Certes, ils sont bien inspirés, ceux qui, frappés des infirmités et de la misère physique du plus grand nombre, cherchent à apaiser autour d'eux la faim du corps. Chaque jour voit naître sur ce sujet un nouveau système, et c'est là un des traits les plus plus nobles de notre temps. Ceux que la pitié laisserait tranquilles sont réveillés dans la nuit par l'esprit de précaution, car tous savent que lorsque le cri de famine surgit du fond d'un peuple, c'est le signal d'un grand changement pour les États. Mais la faim de l'âme, la faim de l'esprit, n'est-ce rien de redoutable ? Lorsqu'elle commence à travailler une nation, c'est aussi là une chose qui devrait empêcher de dormir.

La France est trop accoutumée à la grandeur pour mendier dans la rue sa vie morale. Aucun cri ne sort des entrailles de ce peuple; il marche la tête droite et en silence, et pourtant je jure qu'il a faim, qu'il a faim du pain de l'âme, que depuis longtemps il n'a pas été nourri de vérité, de loyauté, d'espérance, d'honneur, de sympathies et de cette pure gloire qui apaise ou qui trompe sa soif. Ce n'est pas tout que d'avoir pitié du corps; l'esprit aussi finira par crier si trop de gens s'entendent pour le laisser mourir.

Quand la tribune était un grand enseignement politique et moral, distribué à la France et au monde, on n'avait pas besoin de dire de pareilles choses ; mais les temps sont changés ; il faut bien qu'elles éclatent quelque part.

Toute la question, au point de vue le plus philosophique, est de savoir ce que l'on attend, ce que l'on demande, ce que l'on espère de la France. Si l'on pense que ce pays n'a plus rien à faire dans le monde qu'à thésauriser dans sa vieillesse, à reproduire par le droit divin de l'or les inégalités du passé, à rejeter la Révolution comme une fausse monnaie, alors il est juste, il est sage, il est conséquent de vanter, d'imposer à cette France humiliée l'humiliation de la raison humaine ; il est convenable, si l'on se repent de la Révolution, de déclarer l'esprit humain révolutionnaire et factieux ; pour de semblables résultats il faut de semblables théories. Mais, si l'on pense, au contraire, que la France doit continuer et étendre son œuvre, qu'elle doit tôt ou tard relever la tête, que sa mission n'est pas finie ; qu'elle doit réconcilier un jour l'esprit du Nord et l'esprit du Midi ; alors il faut aussi continuer, non pas recommencer la vie spirituelle ; il faut compter sur les énergies de l'âme, il faut croire à une nouvelle ère de l'intelligence ; il faut chercher, tous ensemble, de nouvelles sources morales.

Je sais bien que la société qui vous entoure a peine à croire à l'espoir, à l'avenir : elle vous décourage à chaque pas, elle vous contredit ; elle voudrait, en vous communiquant sa vieillesse prématurée, vous ôter le droit de vivre. Résistez dans ce premier combat ; c'est dans cette lutte que vous devez grandir. Vous êtes la source nouvelle, ne la laissez pas souiller dès le premier contact. Ah ! si chacun de vous savait ce qu'il possède en lui-même, ce qu'il a fallu de siècles, de sang versé dans les batailles, de courage, de lumière, de génie, de vérités, pour former et tremper dans son sein son âme française, il ne la rendrait pas aisément prisonnière, dès le premier conflit. Ceux qui vous précèdent du moins ont quelque raison de vouloir s'arrêter ; ils ont vu de grandes choses, la Révolution, l'Empire, et leur attente est satisfaite. Mais nous, Messieurs, pour la plupart, qu'avons-nous vu ? trois jours de juillet. Ah ! trois jours de vérité dans une vie humaine, cela ne suffit pas.

DEUXIÈME LEÇON

DE LA TACTIQUE PARLEMENTAIRE EN MATIÈRE DE RELIGION ET DE PHILOSOPHIE.

Objections préliminaires. — De la tactique en matière de philosophie et de religion. — Un danger pour l'esprit français : les habitudes parlementaires appliquées aux affaires de l'esprit. — Conditions imposées à l'éclectisme par ses origines. — Fausse capitulation qu'il propose entre la science et la foi. — *Il faut une religion pour le peuple :* les privilégiés de la lumière, les prolétaires des ténèbres. — La fin du monde moral. — Quelque chose se meurt : l'idéal doctrinaire.

Dans la voie où nous entrons, une chose inévitable est que nous rencontrions de nouveaux adversaires ; ils serviront à marquer notre progrès. Nous devons, tôt ou tard, rassembler contre nous, presque également, ceux qui veulent l'immobilité dans la foi ou dans la science, dans l'Église ou dans la philosophie. Sans vous en étonner ni vous en plaindre, déjà pour peu que vous ayez prêté l'oreille dans ces dernières années, vous avez pu entendre une voix qui, prenant des accents différents dans des bouches différentes, nous répète un certain nombre d'objections, dont le sens équivaut à ceci : « Arrêtez-vous ! les questions sont effrayantes ; le cœur nous manque. Votre ligne est trop droite ; vous n'usez d'aucune tactique, d'aucun stratagème. Imprudents, qui voulez porter dans la vie la philosophie au cœur des difficultés de notre temps ; elle ne peut vous y suivre ; elle doit se réduire à subsister au centre d'une formule, sans entrer dans l'âme des peuples et des générations. Jusqu'ici, nous nous sommes contentés de vous renier ; faites un pas de plus au-devant de la vérité, et nous vous jetterons à notre tour l'interdit philosophique par toutes nos bouches. » Cette voix n'est celle d'aucun individu de notre temps. C'est la voix d'un système, le cri de l'éclectisme.

Pour que tout le monde soit à son aise dans une pareille affaire, nous devons, dès notre premier mot, nous expliquer sur nos relations avec cette doctrine, et sur les objections qu'on en déduit contre nous. On tend, depuis des années, sous nos pas, l'éclectisme comme un lacet ; arrêtons-nous un instant pour le dénouer ; nous marcherons plus sûrement quand nous aurons foulé l'embûche.

Plus j'y pense, plus je me persuade que le plus grand danger pour l'esprit de la France serait de prétendre appliquer aux questions immortelles dont nous nous occupons la tactique, les habiletés souterraines qui deviennent de plus en plus la règle des assemblées politiques de notre temps. Là, pour obtenir un triomphe d'une semaine, une vérité d'un jour, on feint de s'entendre, lorsqu'en secret on ne cherche qu'à se supplanter ; on forme des coalitions de haines ; l'un renonce à une moitié de sa croyance, l'autre l'abandonne tout entière ; souvent l'alliance se consomme dans le néant.

Cet art de lier les volontés sans posséder les convictions peut être un résultat nécessaire des institutions nouvelles. Qu'arriverait-il si, chaque jour, au grand soleil, cet exemple, entrant peu à peu dans les mœurs des peuples nouveaux, était appliqué aux affaires de l'esprit et de l'intelligence pure ? nous tomberions fort au-dessous de Byzance. A mesure que, d'un côté, la tactique, le stratagème, l'habileté négative, menacent de tout absorber ; de l'autre, le philosophe, le penseur moderne, celui qui aspire à ce nom, doit montrer plus de véracité, moins d'ambages que ses devanciers, moins de voiles, plus d'inflexibilité dans le vrai. Oui, sauvons des embûches des fausses trêves, de la honte des vaines et frauduleuses réticences, la sainte politique des idées : que celle-là succombe, tout est perdu ; qu'elle se maintienne droite et haute, tout est sauvé et réparé.

Mais, en disant trop franchement la vérité, vous perdrez des alliés qui vous auraient suivi, si vous aviez pris des voiles? — Eh! qu'importe? avez-vous peur de n'être pas assez nombreux? les vérités vivantes que nous cherchons, que nous sentons, ne s'obtiennent pas de la réticence, de la complaisance des esprits, comme une boule blanche ou noire, qu'il est possible de cacher dans le creux de la main. Elles jaillissent avec splendeur, du fond de l'âme; il est impossible de ne pas en être responsable. Soyons vrais avant tout, nous serons suffisamment habiles. S'il le faut, je préfère être seul ici, avec ma conscience, plutôt que d'avoir toute la complaisance du monde avec moi, en portant au dedans un esprit divisé.

Nul ne peut faire un pas nouveau dans la vie morale sans rencontrer la résistance de la doctrine qui le précède; nous n'avançons qu'à la condition de montrer que nous avons assez d'âme, de vie morale, pour franchir l'obstacle. Quand l'éclectisme a paru, il a trouvé pour adversaire la philosophie de la sensation; il est juste qu'à notre tour nous trouvions dans l'éclectisme la barrière qui veut se refermer sur nous. Joignez à cela une raison particulière, tirée des origines de cette doctrine; c'est son malheur, on ne peut lui en faire un reproche, d'avoir été, dès le commencement, une capitulation. La fatalité a voulu qu'elle datât des calamités et de l'esprit de 1815 ; cette date, qu'elle s'est elle-même donnée, elle doit la porter jusqu'au bout. Peut-être ce fut une nécessité que cette capitulation de l'esprit philosophique de la France, sous les Fourches Caudines de l'Europe. Je ne l'examine pas ; il est certain que ce caractère est tellement empreint dans la doctrine dont nous parlons, qu'il en est, pour ainsi dire, toute l'âme. D'abord, capitulation avec la philosophie écossaise et allemande ; le génie spontané de la France y disparaît presque en entier. Capitulation avec la politique ; on s'identifie d'esprit avec la Restauration et l'on s'enferme dans la Charte de 1814, comme dans un absolu immuable. Capitulation avec tout le passé de la philosophie ; on cède, pour ainsi dire, tout le droit du présent à penser pour son compte. Enfin, de nos jours, capitulation avec l'Église, telle qu'elle est ; on est bien loin de vouloir s'immiscer dans l'examen de ses traditions ; sans songer un moment à lui demander raison de l'héritage de vie, on tient seulement à rester en paix, dans une immobilité semblable à la sienne ; on s'abrite près d'elle, à son ombre, et l'on dit : Que la paix soit sur vous et sur moi. Ainsi, de capitulation en capitulation, cette doctrine, qui a répondu au caractère d'un temps, est, aujourd'hui, véritablement prisonnière ; de quelque côté qu'elle regarde, elle a laissé toute issue se refermer sur elle; tout ce qu'elle peut faire aujourd'hui, c'est de nous convier à l'imiter, en nous parquant comme elle dans la même enceinte murée.

Mais, vous le savez, c'est une règle dans le droit militaire, de ne prêter l'oreille, de n'obtempérer à aucun ordre, à aucun message, à aucune sommation qui part d'un corps d'armée prisonnier de guerre; en rendant les armes, il a perdu le droit moral de se faire écouter. Or la doctrine qui, depuis deux ans, nous conseille de nous rendre, est prisonnière de l'Église et du monde. Libres, nous renvoyons, sans y répondre, de quelque part qu'ils viennent, les mains liées, ses messagers de captivité.

C'est, en effet, se tromper totalement, que de prétendre arrêter les générations nouvelles sous le drapeau blanc de la philosophie de la Restauration. Toujours capituler, même dans ces libres régions de l'idéal, avec le premier adversaire qui se présente! toujours transiger! et pourquoi cela? Qui peut nous obliger à signer le traité avec ce qui nous paraît ou faux, ou trompeur, ou stérile? ne vivre jamais que de concessions, de calculs, même dans le monde intérieur, dans le fond de la conscience, dans cet abîme de liberté, de vérité, qu'on appelle l'esprit! d'où nous viendraient ces chaînes? Si elles ont existé pour d'autres, elles sont rompues pour nous, puisque nous n'en avons pas accepté l'héritage. C'est bien assez que les faits accomplis, les concessions, pèsent sur le monde politique ; ne les consacrons pas dans le monde moral. Notre roi, dans le royaume de l'intelligence, celui devant lequel nous nous courbons ici, c'est la vraie vérité, la vérité sans mésalliance, sans complaisance ; *sinon*, NON. Que nous parle-t-on de diplomatie dans la guerre sainte des principes ? notre diplomatie est toute nouvelle, en effet ; dans ce libre royaume de l'esprit, chacun de nous a déjà rompu en lui-même, avec le faux, son traité de 1815.

Il y a longtemps que ceux qui veulent empêcher le développement du monde religieux savent qu'en amenant un homme à une transaction, à une capitulation, dès l'entrée de la vie morale, c'est le désarmer pour toujours. Cette histoire-là aussi vieille que le monde. Ouvrez l'Évangile. Au moment où le Christ va commencer sa mission, l'esprit du passé lui apparaît dans le désert ; il ne lui demande qu'une chose, presque rien : se baisser le visage contre terre, capituler avec les vieilles doctrines, reconnaître le passé pour roi, ne fût-ce qu'un instant ! Qu'est-ce que cela ? Une prudente transaction, un sage éclectisme, envers les sacerdoces établis. Oui, sans doute, c'est peu de chose que de baisser un instant son esprit contre terre ; et cependant, cette capitulation consentie, c'était l'abdication du Christianisme ; jamais il n'eût relevé la tête. Je ne doute guère que, grâce à cette prudence à l'égard des doctrines officielles, le fils de Marie ne fût devenu gouverneur, préfet, intendant de quelque village de Judée ; mais tenez pour certain aussi que ni vous, ni moi, ni personne, nous n'eussions jamais entendu parler de Jésus-Christ de Nazareth.

Or ce qui s'est montré au Christ à l'entrée de sa mission apparaît à chaque homme, dans le fond de son cœur, au moment où il veut choisir sa destinée ; de nos jours cela est plus frappant qu'à aucune époque. A peine entrez-vous dans la vie, c'est-à-dire dans votre mission, que l'esprit du passé, l'esprit qui craint l'avenir, prenant mille formes diverses, murmure, au seuil du monde moral, qui s'entr'ouvre devant vous, sa même formule séculaire : Que t'en coûte-t-il ? Abaisse un moment ton cœur et ton visage. Ne porte pas si haut ton idéal religieux et philosophique. Transigeons, capitulons, une seule minute, à ce moment fatal où tu construis dans ton cœur ton plan de vie. Si tu es philosophe, cesse de penser, et je te fais académicien ; si tu es prêtre, laisse là l'Évangile, prends la sagesse des politiques, et je te fais évêque : si tu es soldat, rends-moi un instant, un seul instant, ton épée ; prends une âme bourgeoise, et je te fais général !

Eh bien, non ! nous ne capitulerons pas à de si belles conditions. Plus le désordre est frappant dans la société civile, plus nous devons, dans cet empire de l'âme que nous habitons ici, maintenir notre pensée haute et désintéressée. Au milieu de cette mêlée d'intérêts mercenaires, il faut du moins que le drapeau de l'esprit reste absolument sans tache. Les transactions pusillanimes se feront ailleurs, dans la vie réelle ; nous ne pouvons l'empêcher. Mais ici, dans le monde de l'âme, nous pouvons n'adorer que ce qui est adorable ; ne flatter, ne couronner que ce qui est divin. Avec cela, il est fort possible que vous ne deveniez jamais ni gouverneur ni intendant de votre village ; mais vous serez des enfants de Dieu ; vous serez des hommes de la vérité ; c'est encore aujourd'hui la dignité la plus rare sur la terre.

On a exposé, il y a une vingtaine d'années, comment les dogmes périssent. Observez ce qui se passe sous vos yeux. Vous verrez comment s'y prend une doctrine, une école, pour mourir. Quel spectacle étrange et instructif que celui d'une philosophie qui a perdu la foi en elle-même ! Comme elle se retire peu à peu de toutes les questions vitales ! Comme le mouvement l'effraie ! Quelle appréhension de la lutte ! Quelle circonspection, quel tempérament de vieillard! Si, par hasard, elle aperçoit une formule encore vide, elle va silencieusement, à l'écart, s'envelopper de ce suaire. Est-ce bien là cette puissance, tour à tour bienfaisante et terrible, qui, sous le nom de philosophie, avait la renommée d'ébranler le monde à sa guise? Que ceux qui la craignaient autrefois la regardent; ils souriront en la voyant telle qu'elle est devenue. Elle prétend désormais être sage, vous savez ce que de nos jours on entend par ces mots. Assez longtemps elle a donné l'impulsion au monde politique et réel; elle veut maintenant se régler sur lui, c'est-à-dire le suivre de loin s'il marche encore, s'arrêter s'il se lasse, mourir s'il défaille; destinée, amusement d'une ombre qui s'obstine à durer quand elle a perdu sa raison d'être.

La conséquence la plus manifeste de cette défaillance de ce qu'il faut bien appeler l'idéal doctrinaire, l'éclectisme, c'est qu'il n'ose plus regarder l'Église en face. On se sent placé sur un terrain vide, hors d'état d'accepter la discussion dans les questions où la vie et la mort sont engagées. De là, une première nécessité : il faut nous accuser de soulever de trop grands problèmes, de toucher aux mystères, d'attirer sur nous des périls qu'on ne veut pas partager; car il est certain que nous contrarions une fausse paix, qui ne ressemble en rien à la trêve de Dieu. De là, en second lieu, tantôt on déclare que le moment de penser n'est pas encore arrivé; tantôt on patronne le Créateur; on prend sous sa protection les cieux de l'Évangile. Le plus souvent, enfin, pour couper court à toute difficulté, passant de l'excès d'orgueil à l'excès d'humilité, on établit que la philosophie n'a rien à voir dans la religion, que ce sont là deux mondes parfaitement différents, qui ne peuvent se connaître. On imagine ainsi deux puissances officielles qui n'auraient entre elles que des rapports diplomatiques; une sorte d'étiquette respectueuse, des égards, du silence, un langage de protocole, tout ce que veut la politesse extérieure, une espèce de fiction parlementaire, d'après laquelle l'Église et la philosophie s'engageraient chacune à accepter un rôle; mais, du reste, jamais un accent qui trahirait l'âme, nulle question d'où jaillirait une lumière imprévue, nul effort pour atteindre, les uns et les autres, à une pensée plus haute, où la réconciliation peut du moins s'espérer.

Ah! que viens-je de dire? Mais cette trêve dont ils parlent, c'est la guerre des morts, qui, éternellement placés chacun dans sa fosse, n'auraient éternellement rien à se communiquer, rien à faire, rien à tenter pour s'unir dans une pensée vivante! Comprenez-vous un moment ce silence sans fin, qui laisserait le philosophe et le prêtre, dans sa tombe de glace, hors de toute espérance de se rapprocher jamais? Pour moi, cela me passe; cette fiction constitutionnelle, s'introduisant jusque dans le dernier repli du cœur de l'homme, m'épouvante comme la vision d'un mensonge éternel.

Gardez pour vous votre semblant de trêve; j'aime mieux, pour ma part, cent fois les attaques à outrance, les violences, les déchaînements habituels de mes adversaires. Dans ces mouvements de passion, je reconnais, au moins, l'homme, fait comme moi, partant d'une autre idée, mais ayant comme moi une poitrine, un cœur, plein aujourd'hui de haine, et qui demain ou dans un siècle peut changer (qui le sait?) cette haine en amitié. Au contraire, dans ce système de fiction, dans ce silence de diplomates, dans cet arrangement de chancellerie au milieu des choses éternelles, dans ce langage de protocoles, appliqué à ce qui arrache aux yeux des vivants les plus chaudes larmes, non, je ne trouve plus l'homme semblable à moi; je cherche un frère irrité, haineux, peu importe, en résultat, un homme; je trouve une formule surannée. Cette paix fictive, signée dans le néant, je la repousse également, et pour l'honneur de l'Église, et pour l'honneur de la philosophie.

Quoi! la philosophie, l'amour de la vérité, n'a plus rien à voir dans ce qui, en ma qualité d'homme, me touche et m'intéresse presque uniquement, c'est-à-dire, dans ces dogmes, ces mystères, ces cultes, ce monde religieux qui m'entourent et me promettent la vie ! Je ferai de la pensée mon instrument, ma profession, à condition de ne l'appliquer jamais à la chose qui, encore une fois, si j'ai des entrailles humaines, doit me parler plus haut que toutes les autres ! Depuis quand la philosophie est-elle donc descendue à tant d'humilité et de terreur ? A-t-elle peur que les voûtes des cathédrales ne s'écroulent sur sa tête ? Quand elle croyait à elle-même, elle se sentait la force de réparer tout ce qu'elle ébranlait. Si elle eût été prise de ce tremblement il y a trois siècles, nous serions encore dans le scolastique de Pierre Lombard. Où est, dans le monde moderne, le penseur qui ne soit pas entré dans l'abîme de Pascal ? Malebranche a-t-il craint de remuer le christianisme dans ses *Méditations* ? Leibnitz, dans sa *Théodicée* ? Spinosa, dans sa *Théologie* ? Rousseau, dans son *Vicaire savoyard* ? Kant, dans son *Traité de la Religion* ? Schelling, Hegel, Schleiermacher, tous enfin, dans leur enseignement ?

En soulevant des questions qui ne peuvent plus s'arrêter, la pensée a contracté une dette envers le monde ; elle s'est engagée implicitement à rendre à l'homme, sous une forme supérieure, tout ce qu'elle a paru lui ôter ; elle a promis de ne pas se reposer qu'elle n'ait contenté la faim qu'elle a elle-même excitée. Et maintenant, que la curiosité, le désir, la soif, la misère morale, vous obsèdent, et que l'âme demande sa pâture, vous déclarez qu'il faut laisser là ces questions, que l'on vient de s'apercevoir qu'elles sont dangereuses, inopportunes, que l'on ne croyait pas que le monde les prendrait tant au sérieux! Dangereuses! oui, elles le sont, et le péril est plus grand que vous ne pensez vous-même! Inopportunes! elle grossissent, sans intervalle, depuis trois siècles. Qu'est-ce donc que cette panique toute nouvelle? Qu'est-ce que ce cri de *sauve qui peut* jeté dans le monde de l'intelligence? On a contracté, ai-je dit, une dette de l'âme envers l'humanité moderne; et, le moment venu de faire le compte, on vous propose simplement de vous payer de formules et de mots! Qu'est-ce que cela, encore une fois? Il faut le dire, il faut appeler les choses par leur nom : on vous propose la banqueroute spirituelle et morale.

Oui, tout cela se tient et s'enchaîne. Dans chaque ordre de choses, dans l'étude de la nature, dans les mathématiques mêmes, nulle philosophie n'est féconde qu'à condition de montrer un certain héroïsme (*mens heroica*). Depuis que l'Église prend la sagesse du monde, il faut que les penseurs maintiennent la folie de la croix ; je veux dire par là qu'une philosophie, une âme à la recherche de la vérité, n'est vivante, n'est puissante, que si elle marche sans s'inquiéter de savoir si cela plaît, oui ou non, à ceux qui règnent sur la terre, dans le présent, sur l'opinion, si elle est suivie par un petit ou par un grand nombre, si elle a de son côté les complaisances ou l'inimitié du monde. En un mot, dans le dur chemin où nous marchons, quiconque se retourne en arrière pour compter ses amis ou ses adversaires perd incontinent sa force ; il est changé en statue. Ne nous amusons pas à chercher si nous sommes conformes ou non à la Charte de 1814, ou à tel ou tel établissement, soit qu'il nous plaise, soit qu'il nous contrarie. La politique que nous avons à suivre ici est la politique sacrée qui mène les peuples tous ensemble depuis dix-huit cents ans ; elle n'a rien à faire avec d'étroits calculs ; cherchons donc seulement la charte éternelle ; si les conventions intéressées, humaines, semblent d'abord la contrarier, soyez sûrs, que tôt ou tard elles lui obéiront.

Dans le fond, il s'agit entre nous de deux esprits essentiellement différents. Sous la Restauration, l'âme de la France ayant été comme brisée et désorientée, la philosophie doctrinaire était forcée de dire : Ralliez-vous dans le passé ; étudiez tout ce qu'ont pensé avant vous l'antiquité et le moyen âge ; disparaissez, autant que vous le pourrez, sous cette érudition. Traduisez, réglez-vous sur la ligne tracée par les siècles ; après cela, il vous restera, avant de mourir, un jour, une heure pour penser à votre tour; mais c'est là le moins important. Nous, au contraire, nous partons d'une idée opposée : nous croyons que l'âme de la France s'est enfin retrouvée; et de là, si nous respectons et vénérons l'antiquité, nous respectons peut-être autant l'esprit vivant que chacun apporte avec lui dans le monde. Nous vous engageons à chercher en vous-même cet homme intérieur que vous possédez certainement; dégagez votre instinct moral de l'étreinte des temps, de l'imitation de ce qui a été. Appuyez-vous, non sur ce que les autres ont fait, mais sur ce que vous avez mission de faire. Ne traduisez pas, produisez. Soufflez sur cette immense argile que les âges ont déposée autour de votre berceau, et trouvez-vous vous-même.

Si vous venez ainsi à vous découvrir dans votre esprit natif, à penser le juste, le droit, le grand, ne vous inquiétez pas étroitement du reste ; vous serez assez d'accord avec Diogène de Laërte, Olympiodore, avec Guillaume de Champeaux ou Scot Érigène. Montrez-nous seulement, dans son ingénuité première, l'âme que Dieu vous a donnée. Nous vous répétons le mot de Sydney : Regarde dans ton cœur et écris! Après cela ne craignez pas de déconcerter l'érudition de la Providence, ou l'ordonnance du temps. Ils se trouveront naturellement réglés sur vous, vous sur eux.

J'arrive ainsi à la grande objection qui les renferme toutes ; car elle contient, à elle seule, l'esprit du système, la clef de la position. Combien de fois vous l'avez entendue, cette objection, depuis quelques années ! la voici, sous son expression nue : « Où vont-ils, ces téméraires ? nous avons pour nous nos formules ; nous nous en repaîtrons pendant l'éternité ; elles suffisent à des intelligences privilégiées telles que les nôtres. Mais tout le monde n'est pas fait pour atteindre à notre hauteur, et nous ne sommes pas chargés d'aider les autres à s'élever jusqu'à nous. Il s'ensuit qu'il faut une religion pour le peuple ; c'est une manie qu'on doit contenter chez lui. C'est aussi un frein. Veulent-ils le briser ? Après cela, qui retiendra le coursier ? » Tel est le dernier mot du système ; on nous juge accablés sitôt que cette parole est prononcée.

Ainsi il faut une religion, un Dieu positif pour le peuple. Que serait-ce, si cette objection ne brisait que ceux qui la font ? On croit nous perdre par ces paroles, et, au contraire, ce sont ces paroles qui font notre rempart. Car, enfin, elles sont terribles pour ceux qui se placent ainsi d'un côté, et relèguent de l'autre presque tout le genre humain, admettant pour eux-mêmes je ne sais quelle formule, quelle splendeur, quel Dieu de privilège, et pour les autres, pour l'esprit des multitudes, la nuit sans terme, sans fond, sans rives, un Dieu inerte, le joug d'un mystère éternellement immo-

3.

bile. C'est une affaire sérieuse, pensez-y, de déclarer ainsi que l'on prétend goûter pour soi une lumière toujours croissante, et que le reste du monde, attaché aux besoins du corps, doit être encore lié, pour plus de garantie, à une chaîne invisible qui doit ne s'étendre jamais. Pour les heureux, un Dieu de lumières; pour les misérables, un Dieu de ténèbres. Ai-je bien entendu ? Cette pensée est-elle en effet sortie de notre temps ? cela s'appelle murer, river, sceller le plus grand nombre, dans le fond de l'abîme, pour le temps et pour l'éternité.

Il faut, nous répétez-vous à voix basse, une *religion pour le peuple*. Certes, vous ne nous apprenez rien de nouveau, car nous-même, nous sommes *peuple*, et ce qui nous distingue de vous, c'est que nous ne prétendons pas être autre chose. Si nous pénétrons dans la tradition de l'Église, si les difficultés ne nous arrêtent pas, si nous ouvrons les livres saints avec un esprit de recherche, ce n'est pas pour l'amusement de notre intelligence. Nous aurions été nous-même effrayé de cette audace. Non, si nous approchons des choses sacrées, si nous entrons dans l'ombre redoutable, et si nous savons nous y maintenir, c'est précisément parce que nous sommes peuple, de cœur et d'âme, et que nous voulons, non pas seulement une formule pour nous y ensevelir, mais, comme lui, une vie, une réalité, une vérité active pour nous renouveler. Dites, si cela vous plaît, que nous avons l'imbécillité du peuple, que nous croyons encore avec lui à la possibilité de quelque chose de grand, de nouveau, de puissant, de pur, sous le soleil. Nous ne nous en défendons pas. Dites encore que notre méthode ne ressemble en rien à celle de l'école, que notre langage n'est pas celui des formules, que nous faisons déchoir la philosophie en la faisant parler comme tout le monde; nous vous remercierons.

Il faut un Dieu pour le peuple; ce mot est le plus formidable qui se soit fait entendre depuis quinze ans, parce qu'il est la clef de la théorie suivant laquelle s'établiraient définitivement des privilégiés de la lumière et des prolétaires des ténèbres. Admettez, par la pensée, un seul instant, le progrès continu de l'esprit chez les uns, l'immobilité éternelle de la croyance chez les autres; l'union de la société est rompue; la France se partage en deux peuples irréconciliables, éternellement séparés par un abîme qui se creuse éternellement entre eux. L'œuvre du christianisme est détruite.

Dans ces circonstances, que faisons-nous ici, selon nos faibles forces? nous nous opposons de tout notre pouvoir à cette scission impie. Nous provoquons pour les uns une philosophie religieuse, pour les autres une religion qui se développe, pour tous un mouvement continu du même esprit de création, afin que les uns et les autres puissent s'entendre, se toucher, se rapprocher incessamment, se rencontrer et s'unir à la fin, dans le progrès de la vie. Nous frappons à la porte de l'Église, pour que ce que l'on appelle avec indignité le Dieu du peuple ne reste pas immobile sur sa croix de bois, mais qu'il se réveille dans le dogme, qu'il grandisse dans les cœurs, qu'il ne se laisse pas dépasser par le Dieu des riches et des philosophes ; et nous faisons cela pour que l'antique égalité ne soit pas atteinte dans sa racine. Voilà ma pensée ; je n'ai pas à la cacher. Qu'on la blâme, qu'on la loue, il n'importe: vous l'avez tout entière.

Remarquez bien que, dans un sens inverse, il se fait aujourd'hui quelque chose de semblable à ce qu'a vu le moyen âge. A un certain moment, le bruit a couru sur la terre que le monde des corps allait finir. Plusieurs déjà s'imaginaient que la sève commençait de s'arrêter dans le tissu des plantes ; ils rapportaient que le soleil pâlissait dès son lever, que les oiseaux de mort traversaient seuls l'espace, et que les fleuves eux-mêmes avaient été vus tarissant à leur source. Rome publiait, ce qui était vrai, qu'autour d'elle l'herbe croissait, que la maremme s'étendait, que la fièvre planait sur la campagne ; on avait vu une source de sang jaillir dans les Alpes Cottiennes. A cette nouvelle de la disparition prochaine du monde des corps, on vendait, pendant qu'il avait encore un prix, son champ, sa maison, son patrimoine temporel, et l'on courait au sépulcre de Jérusalem.

De nos jours, il y a aussi de ces porteurs de nouvelles funèbres, seulement elles ont changé d'objet. Le bruit court que le monde, non plus du corps, mais de l'esprit, de l'âme, touche à son terme, qu'à peine il lui reste un moment. De bouche en bouche, ce bruit passe ; il s'accroît. Beaucoup racontent qu'ils ont vu des signes, que la lumière morale s'éteint, que la sève de l'esprit s'engourdit pour ne plus se réchauffer, que les plus profondes sources du cœur sont taries, qu'il n'y a plus rien à espérer ni à attendre du monde intérieur, que demain ou après-demain il aura achevé de perdre tout son prix. La fin du monde moral approche, *Appropinquante mundi fine*. C'est l'ancien cri d'effroi ! — Là-dessus, un grand nombre s'empressent d'aliéner, en toute hâte, non plus leur champ, mais leur âme, leur conscience, leur patrimoine spirituel, pendant que tout cela garde encore quelque valeur vénale ; et ils cherchent, pour s'y enfermer, quelque tombeau plus vide que celui de Jérusalem. Mais c'est là une fausse nouvelle : cette panique passera comme a passé celle du moyen âge. Le soleil de l'esprit se lèvera demain sur le monde, comme il s'est levé hier ; il échauffera le sol moral. La source des idées continuera, sans s'appauvrir, de sortir du sein de Dieu ; les nouveaux millénaires seront abusés comme les anciens ; seulement, après avoir aliéné leur patrimoine moral, s'ils y veulent rentrer un jour, j'ai grand'peur pour eux que la porte ne soit close.

Concluons : il est certain que tous ces bruits de mort morale ont un fondement réel. Quelque chose défaille, au milieu de nous, cela est sûr, cela ressort de tout ce qui précède. Une philosophie s'ensevelit sous nos yeux : ne le voyez-vous pas? Après avoir rendu des services éclatants, que personne ne peut songer à nier, l'éclectisme cède à la loi qui mine toutes choses ; il se retire. La philosophie doctrinaire se meurt, et nous pouvons ajouter aussi : elle est morte ; car ce n'est pas moi qui le dis ; c'est elle-même, en déclarant qu'elle n'a rien à faire au milieu des questions nouvelles qui obsèdent le monde. Par cet aveu, elle confesse ouvertement qu'elle se retire de la vie.

Ce moment est grave pour moi ; cette abdication, cette disparition d'une grande école, est le fait le plus grave que nous ayons encore rencontré, constaté, dans notre enseignement. Nous voilà désormais seuls avec nous-mêmes, c'est-à-dire avec la France nouvelle. L'esprit s'élève à une nouvelle époque. Nous sortons des formules, nous entrons dans la vie. Le flot de la Restauration est venu jusqu'ici. Il s'arrête, il nous quitte. La philosophie de la Restauration est morte. Elle abandonne la place à la philosophie de la Révolution.

Quoique je sois accoutumé à faire effort sur moi-même, jamais rien ne m'a plus coûté que les paroles que je viens de dire. On ne se sépare pas ainsi aisément d'une école glorieuse, à tout prendre, qui en son temps a fait vibrer une génération, et nous a nous-même ému et éveillé ; non, on ne dit pas adieu à ces souvenirs poignants sans un déchirement intérieur. Ne soyons pas ingrats ; rappelez-vous ces jours éclatants. Pourquoi ont-ils cessé?. Quelle éloquence ! quelle puissance ! souvent quelle indépendance ! Et, aujourd'hui, il faut que je me sépare en public de cette communion philosophique, uniquement parce qu'elle veut rester immobile ; je dois m'éloigner de cette école, de cette pensée qui, dans mes meilleures années, m'a souvent fait battre le cœur. Le faut-il? Oui, il le faut. La vie est ainsi faite ; elle ne se propage et n'avance qu'à ce prix. Cela est triste pour moi, mais cela est nécessaire pour vous.

Quelques personnes penseront peut-être que j'eusse mieux fait de dissimuler ce schisme de la philosophie. Mais pour quel homme attentif pouvait-il être un secret? avait-on négligé une seule occasion de le faire éclater, quand il s'agissait de se déclarer contre nous? D'ailleurs, ce choc de doctrines atteste la vie. En me taisant plus longtemps, je m'épargnais sans doute quelques adversaires de plus ; mais, de grâce, abandonnons une fois pour toutes cette habileté vulgaire dans les affaires de l'esprit; soyons persuadés qu'il n'y a rien d'inexpugnable que la sincérité. Laissez-moi une position franche, et j'ose avouer que je ne crains rien dans le monde ; au contraire, mettez-moi dans le faux, et je ne me connais plus, je ne puis respirer.

L'année dernière, je disais que j'entrevoyais dans votre esprit un germe d'avenir; aujourd'hui, je m'avance davantage ; je dis que celui qui ne s'aperçoit pas qu'une nouvelle génération d'idées, un nouveau flot moral bat l'ancienne rive, celui-là est aveugle des yeux du cœur et de l'âme. Quand même tant d'ennemis qui se concertent finiraient par nous briser avec cette chaire, ce serait aujourd'hui trop tard ; ils ne gagneraient absolument rien. L'esprit qui nous fait ouvrir la bouche est désormais en vous ; Dieu merci, il n'appartient à aucune puissance de vous briser tous en éclats comme cette planche de chêne.

TROISIÈME LEÇON

L'ÉGLISE DANS L'ESPRIT DE JÉSUS-CHRIST.

Un christianisme avant le Christ. — La Grèce baptisée par Platon. — L'Église primitive dans l'esprit de Jésus-Christ. — L'existence de Jésus-Christ niée par le docteur Strauss. — Deux caractères de l'Évangile. — Le nouveau *Fiat lux* du monde moderne. — Sentiment d'attente dans l'Évangile ; aujourd'hui qu'attendons-nous ? — Première division entre les apôtres. Comment elle se résout. Image de l'unité future. — Église de Saint-Pierre, Église de Saint-Paul. — Liturgie catholique. Pourquoi s'est-elle arrêtée ? — Les funérailles d'un monde. — La royauté de l'esprit ; est-ce une royauté fainéante ? — Des blasons spirituels. — Les Mémoires de Louis XVI. — Le testament d'une époque.

Il y a deux sortes de foi dans le monde : l'une naît du découragement, l'autre de l'espérance. On rencontre des hommes qui, après avoir été attirés et trompés par des théories, n'ayant pas trouvé sur-le-champ ce qu'ils attendaient, prennent le parti de ne plus rien chercher ; ceux-là retombent par défaillance dans le passé ; leur croyance est une sorte de désespoir. Las de désirer, ils saisissent la mort avec un froid acharnement. Les autres, au contraire, avant même de posséder la vérité vivante, sont certains de la rencontrer; ils s'élancent au-devant d'elle avec une force suprême; quoique liés encore à l'erreur, leur parole, leur vie, leur âme, est féconde.

Un peu avant que Jésus-Christ parût sur la terre, ces deux sortes de foi existaient dans le monde païen; les uns, de systèmes en systèmes, d'attente en attente, retombant dans l'ancienne communion païenne; les autres faisant un effort surhumain pour arracher au polythéisme ce qu'il ne contenait pas. Partout on sentait cette faim de l'âme dont nous parlions précédemment; de là, que de tentatives pour tordre les symboles païens, pour en faire sortir un esprit nouveau! Dès les temps d'Eschyle et de Sophocle, l'âme est altérée d'une soif inconnue; dans ce travail de l'âme, on entend des mots étranges sortir de la bouche de ces poètes; ils contredisent toute la vieille civilisation. *Prométhée*, les chœurs des *Suppliantes*, *Antigone*, sont des fragments de cette grande prophétie qui n'est renfermée dans aucun peuple : devins qui ne savent pas ce qu'ils annoncent. D'autre part, les écoles de philosophie font circuler de bouche en bouche l'idée du *Verbe* de Dieu; ce mot de Platon court d'Athènes à Alexandrie, à Antioche; ce n'est plus seulement Isaïe ou Daniel, c'est l'humanité qui prophétise. Avant que le Christ se soit montré, on respire un christianisme précurseur. La Judée est baptisée dans le Jourdain par saint Jean ; la Grèce est baptisée par Platon, mais qu'est-ce que tout cela ? un baptême dans le torrent ! un baptême d'idées ! une attente, une espérance, qui passe comme l'onde, une doctrine de plus ajoutée à d'autres doctrines, un sophisme peut-être, une ombre, si la vie, si l'éternel vivant ne vient pas s'en revêtir.

Pendant que ces idées, sous une forme vague, travaillent le monde ancien et qu'il est près de s'engager dans une abstraction sans issue, je vois un maître suivi de douze pêcheurs, dans un des lieux les plus écartés du monde. Il n'enseigne pas au milieu des livres, mais dans un temple, sur les places publiques, à l'entrée des villes, sur le haut des monts, en face de la nature entière, qu'il prend pour témoin. Il appartient au peuple le plus malheureux de la terre ; et c'est au nom de cette douleur séculaire qu'il fait une promesse infinie ; son enseignement n'est pas seulement dans ses paroles, il éclate dans la moindre de ses actions. Quelle école, quel temple pourrait renfermer sa doctrine ? il apprend, non pas, comme tous ceux qui l'ont précédé, un système en particulier, mais la vie elle-même ; non-seulement il l'enseigne, il la communique. Avant lui, les révélateurs avaient montré Dieu sur l'Oreb; dans l'immensité des mers, dans tout ce que l'on ne pouvait atteindre ; lui, au contraire, montre le Dieu incarné dans l'homme. Il saisit le divin qui palpite, au centre des cieux, dans l'esprit fait chair. Il révèle ce que personne ne connaissait, la puissance infinie de l'âme.

A de certains moments, la force morale d'un peuple se recueille dans un homme qui le personnifie ; en cet instant, toute la puissance morale du genre humain s'est rassemblée dans Jésus-Christ. L'esprit rempli de pensées divines, comment ne se serait-il pas senti et proclamé : le fils de Dieu !

Où était alors l'Église ? quelle forme avait-elle dans l'esprit de son auteur ? Si l'on cherche uniquement le vrai, on reconnaît que l'objet constant du Christ est de dilater les âmes, de les débarrasser des formes, de ressusciter les cœurs, en soulevant les fardeaux artificiels qui les oppressent. Le miracle permanent qu'il opère est de ramener, de retrouver la vie sous les murailles blanchies du vieux culte. Que sont pour lui le temple, la liturgie, le sabbat ? Le temple est au jardin des Oliviers, sur le chemin, dans la maison du Centenier, sur la barque de Galilée, partout où sa parole est entendue. La liturgie, c'est le mouvement de la vie, le voyage, le passereau qui cherche sa pâture, le grain qui tombe dans le sillon, la rencontre d'un étranger, le repas, l'hospitalité acceptée, la conversation des amis. Le sabbat ! il ne le connaît plus, lorsque c'est un empêchement à des œuvres nouvelles.

Qu'est-ce que cela? le voici! la terre s'était chargée de coutumes, de rites, de symboles antiques; le passé, s'étendant toujours, ôtait la place à l'avenir. Les temples ajoutés aux temples, les usages aux usages, les livres aux livres, il ne restait, pour ainsi dire, dans la religion, plus de place pour l'âme humaine. Alors une voix s'élève; aussitôt le moindre soupir de l'homme consomme plus de miracles que tous les temples, tous les livres liturgiques, toutes les murailles de marbre et d'or. Ce n'est plus rien de lire le livre de la loi et des prophètes; il faut être soi-même un livre vivant, une bible agissante, une prophétie visible. C'est-à-dire que l'idéal de l'Église, dans l'esprit de son auteur, est le mouvement de la vie spirituelle. Quiconque s'arrête, s'endort, dans le temple, au milieu de l'encens, cesse d'être de sa communion; quiconque veille d'esprit et de cœur, fût-il Samaritain, est avec lui.

Un savant allemand d'un mérite incontestable, le docteur Strauss, a exposé sur la mission de Jésus-Christ un système fait pour exciter la stupeur de l'Europe. Dans cette idée, Jésus serait constamment occupé de calquer sa vie sur les prophéties de l'Ancien Testament; chacune de ses actions lui serait ainsi commandée par un texte ; il ne ferait en quelque sorte que répéter le passé. Autant vaut effacer du monde la vie et la personne de Jésus-Christ, pour ne laisser à sa place qu'un système d'érudition. Quand on vit cette figure menacée de disparaître de l'histoire, il y eut de nos jours un frémissement, une fermentation extrordinaire ; ce fut une immense controverse, où l'on s'aperçut bien que notre clergé avait perdu la prééminence ; puisqu'il ne trouva pas un mot à dire sur une question qui ébranlait tout le Nord. Il continuait d'attaquer Voltaire, tandis que le corps de Jésus-Christ lui était enlevé, pendant la nuit, sans qu'il s'en aperçût. En Allemagne, les plus impatients trouvèrent bientôt que la critique du docteur Strauss n'avait pas été assez loin ; ils se hâtèrent de détruire ce simulacre de Christ qu'il avait laissé subsister sur la croix. Tout s'évanouit dans un néant plus vide cent fois que celui du baron d'Holbach et d'Helvétius. D'autres, au contraire, en grand nombre, frappés de terreur, fermèrent leur livre ; ils cessèrent de penser ; dans la crainte de ne plus être assez chrétiens, ils se firent gnostiques et visionnaires. Blessés par leurs propres armes, ils revenaient à la foi par l'épouvante. Tel est, aujourd'hui, l'état de cette controverse.

Pour moi, si, laissant de côté la multitude de livres que j'ai lus à ce sujet, je suppose, un moment, que je n'aie jamais entendu parler de l'Évangile, et qu'il me tombe entre les mains pour la première fois, il y a deux caractères qui me frapperaient d'abord, la personnalité du Christ, et le sentiment permanent d'attente au fond de sa doctrine. Dans tous les livres de l'Orient antique, je sens la vie universelle, et comme la pulsation de la grande âme du monde. Cette âme impersonnelle, froide, incommunicable de la nature s'exhale, par la bouche des dieux, dans les ouvrages des anciens sacerdoces. Mais ici quelle différence! ce n'est plus le désert infini dans sa vide sublimité; je reconnais les pas de l'Homme divin sur le sable immaculé; quelqu'un a passé là. Les livres, les systèmes, ni même cet instinct vrai ou faux qui me pousse vers ce qu'il y a de plus universel, ne me feront pas illusion. A travers dix-huit siècles, je reconnais, j'entends ici, non pas le murmure de la science alexandrine, mais le mouvement d'un grand cœur infini qui s'ouvre et qui parle avec les lèvres de l'homme, dans la langue de l'homme. Ajoutez des livres à des livres, des textes à des textes, vous pourrez composer une doctrine; seulement de tout cela ne jaillira jamais une personnalité. Que m'importe que saint Matthieu, saint Luc et saint Jean ne s'accordent pas sur tous les détails des objets! la personne du Christ est-elle la même chez chacun d'eux? dans tous, est-ce le même accent, le même sang qui circule et reflue dans mes veines, la même âme qui parle et entre dans mon âme? voilà ce qui m'intéresse. — Nous ne connaissons plus assez la puissance électrique d'une parole, d'un regard, d'un geste. Nous croyons que tout se fait par des formules, des doctrines rédigées, des systèmes, oubliant que bien souvent la vie parle dans un regard, avant que la doctrine se montre.

Jésus-Christ n'a encore rien enseigné; déjà il s'est choisi ses disciples, et ceux-ci l'ont suivi. Voilà ce qui a le plus étonné quelques penseurs! Quoi! un maître qui compte sur ses disciples, et les disciples qui comptent sur le maître, avant qu'aucune doctrine ait été donnée et reçue en gage? Oui, et cette manière de fonder l'Église est l'endroit le plus sublime de l'Évangile. Rappelez-vous ce commencement! Jésus-Christ, marchant au bord de la mer, rencontre des pêcheurs; il leur dit : Suivez-moi. Ceux-ci, quittant leur filet, le suivent jusqu'à la croix. Où l'esprit de spontanéité et de création a-t-il été jamais mieux empreint? puisque ce ne sont pas des théories, c'est donc une personne qui parle. Ces premiers disciples ne demandent aucun éclaircissement; la vie, la puissance du maître, a passé en eux avec la rapidité du *Fiat lux*. Ils marchent en silence; ils entraînent déjà avec eux un nouveau monde. Élan, ravissement de l'enthousiasme, non pas travail de catéchumène! dès le premier mot, leur âme s'est dilatée à l'infini. Ils marchent, ils emportent en eux-mêmes Rome des martyrs, Byzance, le monde moderne, et nous-mêmes qui sommes ici.

Premier moment de l'Église dans l'esprit de son auteur : inspiration, élan, spontanéité, mouvement pour quitter l'ancien rivage. Pourquoi, de tant d'Églises qui croient chacune représenter Jésus-Christ tout entier, aucune d'elles ne se lève-t-elle et ne nous dit-elle plus : Suis-moi! *Sequere me!* Nos oreilles ne sont pas endurcies ; nous ne demandons qu'à marcher, à laisser là nos anciens filets dans le vieil océan. Mais pour que nous suivions il faut que quelqu'un marche devant nous. Qu'une bouche le prononce donc de nouveau au nom de toutes les Églises dispersées et errantes, ce mot sacré : Suivez-moi, *Sequere me* ; et, de quelque part que sorte cette voix, que ce soit du Vatican, ou du haut d'un trône, ou du fond du cœur d'un peuple, je ne dis pas toute la chrétienté, mais toute l'humanité préparée à ce cri reconnaîtra cette parole d'avenir ; elle marchera aussitôt après son guide, sans ramasser ses filets ni regarder en arrière.

Un autre caractère de cette première Église dans le Christ est de maintenir l'âme dans une attente continuelle. Aucune scène ne se répète ; chaque moment est nouveau dans cette liturgie vivante. Les patriarches, Moïse, les prophètes, les générations éteintes, n'ôtent rien aux vivants ; ils ne pèsent pas, avec tout leur passé, plus que les âmes de quelques hommes de Galilée. Salomon lui-même le cède au lis printanier cueilli par un apôtre. Pour arracher le monde à la séduction de ce passé majestueux de Moïse et des patriarches, Jésus-Christ convie l'esprit à un lendemain toujours nouveau ; il jette dans le fond de l'avenir un attrait surhumain qui ne permet à personne de détourner la tête. On le suit, parce que chaque jour l'abîme de vie s'entr'ouvre et s'agrandit. D'abord, c'est un signe muet ; puis le signe devient une parole, une parabole, un mystère ; puis, le lendemain, la parabole s'explique ; une autre plus profonde commence, et l'âme s'engage plus avant, à la suite de ce maître ; elle voudrait se suspendre aux bords de sa tunique sur ce chemin de vie. Quand le premier pas est fait, que l'on commence à goûter sa doctrine et qu'on croit la saisir, il annonce sa mort. Alors l'attente recommence, l'avenir se rouvre, le maître grandit de cent coudées ; et pas un moment de répit n'est donné à l'âme qui le suit ; après sa mort, on attend sa résurrection ; après sa résurrection, sa majesté transfigurée sur le Thabor. Voilà jusqu'où il conduit lui-même l'Église.

Maintenant, qu'attendons-nous encore? Que nous offre-t-on pour nous attirer, selon son esprit, plus avant dans ce chemin de l'âme? On nous ramène au passé ; on nous montre le Christ flagellé, humilié, crucifié ; on reprend pour la millième fois le chemin de la Passion, répétant à l'homme, aux peuples, au genre humain : Porte ta croix. — Mais ma croix, je l'ai portée dans le moyen âge, et j'ai dépassé mon calvaire. Il y a, pour ceux qui espèrent, un Christ dont vous ne me parlez plus ; c'est celui qui doit éclater, plein de majesté et de gloire, dans les nuées. Quand viendra-t-il? pourquoi ne me dites-vous plus rien de ce couronnement? Vous vous contentez de vous maintenir, de vous conserver, tels que vous avez été ; mais vous n'attendez plus rien dans le monde, car l'apogée de votre puissance est atteint. Espérez-vous que les cieux s'ouvrent pour montrer la royauté du fils de l'homme? Non, puisque vous savez qu'ils ne s'ouvriront pas ; vous avez rejeté cette espérance matérielle. Ce ne sont pas les cieux visibles qui se dilateront ; c'est le ciel intérieur, l'âme, l'esprit.

Que celui qui a un cœur l'ouvre, et la majesté divine y éclatera. Penseurs, ouvrez vos poitrines ! Église catholique, Église protestante, Église grecque, assez de discordes et de colère ! Au lieu de vous resserrer comme des forteresses fermées, hostiles les unes aux autres, ouvrez-vous les unes aux autres dans une unité plus grande. Église de pierre, ouvrez, élargissez vos portes ; Église vivante, ouvrez votre intelligence, vos dogmes ; à la place de la couronne d'épines qui a couronné le passé, ce sera la majesté, la royauté, le triomphe, la paix, qui éclateront dans l'esprit du Fils de l'homme. Personne de nous ne vous demandera plus : Quand viendra-t-il ?

Après la mort de Jésus-Christ, une époque nouvelle commence pour l'Église primitive. Les apôtres se dispersent ; aucun d'eux ne songe à emporter, dans sa mission, ni le bois de la croix, ni la couronne d'épines, ni la tunique du maître : l'esprit de vie les pousse. Qu'ont-ils à faire de ces témoignages qui ne parlent qu'au corps ?

Dans les circonstances imprévues, chacun prend conseil de sa voix intérieure ; un même esprit les pousse dans cent chemins différents. Au milieu de cela, un germe de dissension paraît ; une première discorde éclate dans cet idéal de paix ; il faut voir comment l'unité se rétablit, puisqu'on peut la considérer comme l'image de l'unité future.

A peine sortis de Jérusalem, les Apôtres se trouvent entre deux mondes le monde juif, considéré comme orthodoxe, et tout le reste de l'univers. Quelle conduite suivre pour les réunir ? c'est la question qui est encore posée aujourd'hui, sous des noms différents. Les uns pensent, et saint Pierre est de ce côté, qu'il ne peut y avoir de communion avec les nations étrangères, si elles ne rentrent d'abord dans la loi judaïque, dans les rites, et la circoncision d'Abraham. C'était obliger le monde entier d'entrer par la porte étroite de la Judée ; c'était nier le mouvement de l'esprit dans tout l'univers, hors de Jérusalem ; c'était contraindre le genre humain de recommencer la migration des Juifs ; c'était écrire sur le sable du désert : Hors de là, point de salut.

Dans cette première assemblée, il en est d'autres, et saint Paul est avec eux, qui déclarent que la communion se fait par l'esprit nouveau, non plus par les rites de Jacob et des patriarches, que, dès lors, sans passer par le temple de Jérusalem, les nations étrangères peuvent entrer dans la vie et l'unité. De ces deux sentiments, qui contenaient toute la destinée du monde, lequel a prévalu dans ce premier conclave ? Le christianisme plus vaste, plus universel de saint Paul, l'emporte, ce jour-là, sur le christianisme et la liturgie lapidaire de saint Pierre. Il est décidé, sous l'inspiration de l'avenir, que l'Église de Judée n'entravera pas l'Église universelle, que les rites du passé ne sont qu'une chose secondaire, que la première et véritablement l'unique est la vie de l'esprit. Ainsi cette première division de l'Église naissante se résout par la liberté. L'âme est encore trop élancée pour qu'aucune difficulté de liturgie l'arrête. Les Apôtres se dispersent de nouveau, donnant chacun sa forme à la parole, saint Paul créant des rites nouveaux chez des peuples nouveaux, saint Pierre spiritualisant les rites anciens chez des peuples anciens ; tous accordant l'unité de l'esprit avec la liberté des formes.

Après dix-huit cents ans, qu'est devenu cet idéal ? quelle idée se forme-t-on de l'unité future du monde religieux ? On se persuade presque toujours que la plus vieille Église doit investir, absorber toutes les autres ; on se forme l'image d'une unité toute matérielle. Assurément, il est grand de penser qu'à telle heure, sur toute la terre, la même parole sera prononcée, le même geste se fera, la même voix retentira dans le bruit des cloches, la même page sera lue, le même psaume chanté. Je n'ai pas oublié l'impression que je recevais, lorsque, voyageant au loin, de ville en ville, entrant dans les églises arabes, gothiques, grecques, latines, d'Espagne, d'Allemagne, des Cyclades, d'Italie, j'entendais partout la même langue, et ces simples mots, *dans les siècles des siècles*, qui revenaient et résonnaient dans le vide ; il me semblait que la même voix me suivait d'âge en âge, de lieux en lieux, du fond du passé, et que j'assistais à l'office d'un peuple mort.

Est-ce bien là en effet le dernier degré de la grandeur religieuse ? n'est-ce pas la sublimité de la mort plutôt que la sublimité de la vie ? Je me persuade que, sans cette unité extérieure, on peut atteindre à une unité d'esprit qui se concilie avec la spontanéité des peuples. Pourquoi, dans cette grande alliance que l'on imagine, commencer par briser les esprits des races humaines ? Ne sont-ce pas des vases sacrés, faits par le divin potier, pour orner le temple éternel? L'Église du moyen âge n'a compris que le chant à l'unisson, celui où toutes les voix s'évanouissent en une seule. Mais un art supérieur a révélé une harmonie plus haute, plus sainte, celle où chaque voix conserve son accent et son âme dans l'accord général. De même, dans cette vaste Église, dont les églises particulières ne sont que la pierre angulaire, dans ce grand chœur de l'humanité, pourquoi ne pas admettre que, par une liturgie supérieure, chaque esprit de peuple conservera sa voix au milieu de l'harmonie de tous?

Aujourd'hui, Rome dit, comme saint Pierre, à tout ce qui lui reste étranger : Parle ma langue! suis mon rite! entre par ma porte dans la région de vie. Mais saint Pierre s'est repenti de cette doctrine étroite ; il a cédé à saint Paul, qui a élargi la voie de toute la largeur de l'esprit. Dix-huit siècles ont passé par cette porte, et ne l'ont pas obstruée : est-ce nous qui la laisserons murer?

Voulez-vous voir comment l'autorité et la liberté se concilient, suivez un moment saint Paul. Il se sent emprisonné dans l'ancienne Judée; l'ombre du vieux temple pèse sur lui; il ne respire à l'aise qu'au milieu des peuples étrangers, lorsque, sur les deux rivages de l'Asie et de l'Europe, il embrasse le genre humain. Il emporte avec lui les paroles du maître; mais quelle indépendance! quelle audace d'interprétation! Vous voyez, heure par heure, l'Église nouvelle se lever, s'épanouir, grandir dans cette âme. Où s'arrêtera-t-elle, au milieu de cet infini? il a une sorte de jalousie sublime; le voisinage des autres apôtres l'embarrasse; il lui faut, comme à un aigle, un horizon qui soit tout à lui; dans son mépris du passé, il veut des âmes neuves, des villes neuves où la parole n'ait pas encore germé. Cette indépendance, cette spontanéité, il la communique à ses Églises.

Jusque-là le Christ et les Apôtres ont seuls paru dans la liturgie naissante; désormais il arrive quelque chose de nouveau. C'est la commune, le peuple assemblé, qui, saisi à son tour de l'inspiration, parle, agit, se lève, tressaille; la puissance de l'Apôtre s'est communiquée aux masses. Elles ne restent pas inertes, elles inventent, elles créent elles-mêmes des prières, des chants, des hymnes :

le cri des entrailles de la foule entre dans la liturgie. L'Apôtre frappe, par ses épîtres, sur Corinthe, Athènes, Thessalonique, Ephèse ; cymbales sonores, elles répondent en achevant la pensée de saint Paul ; l'Église, se bâtissant ainsi chaque jour, grandit tout ensemble dans l'âme de l'apôtre et dans l'âme du genre humain ; voilà le véritable idéal d'une liturgie et d'une Église vivante.

Or, je le demanderai, voyons-nous quelque chose semblable à cet esprit, ou seulement qui s'en rapproche de loin, et montre que l'on vit sur ce modèle ? Où sont les cris, les accents de l'humanité moderne dans les rites et la liturgie de notre temps ? L'Église puise-t-elle, renouvelle-t-elle ses rites dans l'Éternel vivant ? Le cœur du peuple est-il mort ? ou est-ce que vous ne savez plus le faire vibrer ? Je vois figurées les époques des patriarches, des martyrs, des docteurs, comme si le monde eût dû s'arrêter là ! il a continué de vivre, lors même que les rites ne me disent plus rien de ce qui a suivi. Si l'Église est la représentation visible de la Providence, pourquoi ne réfléchit-elle que ce grand passé, déjà si loin de moi ? La liturgie s'est fixée, mais Dieu ne s'est pas fixé à un siècle plutôt qu'à l'autre. Pourquoi donc pas un soupir, pas un élan de l'humanité nouvelle n'est-il représenté dans un rite nouveau ? On répète les anciennes prières ; est-ce que l'âme n'en exhale plus? chaque siècle n'a-t-il pas son pain quotidien à demander; et celui où je suis, plus qu'un autre peut-être? J'admire la représentation des anciens temps sous des cérémonies majestueuses; et pourtant je voudrais sentir battre le cœur d'un vivant au fond de ces siècles qui ne me connaissent pas. Quand rien ne me parle de ce que la vie m'a montré, il me semble que j'assiste, au milieu de cérémonies sublimes, aux funérailles d'un monde.

Mais, dira-t-on, c'est exiger de l'Église une inspiration permanente, une jeunesse toujours nouvelle, une vie intarissable; et moi, je l'entends bien ainsi. Qui a jamais pu prétendre que la royauté de l'esprit et de l'âme puisse devenir une royauté fainéante? Dans les monarchies temporelles il ne suffit pas de dire : J'ai fait autrefois de grandes choses; je suis le fils de Clovis, de saint Louis. Car, si l'on se contente de parler ainsi aux hommes, si l'on ne fait soi-même des actions glorieuses, si l'on ne saisit dans son siècle l'espèce de grandeur qu'il renferme, le plus grand passé du monde ne sauve pas une couronne, elle ne se relève pas.

Combien à plus forte raison en est-il ainsi de cette monarchie de l'âme, de ces dynasties spirituelles qui veulent régner toujours! Leur suffira-t-il de dire : Je suis fille d'Élie et de David? j'ai consommé autrefois des miracles, j'ai délié des énigmes, j'ai écrit avec la langue de feu les ouvrages des saints Pères. N'est-ce pas assez de travaux, de grandeur, pour que la légitimité me soit accordée de siècle en siècle? Non, cela n'est pas assez, puisque nous vivons, nous voulons des œuvres vivantes. Les dynasties religieuses ne se sauvent pas en suspendant ainsi des armoiries et des blasons spirituels aux yeux du monde. Nous ne demandons pas de nouveaux miracles pour le corps, nous demandons seulement des miracles de l'intelligence, et de l'âme. La Providence a jeté à notre siècle de nouvelles paraboles qui nous restent obscures. Expliquez-les.

En face de difficultés nouvelles, nous avons besoin de nouveaux docteurs; pour conserver le trône de l'Esprit légitimement, il faut acquérir par l'esprit, chaque jour, le droit divin de régner sur nous. Sinon, les révoltes commencent, et les mitres s'ébranlent comme les couronnes.

Louis XVI était le chef de la plus grande monarchie du monde; il personnifiait le vieil ordre temporel; il avait les plus belles armoiries de la terre; il était juste, il voulait le bien, et néanmoins il est tombé; lui-même, sans le savoir, en écrivant ses Mémoires, a expliqué jour par jour la chute de cet ancien monde politique. Dans ce livre manuscrit, où l'on respire le vide le plus étrange qu'on se puisse imaginer, dans ce testament d'une époque, il est un mot écrit en face de chaque journée, et qui la résume. Tournez la page, la même parole reparaît : *Dimanche*, rien, *Lundi*, rien. *Mardi*, rien du tout. Et la semaine se raconte ainsi, et les mois et les années de ce règne ! Ce mot fatal est écrit le matin même de la prise de la Bastille.

L'ancien ordre de choses politiques est tombé parce que chaque matin, au lieu d'être et d'agir, il écrivait sur le livre de vie *rien, rien du tout*, et que le monde voulait être et faire quelque chose. Combien donc ne serait-ce pas une chose plus effrayante et plus tragique, si, au milieu des questions qui nous ébranlent intérieurement, le pouvoir spirituel, cessant d'agir par la pensée, se contentait de vouloir écrire sur le livre sacré, en face de chaque siècle, de chaque abîme, *rien, rien, rien du tout !* Une révolution immense serait à la porte ; car, nous aussi, nous sommes insatiables de vie, comme nos pères, et comme leurs pères, parce que nous croyons à un Dieu éternellement insatiable de grandeur, de lumière et d'esprit.

QUATRIÈME LEÇON

LE CHRISTIANISME SANS ROME.

Le dogme chrétien se développe sans Rome. — Première forme de la papauté; un droit de procédure. — Principe des conciles; le vote dans la cité divine. — Les Pères de l'Église; comment ils ont entendu les rapports de l'Église et de la philosophie. — Arianisme; Athanase. — Contradiction entre l'Église primitive et l'Église moderne. — La déclaration des droits de Dieu, du clergé, de l'homme. — Un catholicisme païen avant l'Évangile. — L'Église, le lien entre la race romaine et la race germanique. — Le christianisme légitime les Barbares. — L'époque la plus croyante est-elle la plus propre aux arts? — L'Église dans la solitude; la société se renoue au désert.

L'Église primitive est fondée; Jésus-Christ l'a léguée aux apôtres, ils la répandent dans le monde et ils meurent. Après eux, comment se poursuit cette histoire? qui va se charger de développer l'héritage des apôtres? A ce moment suprême, où se produit la doctrine, où s'enfante le dogme, ce qui éclate, c'est l'absence ou plutôt le néant de la papauté.

Je ne sais comment on n'a pas remarqué cette

impuissance absolue de Rome, aussi longtemps qu'il s'agit de créer la vie spirituelle. D'immenses questions sont posées dans le christianisme naissant ; partout on pense, on discute, on écrit, on combat par l'esprit, en Grèce, en Afrique, en Asie. De simples diacres donnent tout à coup une direction au monde ; l'âme rayonne de chaque lieu ; Nicée, Alexandrie, Laodicée, de simples villages, les sables mêmes des déserts parlent. Dans ce moment de formation, de création, Rome seule garde le silence ; seule elle n'apporte pas une pierre vivante à cette cité spirituelle qui grandit à vue d'œil ; il faut descendre jusqu'au quatrième siècle pour trouver un grand homme sur le Saint-Siége. Jusque-là, les doctrines, les systèmes, passent devant la papauté sans qu'elle ait l'air seulement d'exister. Ce n'est pas elle qui dit anathème aux hérésies. Ce n'est pas elle qui construit le dogme ; ce n'est pas elle qui convoque et préside les conciles. Que fait-elle donc ? elle attend ; elle ne produit pas la vie, elle la reçoit ; loin d'enfanter le monde religieux, c'est à peine si elle le suit.

Sitôt que ce grand travail de l'âme semble achevé, que les plus vastes intelligences se sont consumées à développer l'esprit du christianisme, et qu'il n'est plus besoin que de régner, on voit l'évêque de Rome s'établir au sommet de ces œuvres de vie, comme s'il en était le principe et la source. Il s'approprie, pour son domaine particulier, les conquêtes spirituelles qu'il n'a pas faites ; il s'institue le roi du dogme, auquel il n'a pour ainsi dire pas concouru. D'autres ont pensé pour lui ; c'est lui qui portera la couronne de l'esprit.

Voulez-vous toucher les premiers commencements authentiques de cette puissance, vous serez étonnés de voir combien ses progrès ont été lents et incertains. Rome a été longtemps avant de croire elle-même à sa destinée nouvelle ; l'océan dans lequel on a prétendu tout engloutir n'a été pendant quatre cents ans qu'un ruisseau caché sous des ruines. J'arrive jusqu'au concile de Carthage, en 419, sans trouver la marque authentique d'aucune distinction effective du Saint-Siége. Dans ce concile, un prêtre latin, Aurélius, demande que les évêques condamnés par un premier jugement puissent appeler à l'évêque de Rome ; pour cela il s'appuie sur une résolution du concile de Sardique. Un autre membre de l'assemblée, Alypius, évêque de Tagaste, se lève, et déclare que dans les textes connus on ne voit rien qui ressemble à cette décision. Ainsi, au cinquième siècle, un droit contesté d'appel, en matière de discipline, voilà tout ce qui marque la primauté de Rome. Attendez quelques siècles, on laisse dormir cette réclamation, puis elle se réveille. Alors le procès a démesurément grandi. La question de procédure se change en un droit de suprématie universelle. Aurélius devient Grégoire VII.

Si les papes n'ont pas été les continuateurs immédiats des apôtres, quelle a donc été l'institution qui a développé l'Église à ses commencements? Les conciles. On peut dire que dans l'établissement seul de ces assemblées se résume tout l'esprit de la révolution chrétienne. C'est une idée qui ne fût jamais venue dans l'antiquité païenne, de réunir des hommes de divers points de la terre, pour délibérer et voter sur la croyance, constituer et développer l'esprit divin à la majorité des voix. Les hommes se rassemblaient dans l'Aréopage, le Forum, pour traiter des affaires des hommes; ils eussent été stupéfaits, si quelqu'un leur eût proposé de délibérer sur ce qu'était ou n'était pas Jupiter, de voter au scrutin, dans le coquillage, la prééminence ou la déchéance de Saturne, l'éternité ou la défaite des enfers et des cieux ; ils eussent considéré comme une impiété de vouloir établir sur la terre le conseil des dieux olympiens. D'ailleurs, à quoi bon croire autre chose que ce que croyaient leurs pères? ils recevaient la tradition; ils ne la faisaient pas.

Dans l'établissement des conciles, on part, au contraire, de cette idée, que l'âme de Dieu s'est mêlée à celle de l'homme. Tous savent qu'en se réunissant les uns aux autres des miracles de lumière peuvent jaillir de leur conscience; ils ont foi dans cette âme qui éclate de toutes les âmes; ils croient apercevoir les langues de feu qui descendent avec l'esprit sur leur front. Ils décrètent tranquillement les mystères, comme s'ils habitaient en Dieu.

De nos jours, nous restons suspendus aux discussions des assemblées politiques; nous en suivrions encore, par habitude, les incidents, même si nous savions qu'aucun principe vital n'est au fond de ces débats, et que l'on pourrait discuter ainsi un siècle, sans qu'il en sortît aucun résultat pour nous ou pour le monde. Que dirai-je donc de ces assemblées qui mandaient à leur barre le ciel et la terre? La majorité et la minorité se disputaient, en Dieu, la substance même de l'avenir. Elles décrétaient non des lois particulières, mais les idées et les dogmes sur lesquels allait se former le monde nouveau. De terribles luttes s'engageaient; on se poursuivait jusque dans le fond des déserts; jamais l'esprit humain n'a montré une audace plus merveilleuse qu'au moment où il avait plus d'humilité. L'éternité, Dieu, le passé, l'avenir du monde, la vie, la mort, la création, quelle que soit l'immensité des objets de délibération, tout se termine à la fin par ces simples mots : *Cela vous plaît-il à tous? — Cela nous plaît. — Placet-ne hoc omnibus? — Placet.*

Qui est-ce qui décrète ainsi à son bon plaisir les choses d'en haut? sont-ce des fils de Dieu ? Ce sont des hommes. Et nous aussi, nous sommes des hommes. Ne perdons pas le droit divin d'apporter notre voix dans la délibération toujours pendante des affaires éternelles. Chaque siècle a sa question qui lui appartient ; et, quoique l'on ait fermé depuis longtemps les portes du concile, il continue; partout où sont rassemblés des hommes de bonne volonté, les questions reparaissent avec des langues de feu. Consultez-vous vous-mêmes ; l'Église ne demande plus à haute voix, par la bouche du notaire : *Cela vous plaît-il à tous ? Placet-ne hoc omnibus ?* mais l'Esprit vous le demande. Avant de mourir, vous devez lui répondre. C'est votre vote intérieur, dans ces questions, qui vous donne le droit de bourgeoisie, de souveraineté dans la cité divine.

Les conciles, toutefois, n'eussent pas suffi à développer le dogme, s'ils n'eussent été préparés ou conduits par les hommes que l'on appelle avec raison les Pères de l'Église. Aujourd'hui, le clergé et quelquefois les philosophes nous conseillent de croire à Dieu comme des enfants ; les Pères de l'Églises sont d'un sentiment tout différent : ils veulent croire à Dieu comme des hommes ; voilà pourquoi ils s'assimilent, autant qu'ils le peuvent, ce qu'il y a de vivant et d'immortel dans la philosophie antique. Ils s'y plongent même au point que la simplicité des pêcheurs de Galilée et des évangélistes disparaît presque entièrement. Aucune autorité visible ne tenant les rênes de leur esprit, ils s'élancent avec une impétuosité extraordinaire au fond des mystères. Cette liberté, qui fait la fécondité de ces premiers siècles, laisse à chacun sa figure particulière. Que de nuances dans ce mélange d'audace et d'humilité, depuis la gravité et la précision de saint Irénée, la violence et la fierté de Tertullien, la tolérance encyclopédiste de saint Clément d'Alexandrie, le déisme à peine converti de Lactance, la majesté savante d'Athanase, la subtilité profonde de saint Augustin, précurseur du moyen âge, jusqu'aux élancements d'Origène, qui tend la main au dix-neuvième siècle ! Dans le fond, une même pensée les inspire : concilier le Christ de Judée avec la vérité manifestée dans le reste du monde à l'esprit humain.

On répète que le christianisme naissant a été la ruine de la philosophie; dites plutôt qu'il en a été l'apothéose[1]. La sagesse, le verbe de l'antiquité, purifié de temple en temple, d'école en école, s'i-

---

[1] Le terme même de *philosophie* est, dans quelques Pères grecs, une parole sacrée qui emporte avec soi l'idée de la vertu suprême de l'intelligence, de l'inspiration de l'Esprit-Saint. *Philosophons donc en toutes choses*, dit saint Jean Chrysostome. Φιλοσοφῶμεν τοίνυν ἐν ἅπασιν. (Homil. XI.) — **Philosophons en paix**, répète Grégoire de Naziance. (Epist.)

dentifient avec la personne de Jésus-Christ. L'abstraction du philosophe et l'enthousiasme du pêcheur de Galilée se rencontrent ; la tête et le cœur du genre humain s'entendent ; c'est là la première œuvre des Pères de l'Église.

Ne croyez pas que tout fût fini parce que Jésus-Christ avait paru sur la terre ; tout, au contraire, restait à décider. Après le premier éblouissement, il était immanquable que l'esprit humain cherchât à se reconnaître. Même parmi ceux qui avaient subi la parole de Jésus-Christ et qui vivaient de l'Évangile, cette question devait s'élever : Qui est-ce qui a paru en Judée? Qu'est-ce que Jésus-Christ? Est-ce une apparence, une réalité, un fantôme divin? Il se reconnaît plusieurs fois inférieur à son père ; le Fils de Dieu est-il Dieu lui-même? Toutes ces questions ne pouvaient manquer de se précipiter aussitôt sur le monde.

Quelle issue l'esprit humain n'a-t-il pas cherchée d'abord chez les croyants eux-mêmes pour se soustraire à la divinité de Jésus-Christ ! Plus d'une Église commence par le regarder comme un fantôme d'idées. Il y a un moment où, de tant de sectes, on ne voit pas clairement laquelle prévaudra. Celle qui essaie le plus vite de concilier le paganisme et le christianisme est celle des *Gnostiques;* j'y respire les ténèbres profondes des temples d'Égypte. Dans sa première surprise, ce paganisme converti ne nie aucun fait de l'Ancien ni du Nouveau Testament ; seulement il les interprète tous par une abstraction sans bornes ; aussi les mystères d'Égypte renaissent de chaque verset de l'Évangile ; les dieux impénétrables des temples de Thèbes, Horus et la Nuit Athor, semblent parler encore par la bouche de Jésus de Nazareth. On dit qu'un reste de ce génie inspire aujourd'hui Schelling, au fond de l'Allemagne, cette Égypte moderne. Mais dans le commencement du christianisme le monde avait besoin, avant tout, de vie, de réalité, de personnalité. Qu'aurait-il fait de ces abîmes d'abstractions ? Le danger n'était plus là.

Le monument canonique qui succéda à la prédication des Apôtres eut quelques-uns des caractères de cette première hérésie : c'est l'Apocalypse. Le monde a été frappé, renversé dans son ancienne intelligence, comme saint Paul, sur son chemin de Damas. Le premier mot de l'Église naissante est incohérent, rêve de l'humanité après le baptême ; tous les objets de la veille, les idoles, les dieux mugissants de l'Afrique, les villes antédiluviennes, reparaissent, se heurtent d'une manière formidable à travers ce songe de l'esprit endormi, dans la première nuit du christianisme. Qui peut assister, sans une sorte d'effroi, à ce sommeil, à ce délire sublime, à cette folie toute divine de l'Église ? Qui est-ce qui ne redoute pas un moment que l'équilibre de l'intelligence ne soit rompu pour toujours, que l'humanité ne soit frappée à la tête, et ne se relève pas de cette ivresse de l'âme ? Quelques chefs de la chrétienté pourront peut-être supporter cet état permanent d'extase ; ils interpréteront, d'âge en âge, le rêve de la chrétienté ; mais les peuples, les multitudes, comment sauveront-ils à la fin leur raison, si l'Apocalypse devient le ton unique de l'avenir ? Ce breuvage est trop puissant pour l'esprit de l'homme. Imaginez un moment les siècles entrant les uns après les autres plus profondément dans cette vision, ne buvant qu'à cette coupe, ne s'éclairant que de cette lumière du rêve de Patmos. Je vois peu à peu l'humanité visionnaire comme une somnambule, s'agitant, marchant, les yeux fermés, dans un songe perpétuel; mais cela ne doit pas être, il faut veiller et non rêver, pas même en Dieu. Aussi, à peine ce songe de l'Apocalypse a-t-il marqué le premier moment d'extase de l'humanité moderne, elle se réveille au milieu des discussions solennelles des Pères de l'Église.

Comparez les Pères aux Évangélistes, ne voyez-vous pas quel travail s'est accompli dans l'intervalle qui les sépare ? Les disciples de l'Évangile ne savent pas précisément ce qu'ils doivent penser de Jésus-Christ ; ils sont accablés de sa sagesse, de sa puissance ; à proprement parler, ils ignorent qui il est ; le nom qu'ils lui donnent marque leur incertitude ; ils se contentent de l'appeler *Maître*. Combien, au contraire, cette figure a grandi dans l'esprit des Irénée, des Athanase, des Origène ! Le maître des bords du lac de Galilée atteint chez eux à la voûte des cieux, à la profondeur des enfers. A véritablement parler, les Pères de l'Église ne font rien autre chose que parcourir dans tous les sens le monde de l'intelligence, pour agrandir l'idée du Dieu vivant ; en déployant leur esprit et leur âme, ils semblent déployer le Dieu lui-même. Ils ressemblent à ce saint des légendes, qui, ayant reçu dans ses bras le Christ enfant sur le bord du fleuve, le sent grandir, et le dépose géant sur l'autre rive. Que conclure de là ? une seule chose : que nous aussi, nous portons, comme toutes les générations, à notre tour, un grand inconnu, qu'il faut franchir avec lui le torrent, et ne pas croire trop tôt que nous ayons déjà rencontré la limite de Dieu.

Vers la fin du troisième siècle, le paganisme cède, les martyrs ont cessé ; l'empereur se soumet au Christ ; alors la grande difficulté commence : le Christ a vaincu, les chrétiens se divisent.

On ne niait plus que le monde appartiendrait à

l'Évangile ; restait à savoir seulement quel était ce Christ auquel on se rendait. La moitié du monde déclarait que le culte antique était légitimement tombé, qu'aucun regret n'était donné à ce passé, que l'univers acceptait le Christ ; qu'il avait en lui la vérité, la force, l'avenir; que néanmoins on ne pouvait se décider à l'identifier absolument avec Dieu même ; que, puisqu'il était son Fils, il n'avait pas été de toute éternité ; que, tout grand qu'il était, il avait été fait de rien ; qu'on lui accordait d'avoir servi d'instrument à la création, qu'on était prêt ainsi à tout lui abandonner, hormis la vraie divinité. C'est là l'Arianisme, qui fut longtemps une autre chrétienté, en face de celle des Pères.

Il est aisé de voir que ce système mit l'Église en danger plus que tous les bourreaux du monde. On se sauvait par là également du scepticisme des païens et des mystères des enthousiastes. Jésus-Christ n'était ni Dieu ni homme; c'était une sorte de demi-dieu, qui présidait au monde, depuis le commencement du temps. Cette église (peu s'en fallut qu'elle ne pût être appelée un moment l'Église universelle) baptisait au nom du Père incréé, du Fils créé, et de l'Esprit qui sanctifie. Elle a eu ses conciles; le saint-siége s'y est soumis un moment ; la plupart des empereurs étaient pour elle; on a pu croire que le monde entier recevait ce baptême. Mais, en y réfléchissant, vous verrez qu'il ne suffisait pas pour renouveler la terre. Qu'était-ce au fond que l'Arianisme, si ce n'est une transaction, un juste milieu, entre le paganisme et l'Évangile ? le paganisme renonçait à ses idoles, et recevait une moitié du dieu nouveau. L'Évangile renonçait à son premier mystère, et acceptait le dieu mortel du paganisme. Concession prudente qui pouvait convenir aux chefs d'une société vieillie, mais qui ne satisfaisait en rien la soif de prodiges qui dévorait les hommes nouveaux. L'esprit avait besoin de se renouveler dans les mystères; il y était déjà trop plongé pour pouvoir ou vouloir reculer. Tout ou rien, c'est le mot des époques sacrées. Selon la parole d'un Père [1], la transaction la plus prudente n'est alors qu'une pensée enveloppée de boue.

Dans ce moment suprême où il s'agit, pour le Christ-Dieu, d'être ou de ne pas être, ne tournez pas vos yeux vers Rome. Je l'ai déjà dit : pas une parole puissante, éclatante, ne s'échappe de Rome tant que dure ce procès. Elle se tait comme saint Pierre, à la porte de Caïphe, quand le Christ est livré au grand prêtre. Même elle renie par deux fois, avant que le coq ait chanté : la première, elle

[1] Athanase.

renie par la bouche du pape Libère ; la seconde, par celle de son légat Hosius[1]. Il faut pourtant bien que quelqu'un se lève pour soutenir la cause du Christ : c'est Athanase.

Quand vous ouvrez ces pages écrites dans l'exil, sous la tente, dans l'endroit le plus impénétrable du désert, loin de tout compagnon, vous sentez que l'Église menacée va se réfugier dans un grand cœur pour y ramasser toutes ses forces. Sans doute, l'imminence du danger, l'ébranlement des colonnes de l'Église avant qu'elle soit achevée, puis, tant de cris qui partent des peuples, tant de périls, tant de haines, une armée entière envoyée pour chercher et poursuivre l'écrivain, imprimeront des mouvements terribles, apocalyptiques, à cette voix qui va crier dans le désert. Mais le moment est trop grave ; il n'y en a pas eu un autre pareil dans le christianisme ; il faut laisser là l'éloquence et se presser de vaincre.

Quels sont, pensez-vous, les arguments dont Athanase se sert pour relever et sauver la divinité de Jésus-Christ? ses œuvres consommées dans l'Évangile, ses miracles, sa mort, que J.-J. Rousseau disait être celle d'un Dieu? Nullement. Du premier bond, il s'élève plus haut ; il monte comme sur un Sinaï métaphysique au sommet des idées

---

[1] Lapsus Liberii, lapsus Hosii.

de Platon. Réfugié au faîte de toutes les vérités découvertes par l'ancienne société, il brave, il interroge le monde à moitié arien. Sa pensée, qui le plus souvent s'accorde avec la grandeur impassible et la majesté nue du désert, éclate, par intervalles, avec véhémence, comme si de ces rochers il parlait à la foule ; il semble que l'on entende les échos de ces solitudes la porter au loin avec fracas dans toutes les villes chrétiennes.

Le Christ est la sagesse de Dieu. Or, la sagesse n'est-elle pas éternelle comme lui, immuable comme lui, innée comme lui ? Les trois termes de la Trinité de Platon peuvent-ils être inégaux ? Le Créateur, est-ce un Dieu fatigué qui ait besoin de se donner un fils pour achever son œuvre ? Voilà à quelle hauteur il se place dans la même solitude qui enfantera plus tard l'arianisme de Mahomet. Si l'on y regarde de près, dans ce moment de péril, on s'aperçoit qu'il unit le christianisme à la philosophie, et les développe également l'un et l'autre ; après quoi, le Moïse chrétien descend de sa montagne, apportant, au milieu des flots du peuple qui court à sa rencontre, le dogme de la Trinité orientale, renouvelée dans l'esprit de vie.

Lorsque je vois avec quelle autorité ces grands hommes écrivent sur le sable des pensées aussi vastes que les cieux, avec quelle puissance ils se soumettent les idées qui ont paru avant eux, comme ils les entraînent dans leur courant de vie, comme ils se fortifient toujours par la vraie force, et que je viens tout à coup à penser aux petits moyens qu'emploient aujourd'hui ceux qui croient leur succéder, à la peur que leur causent les découvertes de l'intelligence, je me demande si c'est bien là le même christianisme, la même religion, quand le procédé est tout différent ; et je suis effrayé de la dégénération dans une institution qui, pour être quelque chose, a besoin d'être éternelle. Les Ariens voulaient ramener le Christ aux formes du culte des héros, et ils mirent à cela une ardente industrie. Athanase, pour sauver le christianisme, le porte, au contraire, en avant même de la philosophie, là où l'esprit humain n'était pas encore arrivé. Comprendra-t-on ce langage ? Les Pères marchaient en avant du monde ; l'Église, aujourd'hui, marche en arrière ; mais nous ne laissons derrière nous que nos morts ; il serait bien temps que quelqu'un entrât au désert, et sur le sommet de toutes les vérités nouvelles sauvât la croix une seconde fois.

Enfin le voilà assemblé, ce concile de Nicée qui va tout décider. Trois cent dix-huit évêques y sont présents, l'empereur Constantin y assiste, l'âme d'Athanase le remplit. On a souvent dit que ce jour-là la terre s'est agitée pour une syllabe ; mais cette syllabe, c'était un Dieu. Le Christ de plus ou de moins dans le monde, cela valait-il la peine d'une discussion ?

Elle fut solennelle, quoique la liberté n'y ait pas été entière, puisque la minorité fut constamment menacée par l'empereur, et, à la fin, obligée de se dédire. Cette minorité se repliait dans une foule de détours ; on chercha, hors de l'Évangile, dans la langue philosophique, les mots les plus précis, pour ôter toute incertitude. Les pêcheurs du lac de Galilée n'eussent pas compris cette profession de foi ; Platon l'eût entendue. Ce fut le traité de paix entre l'Évangile et la philosophie antique, sur les hauteurs les plus élevées de l'Esprit. On déclara le Christ de la même substance que son père, c'est-à-dire Dieu comme lui. Alors tout fut dit. L'humanité nouvelle, encore incertaine, eut son *Credo*, sa charte divine, sans peut être en voir encore toutes les conséquences. Le travail intime des trois premiers siècles fut résumé dans une parole ; le Dieu-homme fut fait Dieu lui-même irrévocablement. Le moyen de s'étonner que pour cette parole, qui contenait un monde, tant de génies aient été aux prises !

Il y a quinze siècles que cela s'est passé, et c'est, sans nul doute, un spectacle sublime de voir l'une après l'autre arriver les générations humaines, en répétant d'une manière immuable les termes du *Credo* de Nicée. Mais, dans le travail et la substance de ces quinze siècles, n'y a-t-il pas aussi quelque parole qui puisse être ajoutée à l'ancienne profession de foi? Les saints mêmes l'ont pensé.

Dans le fond, ce *Credo* a été continuellement développé. Le concile de Nicée a décrété ce que l'on peut appeler la déclaration des droits de Dieu ; tout le moyen âge a travaillé à la déclaration des droits de l'Église ; enfin, les temps modernes ont ajouté, dans l'Assemblée constituante, à l'antique *Credo*, la déclaration des droits du genre humain. Or ces professions de foi, faites en des temps différents, semblent d'abord se contredire et se heurter, quoiqu'elles soient nées les unes des autres. Qui les conciliera? qui rassemblera dans un esprit dans un symbole nouveau, ces fragments de la législation divine et humaine? c'est là le travail qui, aujourd'hui, divise et oppresse le monde.

Quand on veut faire le procès à l'esprit de notre temps, on ne manque pas de le comparer à l'époque de la décadence du monde païen. Un seul point renverse une si belle analogie : la société antique arrive à son dernier moment sans le savoir ; elle va mourir, et elle ne le pressent pas. Nulle part vous ne trouvez chez elle le deuil, la plainte qui précèdent la chute. Réunissez tous les poètes qui assistent à ce moment suprême d'une civilisation; ce n'est qu'image de paix, satisfaction du présent; dans Théocrite, Bion, Moschus, Lucien, Longus, le monde grec meurt en souriant. Jamais la pensée leur vient-elle de s'inquiéter de la ruine des croyances? L'histoire ne leur ayant pas encore montré à nu la chute d'une société, l'idée ne leur vient pas qu'une civilisation puisse disparaître de la terre. Aussi ils assistent de corps, non d'esprit, à l'agonie d'un monde; au lieu d'en recueillir les plaintes, d'en marquer les pulsations, quand chaque moment vaut un siècle, ils vont chercher dans l'imitation homérique une vie fictive. Déjà la société antique a disparu; ils chantent encore l'âge de Saturne.

Qui ne voit que l'esprit de notre temps incline à un extrême tout opposé? il affecte de porter d'avance son deuil, il tire vanité de ses propres funérailles. S'il y a un principe de douleur dans le monde moderne, n'a-t-il pas été exhalé comme à plaisir? la plainte est allée quelquefois jusqu'à énerver l'intelligence. Cette douleur féconde qui se connaît et s'aiguise chaque jour est précisément le contraire de cette décadence stérile qui s'ignore et se couronne de myrte.

Au moment où a éclaté l'Évangile, le monde ancien marchait de lui-même vers un catholicisme païen. En rassemblant chez elle tous les dieux, toutes les croyances de la terre, Rome, tendait, avant le christianisme, à une ébauche de papauté ; son Panthéon était le Vatican de la mythologie. Pontife de la terre, l'empereur personnifiait en lui l'universalité de l'Église païenne ; le pape n'eut besoin que de s'asseoir à sa place, et de suivre la pente des choses, pour personnifier l'universalité de l'esprit chrétien.

D'autre part, l'alliance n'était pas moins naturelle entre l'Église et les Barbares, puisqu'un lien commun les unissait dans le combat contre l'ancienne société. A mesure que les Barbares approchaient, le christianisme leur expliquait à eux-mêmes leur vocation de colère. Comment auraient-ils résisté à une croyance qui célébrait en eux les exécuteurs des jugements de Dieu? Leurs déprédations en recevaient un caractère sacré. Ce n'étaient plus des hordes sans mission. Ils devenaient autant d'ambassadeurs des vengeances célestes, ils avaient été annoncés par les prophètes ; leur titre de noblesse remontait aux menaces de l'Ancien Testament. Isaïe légitimait Alaric.

Qu'était, d'ailleurs, la religion de la race germanique, pour lutter avec le christianisme ? Au milieu d'un hiver éternel, sous le frêne sacré, ces dieux à la chevelure de neige puisaient leur force dans l'âme du Nord. A peine descendaient-ils dans les Gaules, en Italie, en Espagne, sous le ciel de ces contrées tout contrariait, démentait la fiction. Rien ne rappelant le monde qu'ils représentaient, leur âme de brume se dissipait au premier souffle ; avant que l'Évangile eût parlé, la nature tout entière les avait réfutés à chaque pas. Ainsi s'explique la chute aisée du paganisme dans le Midi de l'Europe, sa résistance obstinée dans le Nord. Il a fallu huit campagnes à Charlemagne pour baptiser, de l'autre côté de l'Elbe, ceux qu'une journée convertissait au sud des Pyrénées et des Alpes.

Sitôt qu'avec le christianisme une âme nouvelle entre dans le monde, on doit croire que cet enthousiasme divin va éclater par des merveilles d'imagination et de poésie : il n'en est rien. La religion est déjà toute formée, que l'art nouveau se montre à peine en germe ; tant il est faux de dire que la foi la plus obéissante est la plus propre aux arts. Les poètes chrétiens des premiers siècles, Prudence, Paulin de Nola, célèbrent académiquement l'ère nouvelle avec l'accent artificiel d'Horace et de Virgile. Ils auraient la sincérité du martyr, ils n'ont pas celle du poète ; les saints redeviennent païens dès qu'ils veulent, de propos délibéré, être des auteurs. Trop près de l'idéal nouveau pour le regarder en face, ils touchaient le Christ, ils n'osaient le contempler ; comment auraient-ils pu le peindre ? Le véritable hymne harmonieux d'un saint Paulin de Nola, c'est sa vie, ses odes chrétiennes ne sont que virgiliennes. Combien de poèmes ont été alors écrits au fond du cœur, qui jamais n'ont dépassé les lèvres! cantiques muets, gestes de l'âme qui parle à Dieu, hymnes que les lions seuls ont entendus. Le chef-d'œuvre et le résumé de tout cela est la liturgie de l'Église, épopée vivante, œuvre anonyme de la chrétienté tout entière.

Un trait frappant, dans les premières époques du christianisme, est la soif de solitude, aussi longtemps que l'on travaille à la constitution du dogme. Quand la vieille société se dissout, les hommes n'ont plus rien à se dire les uns aux autres ; et pourtant ce n'est pas la haine de la société qui les chasse, hors des villes, au milieu des sables. Tout au contraire : à mesure que la solitude morale augmente dans les villes, à Alexandrie, Byzance, Athènes, les hommes vont dans le désert pour recommencer la société, en renouvelant leur alliance avec Dieu. Ils s'aperçoivent que la vie n'est plus où elle avait coutume d'être, dans les institutions, dans l'Aréopage, dans le Forum, au foyer domestique ; par amour de la vraie vie, ils fuient au monde qui n'est plus qu'apparence. Comme des oiseaux qui pressentent les orages, ils s'éloignent ; ils vont bâtir au loin la cité nouvelle dans des lieux et sur un plan qu'aucune invasion de Barbares ne pourra atteindre.

Au temps de saint Basile, de saint Jérôme, de saint Augustin, il y avait un reste de Forum et d'Aréopage ; on y contrefaisait encore, ça et là, les grandes choses de Rome et d'Athènes. Partout le monde antique se drapait ; il jouait le vivant, dans les lois, les discours, dans une ombre de sénat. Comment des hommes nouveaux qui partaient de Tagaste ou d'Illyrie, attirés par la majesté des noms, n'auraient-ils pas été stupéfaits d'abord, puis révoltés ensuite, quand, au lieu des choses, ils ne trouvaient plus qu'une fiction, un mensonge? ils fuyaient épouvantés dans le fond des rochers, là où jamais l'homme n'avait mis le pied. Ils tombaient à genoux, et le moindre insecte qui cherchait sa pâture, œuvre vraie du Dieu vrai, leur semblait marcher dans la voie droite, cent fois mieux que ne faisaient Rome et Athènes sous leur masque de théatre. Le moindre murmure de l'eau était un discours véridique pour des oreilles fatiguées des sophismes de Byzance.

L'homme se séparait de l'homme, cela est vrai ; et jamais pourtant il n'avait été moins seul, car il allait converser avec Dieu. Chacun prend un chemin particulier vers la solitude. Mais cette solitude est peuplée ; tous ont le même compagnon et sont occupés de la même pensée. Si les corps ne se voient plus, les esprits se touchent ; ils sont incomparablement plus voisins que lorsqu'ils discutaient ensemble sur la place publique, sans pouvoir se concilier. Séparés, en apparence, ils habitent en commun dans la même idée. De ce désert, il n'y a qu'un pas au type et au renouvellement de la société moderne, fondée sur l'individualité et l'association tout ensemble.

De nos jours aussi on éprouve, malgré soi, quelque chose de semblable ; nous courons d'abord au-devant de la société, croyant trouver un foyer de vie dans chacun de ses établissements. Par malheur, la vie n'est pas où nous la cherchons ; nous la demandons à l'Église : et l'Église ne nous la donne pas ; aux assemblées politiques : elles ne nous répondent pas ; à la famille : souvent elle nous laisse orphelins. La fiction nous enveloppe peu à peu. Nous aspirons vers la vérité, et nous, à notre tour, nous trouvons un masque. Nous cherchons une cité meilleure, aussitôt une autre Byzance s'élève avec ses sophismes, et nous enceint de ses murailles de mensonges.

Où fuirons-nous donc ? il ne s'agit pas de fuir au désert, ni de retourner dans les sables. Rentrons en nous-mêmes, avec sincérité. L'homme retrouvera encore une fois, dans ces sables vivants, la trace des pas du Dieu perdu.

CINQUIÈME LEÇON

DE LA CITÉ DE DIEU ET DE LA CITÉ DE L'HOMME.

Rapport des dogmes chrétiens et des institutions sociales. — Comment l'histoire universelle découle des dogmes. — Qu'ils sont la cité des idées dans la philosophie de l'histoire. — Les conciles, les assemblées constituantes du moyen âge. — Pourquoi le christianisme est représenté par l'Église et les gouvernements comme une charte et une vérité d'outre-tombe. — Du miracle dans le monde moderne. — Que le Christ s'incarne depuis dix-huit cents ans dans le droit chrétien. — Après la passion du moyen âge, la résurrection dans l'ère de la Révolution française. — L'Église était la pierre qui enfermait l'esprit dans le sépulcre. — Pourquoi le dogme de la fraternité humaine s'est inscrit si tard dans le droit civil et politique. — Saint Augustin, le législateur du moyen âge. — Une féodalité éternelle dans les cieux, type de la féodalité temporelle sur la terre. — Des seigneurs suzerains du ciel, des serfs de l'enfer — L'organisation du moyen âge existait en idée avant d'être réalisée par les Barbares. — De la cité de Dieu, de la cité de l'homme. — Qui marchera au devant des nouveaux Barbares ? — N'y a-t-il plus de peuple de Dieu?

Je conçois un ouvrage dont pas une ligne n'existe encore. Il consisterait à établir les rapports du dogme chrétien avec les formes politiques et sociales du monde moderne.

D'autres ont montré les ressemblances nécessaires entre les systèmes de philosophie et les diverses formes de gouvernement depuis l'antiquité ; ils ont établi une loi d'analogie entre la scolastique et la féodalité, la philosophie de Descartes et la monarchie moderne, l'éclectisme et la charte de la Restauration. Reste à voir comment chaque développement du dogme s'est réfléchi dans l'histoire et dans la société.

Presque toujours les penseurs se contentent de dire que le christianisme, n'étant fait que pour les cieux, ne peut se réaliser dans les institutions ; que, seulement à l'approche de la Révolution française, l'homme s'est avisé de faire descendre la loi divine dans la loi humaine. Pour moi, je pense que ce qui a été décidé pour le dogme se réalise tôt ou tard dans les faits, que le travail des quatre premiers siècles du christianisme est l'idéal, le plan sur lequel se développent tous les siècles qui ont suivi ; je crois fermement que celui qui connaîtrait, dans ses détails, la formation du dogme, connaîtrait dans son esprit la formation de l'histoire civile et politique. L'humanité moderne est faite comme l'antique, à l'image de son Dieu ; il n'est rien dans cet idéal suprême que nous ne devions prétendre réaliser un jour dans les institutions et les lois. Tout ceci va s'expliquer par un exemple.

La divinité de Jésus-Christ reconnue par le concile de Nicée, une nouvelle question se présente, et tout le monde s'en préoccupe au quatrième et au cinquième siècle. Quel est le problème qui tient ainsi la terre en suspens? Rien ne vous paraîtra peut-être plus subtil ; et, pourtant, l'avenir social de dix siècles est dans ce mot. Demandez aux diacres, aux évêques, aux peuples chrétiens de Byzance, de Chalcédoine, aux catéchumènes des déserts, quelle idée occupe et trouble leur esprit : ce n'est pas l'approche des Barbares ; non, la menace des massacres ne les réveille pas, tant ils sont absorbés par la nécessité de pousser jusqu'au bout la logique chrétienne. Si Jésus-Christ est Dieu-Homme, voici la question que l'esprit humain se pose aussitôt : ce Dieu-Homme a-t-il une double nature, une double volonté, l'une divine, l'autre humaine ? N'oubliez pas que tout l'univers tremble sous les pas des Barbares ; chaque jour ils font un pas ; on entend déjà leurs clameurs ; et, cependant, l'humanité chrétienne ne peut se détacher des questions qui viennent de s'élever ; elle ferme l'oreille à tout autre bruit ; elle dit, la première, en l'étendant au monde, ce mot de la Convention : « Périsse l'univers plutôt qu'un principe. » Les Pères écrivent dans la solitude, les conciles se rassemblent au bruit de la terre ébranlée ; à la fin, le monde occidental décide qu'il y a dans le Christ deux natures, deux volontés, que la première est de Dieu, la seconde de l'homme. Il était temps que la question fût résolue;

le moment d'après, les Barbares viennent clore toute discussion.

Elle n'est pas, il semble, destituée de grandeur, cette persistance de l'esprit humain à suivre la logique des idées divines, au milieu du renversement des États. Il fallait bien que les hommes qui s'obstinaient, sous le bélier, à résoudre ces questions, pressentissent au moins de quelle importance elles seraient dans l'avenir. Vous êtes tentés d'abord de croire qu'ils n'ont ajouté qu'un trait nouveau, une idée à la figure de Jésus-Christ; mais cette idée, s'incarnant dans l'histoire, va porter pendant mille ans tout le monde social.

En effet, sitôt que le concile a établi deux natures et deux volontés dans le Dieu chrétien, il arrive que le monde social, se formant sur ce plan, se partage en deux volontés, en deux natures : l'une divine, qui est l'Église ; l'autre humaine, qui est l'État. Voilà la constitution du genre humain profondément changée par cette seule déclaration qui, tout à l'heure, paraissait stérile. Qu'est-ce que le moyen âge, sinon l'application sociale de ce dogme? pénétrez-en l'esprit ; toute l'histoire civile, politique, se déroule devant vous.

L'antiquité cesse, le jour où se brise l'unité de l'empereur et du pontife. Deux volontés, deux natures, surgissent du cœur du genre humain et en deviennent les mobiles. Elles s'appellent, selon le cours des temps, Rome et Constantinople, l'Église et l'État, le Pape et l'Empereur, Léon et Attila, Grégoire VII et Henri IV, Pie VII et Napoléon. D'abord ces deux volontés s'entendent comme dans l'enfance du Christ ; elles n'en forment proprement qu'une seule ; pendant les premiers siècles on ne les distingue pas. Puis, l'âme du genre humain se déchire comme celle du Christ dans le jardin des Oliviers ; c'est une agonie qui dure des siècles. L'empire tombe à genoux au onzième siècle devant le pape du moyen âge ; il dit : Mon père, éloignez de moi ce calice ! mais ce calice, on ne l'éloigne que pour un moment des lèvres du genre humain. Même aujourd'hui, il reparaît ; et cette division profonde instituée à l'origine continue ; elle éclate encore au moment où je parle dans les affaires civiles et politiques de tous les peuples qui l'ont admise dans le principe de leur religion.

Ce peu de mots suffisent pour montrer les dogmes sous un esprit nouveau. Comment n'être pas frappé de cette logique souveraine qui établit, à l'origine de l'histoire moderne, un certain nombre d'idées divines, lesquelles deviennent aussitôt la substance et la loi des événements et des révolutions politiques ? On explique ordinairement le moyen âge, la féodalité, par l'arrivée des Barbares ; ils ne sont rien qu'une cause secondaire ; la première est dans les dogmes, moules profonds où viennent se jeter et se fondre les peuples nouveaux. Dans ce sens, les conciles des quatre premiers siècles sont les véritables assemblées constituantes du monde moderne. Chacune de leurs décisions imprime un mouvement particulier à la terre ; il semble d'abord qu'ils ne règlent qu'une politique sacrée ; mais ce conseil divin se traduit sur la terre dans les faits, les lois, la formation des États, la succession des races. Cessez donc de chercher dans les abstractions de l'école le plan idéal sur lequel se bâtit la société vivante. Cette cité des idées qui domine et qui règle le monde politique et social des modernes est elle-même une réalité ; elle vit dans les dogmes: voilà la vraie et la plus haute philosophie de l'histoire.

Sans doute, il est commode pour les gouvernements et pour le clergé de montrer toujours dans l'Évangile et l'Église primitive un idéal tellement sublime, qu'il ne doit exercer aucune influence sur les affaires terrestres et la politique du monde. Dans les temps modernes, les chefs de l'État politique et de l'Église s'étaient entendus pour dire par mille bouches aux peuples : « l'Évangile est un excellent livre, un ouvrage divin ; il se réalisera quand vous mourrez ; avant cela, vous auriez le plus grand tort d'exiger de nous que nous fissions entrer ses doctrines dans notre politique.

Feuilletez-le en songeant au tombeau qui est près de vous ; au demeurant, n'embarrassez pas de cette sainte utopie les hommes qui conduisent le monde. »

Pendant combien de temps les multitudes n'ont-elles pas mis toute leur espérance dans le jugement dernier, qu'on ajournait de siècle en siècle ! Elles écoutaient avec patience le livre des promesses, pensant que peut-être avant que la page fût tournée, la mort allait réaliser ce que refusait la vie. Mais la mort n'est pas venue si vite qu'on l'attendait; et dans cet intervalle, à l'insu même des hommes qui croyaient cela impossible, le dogme chrétien descendait peu à peu dans la politique universelle. L'humanité stupéfaite a fini par reconnaître que le Christ s'incarne de siècle en siècle dans l'histoire. Or ce qui se faisait sans que personne en eût conscience doit s'accomplir désormais avec le concours et la liberté de l'esprit humain : tel est le signe et le caractère de l'époque dans laquelle nous entrons. Les peuples ne se contentent plus d'entendre l'Évangile comme un murmure avant-coureur de la cité des morts; ils veulent sciemment le réaliser dans la vie sociale; ils ont compris que, de toutes les religions de la terre, le christianisme seul ne peut pas être condamné à rester impossible. De ce moment, ils travaillent silencieusement et sans relâche à rapprocher la société de son idéal ; dans cette voie toute nouvelle, Dieu seul peut dire où ils s'arrêteront.

Comment ! le paganisme a réalisé toutes ses promesses ; il a fini par rendre les hommes d'Athènes, de Rome, semblables à ses dieux ; il a élevé sur la terre une société régie par les mêmes lois, les mêmes formes que la société des Olympiens ; il a mis la couronne de Cybèle sur le front des reines, de Cléopâtre, de Sémiramis ; il s'est résumé en substance dans un code païen ; il ne s'est arrêté qu'à la fin de son œuvre ; et le christianisme, au contraire, réduit à être une utopie, une chimère éternelle pour les vivants, ne deviendrait une réalité que pour les morts ! il serait dans l'impuissance avouée de faire entrer son levain de justice, de vérité, dans les choses et les institutions humaines ! il ne pourrait établir un droit chrétien !

Non, cela ne doit pas être. Puisqu'il a commencé il faut qu'il achève. Le droit idéal, la législation sacrée qu'il enveloppe dans les replis de la lettre, tout ce qu'il renferme d'esprit, de vie, doit tôt ou tard, sous une forme ou sous une autre, pénétrer les législations positives. Le monde ne se reposera pas que cela ne soit consommé. C'est une tâche immense pour les gouvernements qui s'élèvent ; mais il serait aussi trop commode, pour eux, de n'octroyer jamais que des droits, une justice, une charte, une vérité d'outre-tombe. Ni on ne trompera, ni on n'amusera plus le genre humain par une ordonnance, une bulle, dont il se repaîtra pendant des siècles. Vous l'avez nourri dix-huit cents ans d'un idéal de société ; il est trop tard pour extirper cet idéal du fond de son âme. Un article de loi, un amendement, ne suspendra pas sa course. Vous lui avez montré une loi d'affranchissement, il veut la pratiquer ; vous lui avez enseigné un abîme de justice, il veut s'y plonger avant la mort. Qui est-ce qui l'en empêchera? est-ce l'Église ?

Pourquoi donc nous conseiller toujours d'attendre la réalisation du christianisme dans le tombeau ? a-t-on peur de déshériter les morts? Pourquoi attendre? les jours sont longs, quand on les passe dans le faux.

Il semble que, l'Évangile et l'Église primitive reposant, en partie, sur le miracle, il était impossible que cette idée reparût et se réalisât dans la société moderne ; cependant elle a pu s'y produire, puisqu'il est juste de dire que la société repose sur le sentiment de la toute-puissance de l'esprit, en face de la nature. Si un païen reparaissait parmi nous, nul doute que notre monde entier, notre histoire, notre science, notre vie, lui sembleraient un miracle continuel. L'Église a cessé de faire des miracles ; mais l'humanité, et la France en particulier, en ont fait à sa place, c'est-à-dire qu'elles ont cru qu'un sentiment, une volonté de l'âme, pouvaient commander à la matière déchaînée.

Il y a aujourd'hui justement une année que je passais devant le port de Palos, d'où est parti Christophe Colomb. Suivez des yeux avec moi ce point noir qui s'avance dans l'Océan ; il suit une ligne droite, inflexible ; il ne se dirige ni sur la terre ni sur les cieux ; il obéit à la pensée d'un homme, et cet homme voit d'avance, au fond de son esprit, le rivage inconnu qui l'attend. Sans se détourner, il y aborde, par le chemin le plus court, avec la régularité d'une planète. Jamais un homme de l'antiquité païenne n'aurait eu cette foi tranquille dans la puissance de l'esprit. Qu'est-ce que cela ? Qu'est-ce que cet univers, qui, à l'appel d'un croyant, émerge du fond de la création ? Cela ne peut-il pas être mis à côté de plus d'un prodige de la légende ? Combien de miracles que l'Église ne connaît pas ! Nous sommes entourés de merveilles qui changent autour de nous le monde matériel ; et chacune d'elles est sortie d'un moment, ou, pour mieux dire, d'un acte de foi en la toute-puissance de l'âme sur le monde. Dans l'ordre moral, que de peuples boiteux, il y a un siècle, ont été soulevés de leur grabat par un mot, liberté ! Pendant combien d'années de la Révolution la France et ses armées n'ont-elles pas été rassasiées par cinq pains, que multipliaient l'enthousiasme et la religion d'une bonne cause ! Le temps des miracles n'est pas passé, quoiqu'ils ne se consomment plus dans l'Église ; s'il y a des peuples morts, le monde n'attendra pas jusqu'aux derniers jours de l'Apocalypse pour les voir renaître.

Ainsi la société chrétienne se réalise dans le monde, depuis le jour où l'Évangile a paru. Seulement une chose étonne d'abord : l'idée qui semblait devoir éclater avant toutes les autres, celle d'égalité, de fraternité, a été, au contraire, la dernière à pénétrer dans la vie sociale. Des dogmes abstraits deviennent la loi du monde ; et la pensée qui tient le plus au cœur de l'homme reste enfermée dans le saint livre, sans presque aucune application. Lorsque, pour la première fois, éclate, dans l'Évangile, le dogme de la fraternité, vous vous dites involontairement que les peuples vont pousser un cri de joie, que les esclaves, les affranchis, l'immense plèbe du monde antique, vont, d'un commun accord, relever la tête, réclamer, sans perdre une heure, que la servitude cesse, que l'affranchissement divin soit une réalité ; vous croyez qu'ils vont eux-mêmes rejeter leur fardeau et prendre dans la cité le rang que leur donne la loi suprême. Mais, loin de là, cette parole magique d'égalité, de fraternité, ne semble pas entrer dans les oreilles des peuples ; ils la répètent machinalement, sans la comprendre, ou sans y ajouter foi. L'idée ne vient encore à personne que les franchises de l'Évangile puissent, sur cette terre, s'établir dans le droit positif. L'esclave devient serf, il se croit trop heureux. Dans ce moment de surprise du monde antique, nulle révolte, nul effort de la part de la foule pour effacer les stigmates de l'inégalité sociale. Au commencement du septième siècle, les habitants des côtes de l'Italie vendent leurs enfants pour payer les impôts. On est étonné et effrayé de voir combien il faut de siècles pour que l'homme se relève de la glèbe, et commence à se persuader que ce qui est écrit dans le livre peut s'écrire dans la vie.

Avant la consommation des siècles, tout le moyen âge se couche dans le sépulcre ; il attend la trompette de l'ange. Quelquefois, sans doute, dans ce laps de temps, il est des heures lumineuses, au moment de l'affranchissement des communes, de la renaissance, de la réformation, où l'homme, se réveillant en sursaut, tressaille ; il a senti qu'il porte dans son âme le monde de l'Évangile, et que, sous ce soleil, sur cette terre, il peut établir le commencement du règne de la justice. Mais ces lueurs rapides s'évanouissent ; l'Église aussitôt le raille de son utopie.

Le christianisme reste ainsi enfermé dans les

tombeaux jusqu'à l'heure de la Révolution française, où l'on peut dire qu'il ressuscite, qu'il prend un corps, qu'il se fait, pour la première fois, toucher, palper par les mains des incrédules, dans les institutions et dans le droit vivant. Sorti des morts, ce christianisme qui apparaît dans la vie sociale porte encore la marque des clous et de la croix du moyen âge; mettez le doigt dans la plaie ouverte par le coup de lance des époques de violence et de guerre; c'est à cette marque que vous pouvez le reconnaître. Les peuples, en s'appelant frères, commencent, comme les disciples d'Emmaüs, à voir cet esprit qui s'assied au milieu d'eux, à la table des vivants. Chose étonnante, au moment où la Révolution française se rencontre, dans les lois, face à face avec ce grand Christ émancipateur, elle écarte l'Église, qui, pour quelques années, se brise d'elle-même. L'Église était devenue la pierre qui enfermait l'esprit dans le sépulcre. Il fallait que cette pierre fût ôtée un instant; l'ange dela France l'a soulevée; l'esprit s'est montré.

Toutefois, l'Évangile n'eût pas tardé si longtemps à éclater dans les révolutions politiques si un dogme dont je n'ai encore rien dit ne l'eût comme enchaîné dès le commencement : l'idée de la *prédestination*. Quand les quatre premiers siècles eurent achevé de déterminer l'idée du Dieu chrétien, l'homme finit, au milieu de cette sublimité continue, par retomber sur lui-même, et par se demander ce qu'il était, ce qu'il pouvait, ce qu'il devenait, dans cette révolution de la vie divine. Avec cette logique extraordinaire dont je parlais plus haut, les conciles, qui ne s'étaient occupés que de Dieu pendant les quatre premiers siècles, ne s'occupent que de l'homme pendant le cinquième. Ce qui l'inquiétait était sa liberté morale: l'avait-il sauvée ou perdue? Voilà ce qu'il voulait savoir, avant de fermer la discussion qui durait depuis cinq cents ans.

Saint Augustin fut celui qui répondit à cette dernière question. Vous savez comment il refusa la liberté à l'homme, comment il établit une inégalité irrémédiable en Dieu même, comment il imposa aux uns la fatalité du ciel, aux autres la fatalité et la glèbe de l'enfer, allant jusqu'à dire que, pour ces derniers, la prière même était changée en crime ; comment, en un mot, il fonda, dans le dogme, une sorte de féodalité éternelle des seigneurs suzerains de la vie et des serfs liges de la mort. Ce grand docteur est véritablement le législateur de la vie sociale du moyen âge. Avant que les chefs barbares fussent arrivés et que la conquête eût courbé personne vers la glèbe, il institue en Dieu toutes les inégalités sociales qui paraîtront plus tard marquées du sceau sacré ; il établit au pied du Christ deux conditions éternellement et irrévocablement distantes de toute l'étendue des cieux, sans que le mérite y soit pour rien ; il reconnaît, il sanctionne l'inégalité de Jacob et d'Ésaü. Désormais les barbares peuvent arriver. Ils n'ont rien à faire qu'à réaliser cette société idéale que le grand docteur fait planer sur leur esprit ; les vainqueurs, nouveaux venus, enlèveront par surprise le droit d'aînesse des anciens peuples. Sur cette féodalité divine s'établira la féodalité civile et réelle que vous connaissez.

Ceci fait comprendre la longue patience du monde sous le joug des inégalités des conditions. Puisque l'inégalité est dans le ciel, comment ne serait-elle pas sur la terre ? Pourquoi les uns ne seraient-ils pas immuablement prédestinés à jouir de la vie présente, puisque d'autres sont immuablement prédestinés à jouir de la vie future ? A quoi bon essayer d'ébranler les donjons, les manoirs ? ils reposent sans doute sur le roc immuable des volontés divines. Quelques-uns, sans mérite, par le bon plaisir de Dieu, occupent le trône invisible ; pourquoi quelques autres, également sans rien faire, n'occuperaient-ils pas de droit divin les trônes visibles ? Un petit nombre d'élus dans le ciel, un petit nombre d'élus sur la terre ; ne doutez pas que ces idées ne se soient liées souvent dans les esprits, et que ce ne soit une des raisons pour lesquelles le principe de l'inégalité sociale a si longtemps persisté sans contradiction au milieu même des révolutions religieuses.

Saint Augustin, représentant l'ancien esprit romain, vient clore la discussion libre des idées ; il fonde l'autorité ; il ferme, d'un triple sceau, le grand livre des Pères de l'Église. Moment solennel ! le travail du dogme est achevé pour longtemps ; tout ce que l'esprit avait à faire est consommé pour des siècles ; tout est écrit, résolu, comme le testament d'une époque qui va finir. L'idéal est tracé ; il faut maintenant que le monde d'action s'ébranle pour le réaliser. En effet, à peine saint Augustin a-t-il déposé la plume, les Barbares frappent à la porte. Le plan de la société future est marqué ; ils viennent la construire.

A la vue de ces étranges ouvriers qui commencent par tout renverser, un cri s'élève dans l'ancien monde : *C'est la faute des chrétiens* ; les anciens dieux se vengent !... A ce dernier instant de ce monde qui croule, saint Augustin, comme la plupart des Pères de l'Eglise latine, a besoin de rasseoir son esprit. Cette grande Rome de l'antiquité, qui semblait inexpugnable, a été prise et saccagée. Pourquoi cela ? il s'explique aisément cette condamnation de la vieille société par les erreurs, les crimes du paganisme ; mais il ne se contente pas de cette raison : il veut que le monde se réjouisse de cette ruine ; à la place de cette cité croulante, édifiée par les hommes, il montre une autre cité de l'âme, qui grandit dans le monde invisible.

Dirai-je ce qui me frappe dans cette consolation que saint Augustin jette à la terre ? C'est qu'on n'y entrevoit pas le moindre pressentiment des choses et des siècles à venir. Le fils de Monique n'imagine pas une seule fois que cette cité des esprits pourrait bien se bâtir, après lui, du moins en partie, dans les temps qui vont se succéder. Il admet que la ville de Dieu a été construite sur terre par le peuple hébreu, et, après ce peuple, c'est un gouffre où rien ne surnage ; il ne découvre pas cette suite, cette société de saints, de docteurs, qui lui tendent les bras du fond du moyen âge ; il ne trouve pas un mot pour répondre d'avance aux hymnes, aux cantiques qui se préparent dans l'avenir, sous les arceaux des cathédrales enfouies encore dans le bloc des rochers ; il ne voit pas de loin cette Église visible, qui s'élève et se réalise dans l'âme du genre humain. Tout cela, il le cherche, il l'attend, dans la seule communion des morts ; et jamais, au bruit de la cité que les Barbares renversent, il ne dit, il ne pense, il n'espère qu'une autre puisse s'élever ici-bas sur le plan de la cité de Dieu.

Nous aussi, nous sommes en des temps où l'on assure que de nouveaux Barbares s'approchent de la vieille société. Les voilà, dit-on, déjà au seuil ; ils demandent à entrer. Vous savez que l'on appelle ainsi les multitudes illettrées, nues, misérables, qui ont en effet conservé la sève de la barbarie, et font entre elles presque tout le genre humain. Elles nous assiègent déjà de tous côtés, par la faim, par la douleur, par les besoins du corps et de l'âme. L'invasion approche. Que ferons-nous ? qui marchera au-devant des nouveaux Barbares, comme un nouveau saint Léon ?

Dirons-nous que le monde va finir ? Nous dirons qu'il va recommencer une époque nouvelle, qu'avant d'être surpris par ceux qui frappent à la porte il faut préparer un nouvel esprit, rouvrir le sceau fermé des grandes discussions, travailler encore une fois à l'achêvement du christianisme. Attendrons-nous tranquillement, sans rien faire, le jugement dernier ? mais il a déjà commencé, la trompette a déjà sonné. Tout ce qui est du vieux monde est jugé ; il s'efface, il disparaît, il passe à la gauche, comme une ombre, à l'instant où il croit ressaisir l'existence. Dirons-nous encore aux nouveaux Barbares qu'il y a deux cités inconciliables, que nous leur abandonnerons l'une et que nous garderons l'autre ? Mais cette division est précisément ce qui a amené les choses humaines au point où elles sont aujourd'hui.

Quand la cité terrestre n'était que la cité de

l'homme, elle était trop étroite ; la violence, s'en emparant, y habitait presque seule, et, pour le plus grand nombre, il fallait camper loin de son enceinte, hors du droit, dans des déserts sans nom. Que reste-t-il donc à faire ? le voici. Établir la trêve entre la cité de Dieu et la cité de l'homme ; réunir l'une et l'autre dans le même principe, agrandir la seconde en y arborant la loi et le droit de la première ; et qu'est-ce que tout cela, si ce n'est reconnaître que, dès cette vie, nous pouvons bâtir une maison de justice, de liberté, de vérité, assez grande pour nous abriter tous ?

Ne sentez-vous pas en vous-mêmes, en des instants choisis, des élans d'espérance comme si vous saisissiez quelque chose de palpable ? Ce ne sont pas de vains songes ; ils prendront, tôt ou tard, un corps. Instinct précurseur du droit nouveau, c'est le cri étouffé des siècles à venir, qui feront ce que nous nous contentons de dire. Rome païenne, avec ses cirques, devient pendant tout le moyen âge la ville sainte, la cité de Dieu. Étendez cela à la terre entière, il faut que la ville sainte s'élève partout où l'homme habite.

A entendre le langage actuel de l'Église, ne dirait-on pas que, prétendre, dès cette vie, réaliser en partie le christianisme dans les institutions, c'est frustrer et dépouiller les morts ? Comme si l'on risquait d'appauvrir le tombeau en usant, dès ici-bas, du denier de l'Évangile ! comme s'il était nécessaire de diminuer la terre pour enrichir les cieux ! Qu'ôtez-vous à votre immortalité en commençant à vivre dès les jours qui vous sont donnés ? A-t-on peur d'abréger l'éternité en datant de cette heure l'ère de vie ? Nous n'absorberons jamais si bien dans la société visible l'éternelle justice, qu'il n'en reste pour alimenter éternellement les morts. Élever, ici-bas une loi vivante, où ils puissent reconnaître le même souffle qui les soutient par delà le sépulcre, est-ce rompre notre communion avec eux ? Je pensais que cela s'appelait la réaliser.

Saint Augustin, et, après lui, Bossuet, reconnaissent que la cité de Dieu a été élevée d'abord ici-bas par le peuple hébreu ; ils admettent encore qu'elle a continué de grandir visiblement avec les premiers peuples chrétiens ; mais, depuis ce moment, le silence s'étend sur elle ; personne n'en parle plus ; on pourrait croire qu'elle est écroulée et cachée sous les ronces. Notre tâche, celle des hommes qui viendront après nous, sera de montrer que le peuple de Dieu n'est pas tout en Judée, qu'il vit aussi parmi nous ; que la cité de Dieu n'est pas en ruine, qu'elle continue de grandir au milieu de nous et par nous, chaque jour, cimentée de notre sang, de nos sueurs, souvent aussi de nos larmes.

SIXIÈME LEÇON

LE PAPE.

Condition fondamentale de la papauté : tout pape doit être un saint. — Le Saint-Siège remplit-il cette condition? — L'inégalité d'esprit entre les Barbares et Rome, une des causes de la suprématie spirituelle de la papauté. — Que l'Église a changé de formes comme les gouvernements temporels. — L'ambition de Grégoire VII n'est plus assez grande pour nos temps. — Pourquoi? — Il fait naître d'une fraude ou d'un crime tous les pouvoirs politiques. — Sa vraie grandeur. — Grégoire VII, un ancêtre de la Révolution française. — Un terrorisme moral, un 93 spirituel. — Principe identique du Saint-Siège au onzième siècle et de la Convention : que les empereurs et les rois sont les vassaux de l'esprit. — Le droit d'anathème est inhérent à la constitution du monde chrétien. — Qui jette l'anathème dans le monde moderne ?

Le miracle par excellence dans le monde est l'apparition d'une idée nouvelle ; il suffit d'être homme pour avoir assisté à ce prodige, puisqu'il n'est personne à qui il n'ait été donné de découvrir un des détails infinis de la vérité. Au moment où votre esprit languissait, une pensée fond sur vous. Où était-elle un instant auparavant, cette idée qui n'avait pas encore paru sur la terre ? de quel ciel est-elle tombée ? Vous avez beau chercher, vous la sentez, vous la possédez, et vous ignorerez toujours le chemin qu'elle a suivi, également incapables de la devancer ou de la fuir. Cette commotion spontanée du vrai marque la venue de Dieu dans un esprit ; et ce qui arrive pour vous arrive aussi pour le monde. Tel peuple est réveillé en sursaut par une idée que ses pères n'ont pas connue ; il se lève, il se trouve renouvelé par cette effusion d'une pensée sortie des abîmes inconnus de l'intelligence. Plus une nation est remplie de ces idées spontanées qui sont tombées des cieux comme une pluie de justice, plus son histoire est sacrée.

Au milieu de ce miracle permanent, je rencontr une institution, la papauté, qui, seule, à l'écart, s'asseyant hors du temps, se vante de n'acquérir et de ne perdre rien par les années, d'avoir toujours pensé sur chaque chose ce qu'elle pense aujourd'hui, de n'avoir jamais ni subi l'explosion instantanée d'une idée vierge, ni connu une seule de ces révolutions qui transfigurent un individu, un peuple. Donnons-nous largement le plaisir de l'impartialité ; soyons envers la papauté plus libéraux qu'elle-même, en montrant qu'elle aussi a vécu, qu'elle a changé de forme, qu'elle a grandi, que le sang des vivants a coulé dans ses veines, que la flamme spontanée de l'esprit s'est allumée pendant des siècles sur son front sans rides, qu'enfin elle n'a pas toujours été le vieillard centenaire du Vatican moderne.

M. de Maistre, avec le ton impérieux que vous lui connaissez, croit avoir tout résolu quand il a dit : « S'il y a quelque chose d'évident pour la raison autant que pour la foi, c'est que l'Église universelle est une monarchie. » Qu'elle soit devenue telle, et la plus absolue de toutes les monarchies, cela, en effet, frappe les yeux. Mais ce qu'elle est aujourd'hui, l'était-elle autrefois ? Attribuer aux papes des premiers temps la suprématie spirituelle de Rome moderne, autant vaut donner à la royauté de Chilpéric les formes et la puissance de Louis XIV.

Où était cette dictature de la papauté, dans les quatre premiers siècles lorsque la pensée du christianisme se développait dans les conciles, partout ailleurs que dans Rome ? lorsque Antioche, Alexandrie, Constantinople, étaient tour à tour la capitale du dogme, que l'élection des prêtres, des évêques, appartenait au peuple, que dans son premier essor la vie religieuse éclatait spontanément du fond de l'antiquité renouvelée ? Si quelqu'un eût annoncé à ces assemblées, à ces communes, qu'elles avaient un chef absolu, un roi spirituel dans l'évêque de Rome, cette prétention n'eût pas même été comprise. On se sentait encore trop près du Dieu chrétien pour abandonner à un homme, quel qu'il fût, le droit de régner à sa place. Qu'était-ce donc que ce gouvernement de l'Église primitive ? Ou l'on abuse des mots, ou il faut y reconnaître une grande démocratie, une république d'États confédérés ; les conciles représentaient les anciennes assemblées du peuple ; les évêques étaient les magistrats électifs de cette république sacrée. Elle avait tous les inconvénients de la vie, puisque, en même temps qu'elle fertilisait le dogme, elle donnait libre carrière à la variété des pensées : d'où cette multitude d'hérésies qui marquent la fécondité spirituelle de cette époque. De loin à loin, le nom de l'évêque de Rome est prononcé avec respect ; mais nulle marque d'une obéissance particulière. Voilà la première forme de gouvernement dans l'Église.

Au lieu de cette origine modeste, les historiens vous montrent la papauté siégeant dès le commencement sur son trône immuable. Ils veulent frapper l'esprit par le spectacle d'une institution qui, échappant à la loi du progrès, échapperait aussi à la loi du déclin. Ils élèvent hors du temps, sur une ruine de Rome, la figure de l'éternité visible ; mais, pour peu que vous approchiez de cette figure, vous apercevez que le temps, qui l'a faite, travaille aussi à la changer. Cette première découverte vous étonne ; elle vous conduit à penser que cette institution, tout extraordinaire qu'on la dépeigne, peut avoir à la fin le destin de toutes les autres.

J'ai montré que, tant que le travail du dogme

a continué, Rome est restée sans prépondérance ; elle trouvait partout des maîtres ou des rivaux, quand il s'agissait de penser. Sitôt que ce travail de l'esprit est achevé, et qu'il faut non plus produire, mais conserver, non plus créer, mais se souvenir, le rôle de la papauté commence; elle entre dans une époque où l'autorité lui arrive par la force des choses.

Nul ne peut habiter Rome qu'il ne se sente grandir d'une coudée ; fussiez-vous dans la condition la plus humble, vous êtes là, à chaque pas que vous faites, le centre vivant d'un monde, le chef d'un passé sans limites. Que sera-ce d'une institution jetée dans ce monde ! elle prendra d'elle-même la forme de cette immensité.

Sans l'invasion des Barbares, jamais la papauté n'eût pu aussi aisément se saisir du monde. Si la vieille société fût restée ce qu'elle était, il y aurait eu trop d'égalité intellectuelle pour qu'aucun lieu s'attribuât la souveraine puissance sur tous les autres ; la Grèce n'eût jamais cédé à l'Italie. Mais entre les Barbares et Rome la différence d'esprit était si prodigieuse, que cela devait à la longue légitimer tous les genres de prétentions de cette dernière. Quand les invasions eurent tout renversé, il y eut un point qui, restant lumineux, servit à rallier le monde. Dans cette époque, la papauté se sent grandir le cœur ; et rien n'est plus beau, en effet, que de voir en ce moment cette puissance à qui tout réussit sans qu'elle ait besoin d'aucun effort violent. Elle se contente de nier au patriarche de Constantinople le titre d'évêque universel; elle ne se l'attribue pas encore. Dans la ruine des anciens éléments de sociabilité, elle surnage comme une arche d'alliance; âge de force, de modestie, admirablement personnifié par Grégoire Ier. C'est lui qui ferme ce que j'appellerais volontiers l'époque de sainteté de la papauté. Les œuvres morales de saint Grégoire ont peu d'éclat, encore moins d'invention; mais, au milieu du débordement des violences mérovingiennes, il est impossible de ne pas être frappé de vénération pour tant de placidité. Sans avouer ouvertement leur ambition, les papes sentent que l'avenir vient à eux, qu'ils n'ont besoin de rien faire pour le précipiter. Une joie intérieure, une sérénité extraordinaire, éclatent dans leur langage, leurs lettres, leurs homélies; eux seuls semblent sourire quand tout le reste du monde se noie dans le sang; ils habitent alors une région infiniment supérieure à celle où se déchire la société politique et civile; ils règnent et méritent de régner.

Tournez la page de cette histoire, tout change : dans le neuvième et le dixième siècle, où est l'Église? elle semble abîmée sans retour. Après avoir résisté d'abord à la barbarie, elle s'en laisse pénétrer ; dans ce premier choc, elle a perdu le plus pur de sa pensée ; elle a élevé les Franks et les Vandales, mais elle s'est abaissée à leur niveau ; il se fait dans ces temps une effroyable égalité entre le prêtre et le laïque. Changeant la candeur des anciens temps contre la ruse de la barbarie, l'Église se fabrique, en silence, de faux titres, de fausses donations, une fausse législation, dont le secret ne sera reconnu que six siècles plus tard. La supériorité morale est perdue ; on la remplace par des décrets frauduleux. En face de cette Église menteuse, les rois chevelus, qui s'étaient prosternés, se relèvent avec une ironie effrayante. Quelle étrange chose que cette moquerie du neuvième siècle dans la bouche d'un roi anglo-saxon ! Vous croyez que c'est fait du monde chrétien ; et, si vous regardez sur le Saint-Siège, tous les débordements y sont représentés avec une audace que les chroniqueurs du moyen âge peuvent seuls atteindre.

Laissons ces papes Jean XII, Jean XIII, Benoît VII, Jean XV, ces Héliogabales du Saint-Siège. Nés de papes, ces adultérins mettent la papauté à l'enchère ; ils livrent les croix d'or, les calices du Christ, à leurs concubines ; ils ordonnent leurs diacres dans les écuries de leurs chevaux. Qu'est devenue cette sainte Église de Rome ? Les femmes romaines, selon le mot d'un témoin contemporain, n'osent plus y entrer, craignant les vices et l'impudeur des souverains pontifes. C'est l'empereur qui est obligé d'arriver des frontières de la Barbarie pour remettre une apparence de dignité dans ce chaos.

Pourquoi faut-il redire ces choses? est-ce pour profiter de ces misères? Au contraire, c'est pour montrer quel ressort prodigieux est caché dans cette institution, puisque le moment où vous la croyez souillée, déshonorée pour toujours, est celui où elle atteint sa plus haute splendeur : nous venons de la laisser dans la boue, elle va remonter au ciel. Nous quittons les saturnales de la papauté du dixième siècle, nous nous trouvons déjà en face des austérités de Grégoire VII.

Pour relever en un clin d'œil l'Église tombée dans le gouffre, ce héros, Grégoire VII, avait besoin d'un grand principe qui vînt légitimer tout ce qu'il voulait tenter; et je ne puis trop m'étonner que personne, dans le clergé, ne dise plus rien de ce premier fondement de son autorité; on revendique chacune de ses prétentions, excepté la seule qui donne à toutes une sanction irrésistible. Je savais bien qu'il devait y avoir dans cette grande âme une idée, un sentiment particulier qui lui servait de levier pour ébranler le monde. En le cherchant je l'ai trouvé, ce levier; et, véritablement, la découverte n'était pas difficile, puisqu'il l'a montrée lui-même dans sa langue lapidaire. C'est une chose immense, que l'autorité qu'il a demandée pour lui et ses successeurs : être le roi de la pensée, sans qu'on ait même le désir d'élever une contradiction! transporter comme il lui plaît l'autorité, la royauté, la propriété! Et pourtant, cette puissance énorme, je m'engage à la reconnaître et à laisser toute discussion, si le Saint-Siège remplit, de son côté, sans intervalle, la condition que pose Grégoire VII : « Tout pape, dit-il, élevé sur le Saint-Siège, devient un saint. » *Quod romanus pontifex efficitur omnino sanctus*. Comment les philosophes n'ont-ils pas vu cette idée au fond de l'âme d'Hildebrand? le système tout entier est là.

En effet, l'esprit même de l'institution du Saint-Siège suppose dans celui qui l'occupe la nécessité de la perfection morale. Ce n'est pas une monarchie comme une autre, qui, née des conventions des hommes, porte au front leurs faiblesses. Si vous voulez que je reconnaisse, sans contestation, la représentation permanente de la Divinité sur le Saint-Siège, si vous voulez légitimer à chaque moment de sa durée une institution si extraordinaire, il faut, comme le décrète Grégoire VII, que vous me montriez sans interruption, sur le trône de Dieu, une sanction également extraordinaire, une *dynastie de saints, omnino sanctos;* c'est la condition : à ce prix le monde admettra ce qu'on exige de lui. Pour exercer la toute-puissance morale sur la terre, il ne suffit pas que d'autres, en d'anciens temps, aient été sublimes à votre place; il faut que nous voyions luire l'auréole autour de votre front; et, comme vous prétendez à une soumission non interrompue de l'esprit, il est nécessaire que vous exerciez vous-même cette autorité non interrompue d'une âme vivante. Ne me dites pas que Grégoire, Léon, Urbain, Innocent et tant d'autres dont vous empruntez au moins les noms, ont été des saints, il y a mille ans; je veux que vous en soyez un vous-même aujourd'hui, pour que tout le monde moral se mette sans contestation à vos genoux.

Cette idée n'est pas seulement le fond de l'esprit de Grégoire VII; elle est celle qui a présidé à l'établissement du Saint-Siège et lui a donné, à ses origines, la force de se produire et de croître. Lisez les noms des cinquante premiers papes, c'est-à-dire de ceux qui soutiennent l'édifice. Ces fondateurs sont tous des saints, des héros du monde moral. Par là, vous voyez dans quelle voie la papauté s'est engagée et à quelle condition la terre l'a acceptée dès l'origine. Le principe de ce contrat social entre le Saint-Siège et le monde est la sainteté. Otez-la, toute sanction disparaît. Pourquoi, après ces cinquante noms, la liste est-elle comme épuisée? A une institution qui doit éternellement représenter Dieu je n'accorde pas un moment de défaillance ni d'interrègne; car, on aura beau faire, jamais le monde ne consentira aisément à ce que le vicaire de Jésus-Christ puisse être un fourbe, un violent, un libertin, ou seulement une âme commune. Nous pouvons, sans révolte, voir passer des hommes vulgaires ou même criminels sur les trônes des hommes ; nous les rejetons à la postérité, et cela même répond à la défaillance de notre nature. Mais sur le Saint-Siège de Jésus-Christ il en est autrement : nous n'admettons là pour légitimes que les saints ou les héros du genre humain. Je suis bien exigeant, allez-vous dire ? Et vous, ne l'êtes-vous pas, qui prétendez occuper sans rien faire le trône de Dieu?

A quelques égards, Grégoire VII est le Napoléon de l'Église : il a fait le 18 brumaire du catholicisme ; nouvelle révolution dans le gouvernement spirituel, qui prétend n'en subir aucune. La démocratie de l'Église primitive avait été remplacée par la féodalité des évêques ; ces barons de l'Église se brisent dans les mains du moine Hildebrand, il reste un pouvoir unique, absolu, infaillible. Grégoire VII a, comme Napoléon, ses assemblées muettes, ombre des anciennes délibérations : il y a autant de différence entre les conciles de Rome et les conciles de Nicée qu'il y en a entre l'Assemblée constituante et le Corps législatif.

Quand on lit les lettres de cet empereur de l'Église, on voit que son grand cœur était continuellement déchiré par la situation de la chrétienté et par les obstacles terribles qu'il rencontrait, à sa réforme, dans les seigneurs du clergé. Ce qui rendit sa victoire légitime et possible, c'est qu'en brisant la suzeraineté des barons spirituels il rentrait par là dans la vieille égalité de l'Église primitive. Combien de fois n'est-il pas arrivé que dans les moments de péril, le grand peuple de l'Église tournait les yeux vers Grégoire VII, comme s'il eût absorbé en lui toute la chrétienté ! C'est ainsi que le monde croyait voir dans Napoléon l'image vivante de la démocratie ; le capuchon de bure a couvert l'usurpateur de l'Église, comme la redingote grise l'usurpateur de la Révolution. Mais, aujourd'hui, qui sera assez avisé pour éterniser l'absolutisme de saint Pierre sans l'âme et les lettres de Grégoire VII ? il serait plus aisé d'éterniser l'Empire sans Marengo et l'Empereur.

Voyez, d'ailleurs, de plus près, quel a été le but de ce grand homme, et pourquoi, légitime en son temps, son ambition n'est plus assez grande pour les nôtres. Étudiez les monuments de Grégoire VII, vous arrivez nécessairement à ce résultat, que, s'il a pensé de loin à loin aux misères des peuples, il s'est contenté d'assurer les droits et la liberté du prêtre. Au milieu des entreprises continuelles de la violence, tracer dans l'humanité une enceinte de flammes, où la force aveugle n'entrerait jamais ;

faire du sacerdoce une race sacrée, un peuple d'élection, un refuge assuré, une condition indépendante, à l'abri des passions des rois, des princes, des barons, la fierté seule de cette idée étonnait le onzième siècle ; il a fallu un cœur de feu et de bronze pour aller jusque-là. Aux yeux de Grégoire VII, la société, l'humanité réelle, c'est l'Église ; le citoyen, c'est le prêtre ; le reste est une ombre. Voilà pourquoi il ne réclame rien, à proprement parler, que la constitution des droits du sacerdoce, la liberté de l'homme d'Église. Il s'élève au sommet de l'édifice social tel qu'il le comprend, et sa devise, qui contient tout son système, est celle-ci : Ne touchez pas mes prêtres, mes christs : *Nolite tangere christos meos.* D'autres fois il ajoute : Celui qui les touche, touche la pupille de mes yeux : *Qui vos tangit tangit pupillam oculi mei.* Tout ce qu'il entreprend a pour résultat d'établir des garanties absolues, au profit de cette société particulière qui s'appelle le clergé. Il faut que les puissants de la terre apprennent ce que c'est qu'un prêtre, *quanti vos estis*, ce qu'il peut, *quia potestis*, et que le monde se soumette à sa charte.

Spectacle nouveau que celui d'une âme qui saigne, en secret, à chaque blessure de l'homme d'Église, dans toute l'étendue de la chrétienté ! Du fond de la Hongrie ou de l'Angleterre, inquiétude, plainte, angoisse, le moindre soupir du prêtre va retentir dans le cœur de Grégoire VII. Malgré cela, si l'on demande pourquoi ce système est suranné, pourquoi le monde ne veut pas y rentrer, l'Église de nos jours ne semble pas même s'en douter. Elle croit que nous accusons Grégoire VII de trop d'ambition ; c'est tout le contraire. Ses projets ne sont plus assez grands.

Le moindre d'entre nous est aujourd'hui plus ambitieux qu'Hildebrand ; car ce qu'il se contentait de demander pour ses prêtres, comme un privilège, nous le demandons aujourd'hui pour la charte de chaque homme Nous voulons que non seulement le diacre ou l'évêque, mais toute créature humaine, et la femme aussi bien que l'homme soient entourés d'un cercle sacré que ne puisse franchir la violence des princes et des rois, dans le temporel ni dans le spirituel. Nous voulons que la maison, le seuil privé, soit gardé de toute offense par un archange, comme le monastère du moyen âge ; et nous nommons cela les garanties de la liberté individuelle. NE TOUCHEZ PAS MES CHRISTS, *Nolite tangere christos meos*, ce mot, nous l'appliquons à chaque personne morale. Grégoire VII sentait la société vivante dans le clergé ; nous la sentons dans toute l'humanité. Grégoire VII ne réclamait que la liberté de l'Église, *pro libertate Ecclesiæ ;* et nous, nous réclamons dans notre esprit la liberté du monde. Voilà pourquoi tout ensemble nous admirons Hildebrand et ne pouvons reculer jusqu'à lui.

Peut-être vous étonnerez-vous si je dis que Grégoire VII, l'homme de Dieu, *vir Dei*, est un ancêtre de la Révolution française ; néanmoins, à certains égards, cela est évident. Dans son effort contre les pouvoirs politiques, dans ses instructions à ses soldats spirituels, espèces de proclamations qui précèdent la bataille, il ne donne pas aux royautés de la terre un autre fondement que la violence, le crime, le mensonge. « Qui ne sait, écrit-il à ses évêques [1], que l'autorité des rois et des chefs d'État vient de ce que, ignorant Dieu, livrés à un orgueil, à une cupidité sans frein, ils ont, à l'aide du prince du mal, prétendu dominer leurs égaux, c'est-à-dire les hommes, par l'insolence, les rapines, la perfidie, les homicides, enfin, presque tous les genres de scélératesse ? » Ce sont là, mots pour mots, les expressions dont le tiers état, dans sa première ferveur, en 89, et plus tard les Montagnards, se servaient en marchant à l'assaut de la royauté absolue. La ressemblance est si frappante dans les termes, que l'on dirait qu'ils ont passé littéralement des bulles du onzième siècle dans l'âme de la Convention. Il est

---

[1] Epist. ad Herimannum episcopum.

certain, en effet, qu'en voulant briser la société laïque par la société spirituelle Grégoire VII a donné le premier ébranlement révolutionnaire au monde.

Un biographe contemporain, un pauvre moine, s'interrompt en racontant les anathèmes du pontife, la misère de l'empereur, agenouillé, pieds nus, en chemise, au bas de la fenêtre du pontife, et il s'adresse cette question prophétique : Quoi donc! mais si le pape et l'empereur, si l'Église et l'État se trompaient l'un et l'autre ! *Quid ergo! numquid errat uterque?* Exemple rare, presque unique, de la manière dont se sèment et se forment les révolutions humaines. Ce n'est d'abord qu'une question, une opinion craintive, un germe égaré par la tempête au fond de l'âme d'un solitaire. Les murs de sa cellule gardent longtemps le secret de cette pensée imprudente, elle meurt avec lui; puis des siècles se passent; après quoi, il arrive que tout le monde à la fois répète cette même question : Est-ce que l'Église et la Royauté se trompent? *Numquid errat uterque?* Une voix anonyme, qui est celle d'un grand peuple, répond : Oui. Alors l'époque commencée obscurément, dans la pensée du moine du onzième siècle, éclate et se consomme dans l'Assemblée constituante et dans la Convention.

Remontant d'un seul bond à l'esprit du christianisme dans sa force première, Grégoire VII a senti qu'il portait en lui la conscience du moyen âge; de là, le droit d'interdit, d'excommunication, qui enlevait aux empereurs leurs empires, n'était qu'une conséquence naturelle. Dans le monde chrétien, les pouvoirs politiques sont fondés sur l'esprit; il faut qu'il y ait quelque part une autorité supérieure qui les ôte et qui les donne au nom de la pensée. J'aime à voir ce grand homme, les yeux fixés sur l'idéal du royaume spirituel, exercer une terreur morale sur les royaumes politiques à mesure qu'ils s'écartent de ce modèle. Quand l'âme des peuples était encore endormie, qu'ils étaient séparés les uns des autres par des barrières infranchissables, il fallait bien qu'une personne morale fût la conscience vivante du monde de l'esprit. A ce moment d'une organisation barbare, la conscience de chaque peuple est, pour ainsi dire, hors de lui-même ; mais du moins elle existe quelque part : elle vit dans le Vatican. Pendant que le serf est penché sur la glèbe et le bourgeois tout occupé de sa misère présente, il y a sur la terre un homme qui, avec les yeux de l'aigle, discerne, suit les projets de l'empereur, du roi, des nobles, de l'évêque ; quelquefois il avertit les rois qu'il sait ce qui se passe au fond de leur esprit. Avec cette lumière de l'âme, il voit dans l'épaisseur des murailles, des donjons, des églises;

il balance, il brandit incessamment sur le monde l'épouvante de la mort spirituelle, qui souvent amenait la mort physique.

Aucun livre ne donne l'idée de ce système ni de cet homme : imaginez un terrorisme moral, un 93 spirituel qui tient l'anathème en permanence suspendu sur les âmes des suspects. On peut dire que l'échafaud des révolutionnaires modernes est peu de chose en comparaison de ce glaive de l'excommunication qui jetait l'homme, le roi, hors du ban de l'humanité et de Dieu pour ce monde et pour l'autre. Un abîme s'ouvrait où le plus brave ne savait à quoi se prendre ; la terre et le ciel se retiraient, l'enfer seul restait. Aussi, tandis qu'il n'est pas rare que les hommes courent avec joie à l'échafaud, ne parle-t-on de personne qui ait pu soutenir jusqu'au bout, sans chanceler, l'interdit de Grégoire VII. Suivant les légendaires, la flamme des archanges s'allumait sur sa tête.

Ce qui marque ce génie tout nouveau dans le monde, c'est qu'en ôtant aux rois leurs royaumes il ne doute pas un moment du droit qu'il a de les dépouiller. Son clergé, à qui manque la vie morale, ne croit pas, comme lui, à ce privilège de l'âme ; Grégoire VII se plaint de la lâcheté de ses évêques, pareils, dit-il, à des chiens qui n'osent pas aboyer devant le loup. Où est donc la force de Grégoire VII ? dans cette idée, vraie en soi, que, pour le monde moderne, l'autorité politique repose sur la conscience, que les couronnes, les sceptres, la noblesse, les fiefs, sont la propriété de l'esprit, qu'à l'esprit seul il appartient d'élever les couronnes, de confirmer ou de destituer les ducs, les rois, les empereurs et tous les maîtres de la terre.

Au reste, il ne suffisait pas de porter en soi cette idée essentiellement révolutionnaire : il fallait que Grégoire VII se sentît personnellement le droit de l'exercer ; or, ce droit, il l'avait par la sainteté du cœur et l'héroïsme de l'esprit. Il savait, il sentait qu'il habitait réellement un monde meilleur que n'était la société de son temps ; sans hésiter, il puisait dans sa conscience une de ces colères de Dieu, *iram Dei*, un de ces rayons de flamme que tout le monde reconnaissait, il jetait cette flamme vivante au front des rois ; tout était ébranlé ; le coup tombait de haut ; le monde de la force cherchait son titre dans l'intelligence. Il se rasseyait un moment sur le droit de la pensée. Dans ce sens, Grégoire VII a devancé l'avenir. Il a posé le droit chrétien pour fondement du droit politique ; c'est là sa grandeur. On avait parlé avant lui du célibat des prêtres ; même, on avait tenté d'abaisser la féodalité épiscopale. Mais constituer l'esprit comme le suzerain, et toutes les royautés comme ses vassales, c'est-à-dire commencer à réaliser dans le monde politique la cité de l'Évangile, personne ne l'avait encore imaginé.

Voulez-vous savoir pourquoi, depuis la fin du moyen âge, vous n'entendez plus parler d'interdit jeté à la face des chefs des sociétés modernes ? N'y a-t-il plus depuis trois siècles d'empereurs rebelles ou hérétiques, de mauvais rois, de gouvernements qui restent au-dessous de leur mission ? Et qui pourtant a ouï dire qu'aucun pape ait enlevé, de fait, à personne, depuis le moyen âge, le sceptre ou la couronne ? Pense-t-on que si l'âme de Grégoire VII vivait encore quelque part, s'il en restait seulement une trace, une étincelle, l'interdit du feu et du sel et de l'eau n'aurait pas demandé compte de la Pologne à l'empereur de Russie, de l'Irlande au gouvernement anglais, et de tant de ruisseaux de sang à la monarchie d'Espagne ? L'Église se travaille pour continuer de croire au principe de Grégoire VII ; seulement, on ne se sent plus intérieurement le droit moral de déposséder les forts. On n'est pas assez sûr de représenter la conscience de l'univers, pour se charger ainsi spontanément des représailles de la Providence avec la certitude que le jugement sera exécuté. La parole de vie et de mort hésite et tremble sur les lèvres du pape moderne ; elle ne vibre plus dans le cœur de l'athlète de Dieu, *athleta Dei,* comme une flèche qui tue : elle ne part plus du sommet du monde moral. Sans se l'avouer, la papauté commence à s'apercevoir que cette puissance de prononcer sur les empires et les dynasties le jugement d'en haut, ayant passé à d'autres, ne lui appartient plus.

Dans le sommeil où l'Église est tombée vers la fin du moyen âge, qu'est-il arrivé? que les chefs de la société politique ont profité de cette défaillance 'e l'esprit pour établir leur légitimité sur la seule violence, la conquête. Le fait est partout devenu le droit. Alors, contrairement à l'idée de Grégoire VII, toute principauté temporelle s'est donnée comme sacrée et inaliénable. La théorie du droit divin attaché à chaque couronne date de la décadence de l'Église. Avoir possédé un moment la couronne parut alors une raison divine pour la conserver toujours. Quand l'Église eut perdu la force de déposséder les dynasties, naturellement chaque fils de roi ou de prince se crut maître de son héritage pour l'éternité ; la puissance qui, au nom de l'âme, avait exercé le droit de donner ou de reprendre l'empire, la propriété, la noblesse, les terres, renonçait à cette autorité. Les nobles, les rois, les empereurs, débarrassés de cette unique crainte, regardèrent autour d'eux ; ils ne virent rien paraître, à la place de l'autorité morale qui les dominait ; ils jugèrent qu'aucun anathème ne les atteindrait plus ; et l'époque de la monarchie absolue s'établit sans contradiction. Cessant d'être les vassaux de Dieu, les souverains crurent qu'ils devenaient les propriétaires inaliénables des peuples et des couronnes. Mais Dieu devait les ressaisir par une voie dont ils ne se doutaient pas.

En effet, le droit d'anathème est inhérent à la constitution du monde chrétien; il ne peut pas disparaître. Écrit au fond de toutes les chartes nouvelles, il est identique avec le cri de la conscience. Dès que la papauté s'en dépouillait en réalité, il était immanquable que la conscience morale fît explosion sous une autre forme.

Ce peu de mots renferme la nécessité et l'esprit de toutes les révolutions modernes; depuis que la papauté n'a plus le cœur de prononcer les excommunications politiques et la déchéance des souverains, les peuples sont contraints de faire cela à sa place. Que sont toutes les révolutions, depuis trois siècles, si ce n'est un anathème sorti de la conscience du monde? L'Angleterre, l'Amérique, la France, l'Espagne, la Grèce, ont jeté, chacune à leur tour, une de ces paroles de feu qui, autrefois, ne sortaient que de l'âme de Grégoire VII. L'une après l'autre, ces sociétés ont compris ce qu'il avait avancé le premier, à savoir, que les dynasties, les empires, les royautés, les noblesses, les principautés, les duchés, les marquisats et les comtés, *imperia, regna, principatus, ducatus, marchias, comitatus*, ne sont que des vasselages de l'esprit, et que l'esprit, en se retirant, abolit tous leurs titres.

Dans chacune de ces révolutions, après le cri jeté par la conscience publique, on voit les anciens pouvoirs absolus, condamnés par une force surhumaine, se dépouiller eux-mêmes, descendre de leurs sommets, et venir, les pieds nus, tête basse, passer les trois jours d'épreuve à genoux sous les fenêtres des nations nouvelles, comme l'empereur Henri IV sous les fenêtres de Grégoire VII. A peine l'anathème est sorti d'une bouche, il est répété par toutes ; et celui qui en est l'objet, fût-il entouré d'une armée, toute sa force se retourne contre lui ; le pain et le sel lui sont refusés. Vous avez vu cela, il y a quinze ans. Qu'ai-je besoin d'en dire davantage ? Vous savez si l'excommunication jetée par la bouche d'un peuple est pesante aujourd'hui sur la tête d'un prince.

Ainsi, d'une part, tant que l'Église a mené le monde, son gouvernement a subi les révolutions de la vie : démocratie, aristocratie, monarchie, il a traversé ces différentes phases. D'un autre côté, la puissance de lier et de délier les empires a passé d'une main à l'autre ; et ces changements se sont faits pour que le plan du christianisme entrât de plus en plus dans le monde politique et réel.

Assurément, la Révolution française ne pensait pas accomplir, en l'agrandissant, l'idée de Grégoire VII; et pourtant elle n'a pas fait autre chose quand elle a établi un droit supérieur à la possession séculaire de l'autorité, de la noblesse, de la couronne. Le régime de terreur que le grand pontife a imposé au moyen âge a bien pu un moment se retourner contre ses desseins en les empêchant de se réaliser sous la forme qu'il voulait leur donner; mais le principe de sa politique sacrée n'a pas laissé de grandir et d'éclater dans la conscience du monde moderne. Il en est de même de cette terreur qui s'attache au nom de la Révolution française : ses anathèmes sanglants ont pu faire reculer d'épouvante une partie du monde; ils n'empêcheront pas que le droit de l'Évangile, d'abord réservé pour le prêtre, plus tard étendu au genre humain, ne se consomme un jour sous des formes que n'ont pu prévoir ni le pape du onzième siècle, ni la révolution du dix-neuvième.

SEPTIÈME LEÇON

LE MAHOMÉTISME.

Origines du mahométisme. Il commence le jour où le catholicisme s'arrête. — L'unité de Dieu manifestée trois fois dans le désert. — Le Coran et la Bible. — Allah accomplit les menaces de Jéhovah. L'islamisme expliqué par l'architecture arabe. — La mosquée. — L'Alhambra. — Esprit de terreur. L'Orient antique épouvante l'Orient moderne. — Le Coran, un monologue de Dieu. — En quoi l'islamisme diffère du christianisme ; il se réalise instantanément dans les institutions politiques. — La propriété. — Les femmes. — L'esclave. — Quelle a été la mission de Mahomet ? — Pourquoi la société musulmane est immobile. — Impuissance du catholicisme à terminer la guerre entre l'Évangile et le Coran. — La France et l'Algérie.

Au moment où la papauté, vers le temps de Grégoire le Grand, saisissant la dictature spirituelle, ferme par l'autorité la discussion des idées et des dogmes, il semble que la victoire du catholicisme soit consommée. Les nations nouvelles ont accepté, sans examen, le joug de l'Église ; le paganisme a disparu. De quel côté peut naître désormais le danger ou seulement la résistance ? cela échappe à tous les yeux. Le chef de la chrétienté dut croire que les temps de l'unité universelle étaient venus. Ce fut un beau jour pour l'Église et pour le monde.

Cette joie était prématurée ; car, sitôt que les dogmes parurent achevés, et que le mouvement d'esprit s'arrêta, la moitié du monde brisa l'alliance. Les idées, que l'on se contentait désormais de condamner comme mortes, sous le nom d'hérésies, sans les discuter plus longtemps, se dressent tout à coup en face de la chrétienté; au grand étonnement de l'Occident, elles forment, dans le mahométisme, une religion rivale. La papauté s'était trop pressée de fermer le cercle des choses religieuses ; la moitié de la terre ne pouvait y trouver place. Le jour même où l'esprit, en Occident, voulut se reposer dans le passé sans y rien ajouter, l'islamisme apparut ; on avait mis le sceau sur les Écritures, en déclarant qu'aucune puissance ne les augmenterait d'une ligne ; pour toute réponse, une race d'hommes se cherche un nouveau livre ; elle le trouve dans le Coran.

Laissons pour un moment l'accusation de fraude, de mensonge ; seule, elle ne suffira jamais à expliquer le miracle de ces peuples qui, dispersés à l'origine dans le désert, se réunissent soudainement, comme s'ils eussent entendu la trompette de l'ange Gabriel. Ce n'était d'abord qu'une poignée d'hommes, une tribu ; en quelques années, c'est un monde ; il va heurter un autre monde. Par quelle puissance a été ressuscitée cette race d'hommes que l'on croyait éteinte depuis le temps des patriarches ?

Par l'autorité d'un livre qui, poésie et réalité, tout ensemble, jette chaque membre de la tribu, de la nation, dans une extase morale semblable à celle de l'homme auquel il a été inspiré. Quelques vers, quelques hymnes, rien de plus ; mais chacun de ces vers reflète une action ; chacun de ces hymnes est descendu des cieux qu'habite l'âme de la race arabe. Remontons nous-mêmes à ce premier moment d'où est sortie la destinée de l'Orient moderne. A considérer la situation actuelle du monde, l'Asie investie de toutes parts par des peuples missionnaires, la tâche que la France vient de se donner en Algérie, jamais il ne fut plus nécessaire qu'aujourd'hui d'entrer impartialement dans l'esprit et dans l'âme du Coran.

Un grand fait domine tous les autres. Par trois fois, la même race d'hommes annonce au monde l'unité de Dieu dans le judaïsme, le christianisme, l'islamisme. Au point de vue humain, Moïse, Jésus, Mahomet, sont de la même famille. Et, comme si l'alliance par le sang n'était pas assez claire, considérez, je vous prie, que par trois fois cette idée de l'unité pure de Dieu se révèle, éclate dans le même lieu, dans le même désert d'Arabie ou de

Syrie, là où la nature est abolie elle-même. Au milieu de ces solitudes éternellement vides, la pensée de Dieu ne se montre à l'homme sous aucune image, puisqu'elles y manquent toutes également. Ni sources, ni fleuves à adorer ; point de forêt sacrée qui enveloppe le mystère. Sans laisser de trace sur le sable, l'esprit seul visite et parcourt le désert, au milieu du silence de l'univers consterné.

Pendant que partout ailleurs le monde se fait des dieux visibles qu'il peut entendre et palper, les villes du désert, Jérusalem et la Mecque restent fidèles à l'esprit éternellement solitaire. Jéhovah, Allah, sans autres compagnons que leur ombre, sans demeure fixe, à la parole embrasée, portent l'un et l'autre sur leur face l'empreinte, ou, pour mieux dire, le tempérament du désert.

Si le dieu de Mahomet est, dans son principe, le Dieu de Moïse, si l'un et l'autre sont marqués du même sceau, vous apercevez déjà en quoi ils diffèrent. Jéhovah est le dieu des Hébreux ; il s'est choisi un peuple privilégié entre tous ; il cherche à détruire, non à convertir les autres. Partout où il s'arrête, il fait autour de lui un désert social ; son peuple étant trop faible pour lui donner l'empire du monde, il se contente de se séparer des infidèles. Il vit à l'écart. Pourvu qu'il se conserve, sous les pieds des colosses de Chaldée, de

Perse, d'Égypte, c'est un miracle suffisant. Il attend patiemment l'avenir.

Tout autre est la politique de Jéhovah renouvelé par Mahomet. Premièrement, il n'est plus le dieu d'aucun peuple en particulier ; son affection n'est plus enfermée dans une tribu ni dans une race. Il est devenu le dieu du genre humain. Voyez, d'ailleurs combien tout sur la terre a changé autour de lui! Autrefois il était accablé par les énormes empires idolâtres qui l'entouraient; maintenant ces chaînes sont tombées ; la Perse, la Chaldée, l'Égypte, ne l'obsèdent plus, ne l'étreignent plus. Les barrières qui le renfermaient se sont renversées d'elles-mêmes.

Que s'ensuit-il de ces énormes changements? que si dans l'antiquité il était réduit à se défendre, désormais il peut attaquer. Il s'isolait dans la loi de Moïse, il va se répandre au dehors dans l'islamisme. Longtemps contenue dans les murs de Jérusalem, sa colère déborde sur toute la face de l'Asie; il jette l'interdit, non plus seulement sur le pays de Chanaan, mais sur tout l'Orient. Allah va accomplir la longue menace de Jéhovah.

Tel est le lien du judaïsme et de l'islamisme; d'où il résulte que la condition de la révélation nouvelle est la conquête. Il faut qu'elle aille purifier par la sainte colère du glaive la terre trop longtemps souillée des impuretés du passé; et il est impossible de pénétrer le caractère du mahométisme si vous ne le rattachez à la loi de Moïse ; car il porte dans son sein les colères, les menaces, tout l'héritage de haine des prophètes. Aussi sa révélation éclate dans le cri des batailles, son paradis est à l'ombre des épées ; il emprunte ses paraboles aux mouvements des combats ; pour sacerdoce, il a le cimeterre ; son livre de la loi est la proclamation du dieu des armées.

Voulez-vous toucher dans la pierre et le marbre la vraie pensée de l'islamisme, jetez avec moi les yeux sur une mosquée ; je choisis celle de Cordoue, parce que je l'ai visitée à loisir, et qu'élevée dans l'époque de splendeur du mahométisme, il n'en est pas qui soit une image plus fidèle du Coran. Ces longs murs armés de créneaux et de tours militaires sont les retranchements d'une forteresse : c'est la maison de Sébaoth, de la divinité des batailles. Au-dessus de la citadelle sacrée, le minaret porte dans la nue la sentinelle de Dieu ; en priant, elle veille sur l'armée des fidèles. Si l'on approche, quel seuil hérissé ! Les créneaux et les meurtrières de ces tours de défense sont faits pour les anges de colère ; armés de leur carquois couleur de feu, ils aiguisent en secret leurs flèches d'or. Tout est menaçant, comme les apprêts d'un combat éternel. Mais osez franchir cette porte mystérieuse, pénétrez dans l'enceinte et dans l'intimité d'Allah : quel changement! quelle douceur! quelle oasis de colonnes innombrables! Vous vous égarez dans cette forêt de palmiers aux troncs de marbre. Ajoutez que les hardiesses de nos monuments gothiques sont des œuvres prudentes et raisonnées, en comparaison de ce qu'ose l'architecture arabe. A voir ces voûtes qui s'élancent l'une sur l'autre sans appui, vous diriez que ces pierres ne restent debout depuis des siècles que par la puissance de la parole et le miracle du Coran. Nos cathédrales fondées sur une même pensée, à l'extérieur et à l'intérieur, ont la sublimité de l'harmonie; au dedans et au dehors, leur physionomie est la même. Mais il y a aussi une majesté saisissante dans cette brusque transition des souvenirs des batailles à la paix immuable des forêts célestes ; il semble qu'après avoir passé sous la voûte des épées, vous vous trouviez dans le jardin d'Allah.

Je dirai de l'Alhambra quelque chose de semblable. Ce monument qui éveille tant de rêves vous étonne par le même contraste. Levez les yeux vers le sommet de ces hautes collines : ces tours massives, ces bastions énormes, sans aucun ornement, ces citadelles hérissées que rien ne déride, est-ce bien là le palais enchanté d'où s'exhalent les parfums de tant de poètes ?

Je ne vois rien, encore une fois, que la face irritée du génie de la guerre. Mais, que je traverse cette porte dérobée, le changement n'est pas moins soudain que dans la mosquée ; les murs émaillés des fleurs des oasis, les sources jaillissantes à chaque pas ; cette architecture qui, pour ainsi dire sans toucher terre, bâtit autour de vous la demeure des songes ; les mots de *félicité, félicité,* écrits et brodés sur les murailles, à côté de ceux-ci : *Dieu seul est vainqueur;* cette solitude embaumée, ce murmure perpétuel de l'eau, ces pavillons, ces *tocadores* qui s'ouvrent sur des jardins de citronniers et d'orangers ; de loin à loin, un murmure qui monte de Grenade, comme un souvenir de la terre ; tout ce trésor de délices, que dérobe aux yeux le dieu jaloux de l'Orient, comme la perle dans sa nacre, n'est-ce pas l'image réalisée du paradis de l'Islam ? C'est du moins celle du Coran ; comme l'Alhambra, il a le front du soldat, le cœur de l'ange ; il cache ses promesses et son ciel derrière une enceinte de menace et de terreur.

Représentez-vous le sentiment d'épouvante porté au comble, consacré par les traditions de la Bible, poursuivant les vivants comme les morts, les anges comme les hommes, devenant pour toujours le principe non seulement de la terre, mais de l'univers entier ; vous concevrez comment l'horreur du jugement dernier est dépeinte dans le Coran en traits vivants qui laissent loin derrière eux les inventions de Dante et de Michel-Ange. Vous trouvez là, dans la réalité même, ce tremblement, ce grincement de dents dont parle l'Écriture. Le jour irrévocable approche, l'heure s'avance; voilà la parole qui retentit le plus souvent. Les cheveux des enfants blanchissent d'effroi; les cieux se fendent de peur. Mais dans ce monde de terreur est enveloppé un monde de délices; les bienheureux, au bord des sources, aperçoivent de loin les damnés; les extases des saints sont ravivées par la vue de l'enfer; volupté qui confine au supplice. Jusqu'au milieu de la joie des anges se glisse un reste d'épouvante. Dans l'Alhambra, la salle du meurtre des Abencerrages, avec ses larges taches de sang, regarde les voûtes embaumées de la sultane chérie Linda-Raja; mélange qui fait le fond de toute la vie musulmane.

Puis, toute la terre est prise à témoin; ce sont des serments de colère, tels que l'Ancien Testament ne pouvait les connaître : « Je jure par les tempêtes, je jure par les nuées grosses de la foudre, par les chevaux rapides, par le mont Sinaï, par le livre inspiré, par le temple visité, par la mer écumante, le châtiment approche, il est là! »

Savez-vous, en outre, de quel argument formidable se servait le prophète? il avait recours à une preuve visible qui manquait en grande partie à l'Occident ; il montrait [1] aux peuples de l'Orient nouveau les villes ruinées de l'Orient ancien, les cités sans nom, aux grandes colonnes, dont les peuples avaient été lapidés par les anges. Elles aussi avaient refusé d'écouter le prophète, et elles avaient été emportées par les vents, comme des branches de palmier, ou mêlées comme la paille sèche à l'argile. Avouons que cette éloquence était parlante, dans le voisinage des ruines de Babylone, de Persépolis, de Thèbes, de Tyr, quand Mahomet pouvait ajouter : « N'avez-vous donc pas parcouru le pays ? n'avez-vous pas vu de vos yeux ? Ces sociétés, ces nations se disaient l'une à l'autre, en voyant le nuage s'avancer vers leurs vallées : C'est un nuage, il nous apporte de la pluie.—Non ! c'est la tempête ! elle vous apporte le châtiment [2]. »

Ainsi, la nature consternée du désert porte le sceau de l'épouvante et donne elle-même témoignage à l'islamisme. Les squelettes de ces anciennes sociétés, épars dans les sables, se relèvent et parlent pour le prophète présent. Mahomet excelle à épouvanter le monde moderne à la vue du monde antique ; il fait, de ces ruines mystérieuses, de ces cités ensevelies au fond des lacs, autant d'êtres qui assiègent les vivants. Où est, dès lors, la merveille qu'une immense terreur ait

[1] *Coran*, VII, 3 ; XIX, 97 ; XXII, 44 ; XLI, 14, etc.
[2] *Coran*, XLVI, 23.

saisi les peuples, au spectacle de ces vastes demeures abandonnées ; elles ouvraient, en quelque sorte, la première scène du jugement dernier. Qu'étaient devenus ceux qui les avaient habitées ; on croyait déjà entendre le bruit des chaînes de soixante-dix coudées qui les liaient à Satan. De là, le sentiment de hâte, de précipitation qui est un des traits du Coran. Puisque les signes sont si près, si palpables, on n'a que faire de discourir ni de chercher le dogme ; il faut agir. Les antiques murailles s'écroulent, la trompette va sonner. Tout le passé de l'Orient se retournant ainsi contre lui pour l'effrayer, est-il bien étonnant que les peuples se soient précipités en toute hâte sur leurs chevaux pour devancer l'heure funeste? s'ils se retournaient en arrière, ils voyaient le spectre des peuples morts traînés sur le front dans le chemin de l'enfer, et ils accéléraient leur course.

Oubliez pour le moment, avec le dix-neuvième siècle, le christianisme lui-même. Ne voyez autour de vous que le désert, qui partout, dans les ruines, se hérisse d'effroi. Que des messagers rapides vous apportent, l'un après l'autre, chacun des serments de colère du Dieu nouveau ; représentez-vous que vous êtes, non pas rassemblés dans des villes, où vous pouvez vous interroger, vous consulter, vous instruire les uns les autres, mais disséminés à travers de vastes solitudes, et que vous y receviez isolément la même nouvelle du dernier jour qui s'approche ; êtes-vous bien sûrs, même sans aucune fraude, que votre cœur, votre esprit ne finiraient pas par être ébranlés ?

Du livre des musulmans, cet esprit passe dans leur histoire ; il explique toute la différence des invasions des Barbares et de celles des Arabes. Les barbares se poussent les uns les autres pendant cinq ou six siècles ; avides de posséder une terre qui n'appartienne qu'à eux, ils s'arrêtent où ils la trouvent ; ils s'y établissent et s'y enracinent. Mais les invasions orientales ont un autre caractère : un Dieu les mène et éperonne leurs chevaux. L'heure presse, le jour approche ! cri d'effroi que matin et soir le Coran répète. Il faut franchir les monts et les fleuves sans s'arrêter nulle part, courir de la Perse aux Pyrénées, des Pyrénées aux Indes, et avant le jour irrévocable remettre la terre entière sous l'autorité d'Allah. Ainsi l'histoire arabe se consume en une journée.

C'est peu de dire que l'unité de Dieu est le fond du Coran ; il s'agit de voir quelle sorte de sublimité particulière lui prête cette doctrine appliquée dans toute sa rigueur. La première conséquence est que le prophète, le médiateur disparaît, pour ne laisser parler que le Dieu. De là, le ton, l'expression unique qui distingue le Coran de tous les livres religieux du monde. C'est un monologue de Dieu avec lui-même.

Que j'ouvre la Bible, l'Évangile, ou les Épîtres, je trouve toujours les paroles de Jéhovah ou du Christ rapportées par un homme, à la suite d'un récit. Toujours un homme entre Dieu et moi, disait Rousseau. Au contraire, dans le Coran, le discours céleste ne passe par aucun organe intermédiaire. Il éclate dans l'infini ; Dieu converse, dans la solitude, et discute avec lui-même ; il s'interroge, il se répond ; il commente du haut des nues ses anciennes Écritures ; il se fait, dans son désert, les objections des incrédules ; il ne les résout pas ; il les amasse, il les recueille comme une vengeance. Il se réjouit d'avance, en se peignant le dernier jour. Soliloque qui, sans être jamais interrompu par la voix d'aucune créature, a le monde pour écho. — « Nous crierons à l'enfer : Es-tu rempli ? et il répondra : Non ! Avez-vous encore des impies ? » Ce monologue fermente ainsi, au haut des cieux, comme un orage qui pèse sur toute la surface de la terre, sans s'adresser à un lieu, à un peuple, à un homme plutôt qu'à un autre. Quelquefois c'est une familiarité sublime : « De quoi s'entretiennent-ils ? — De la grande nouvelle, du jour inévitable, de la Résurrection. »

Vous diriez le souffle haletant du désert. Cette

tempête se promène en grondant sur le monde. Tous les points sont menacés ; aucun n'est encore atteint ni frappé. A la fin, ce discours, qui enveloppait toutes choses, se concentre sur un point particulier. Il s'arrête ! il éclate, il frappe une tribu, une ville, la Mecque ou Médine, quelquefois le Prophète lui-même : plus la parole a été longtemps suspendue, plus le coup est terrible. Or ce n'est pas là une rare saillie de génie dans le Coran ; c'est l'esprit de chacune de ses paroles sans exception. Autant de chapitres (et il y en a plus de cent), autant de ces monologues d'Allah. Tout l'univers se tait et se cache sous le sable ; le Prophète lui-même reste muet ; la race arabe qui passe dans le désert s'arrête ; elle entend ce discours qui, mêlé d'interrogations et de pauses, roule avec fracas sur sa tête. L'humanité surprend, par hasard, au milieu des solitudes, le secret de l'Éternel. Voilà l'originalité et le sublime du livre de Mahomet.

Dans ce que je viens de dire, sont implicitement contenus les rapports du prophète et du Dieu. Mahomet reçoit le commandement sans le provoquer. Il n'est pas le fils, il est l'esclave d'Allah. Si le *livre de l'évidence,* comme on appelle le Coran, eût contenu des récits, on eût pu les nier ; des doctrines, des paraboles, on les eût controversées. Mais des ordres précis, des commandements militaires, au milieu de la mêlée des choses humaines, ne se discutent pas ; il faut y obéir. C'est trancher dans le vif le principe de la discussion. Le prophète nouveau ne voit plus Dieu face à face, ni dans le buisson ardent, ni dans la fumée de l'holocauste, comme faisaient les envoyés de l'ancienne loi. Une voix intérieure le réveille au milieu du silence des nuits, et il la répète au peuple ; souvent ce n'est qu'un mot : « *Parle! dis-leur! avertis-les! demande-leur!* » Tel est, en général, le préambule de la révélation.

Lorsqu'on pense qu'au temps de Mahomet, l'Asie occidentale, déjà éprouvée par le christianisme, rejetait d'elle-même ses anciennes croyances, que le sentiment de l'unité de Dieu rentrait de toutes parts dans le monde, que c'était là le cri des choses, il n'est certes pas impossible que Mahomet, saisi, obsédé plus que personne par cet instinct, ait cru sincèrement être l'écho de cette parole inarticulée, qui était au fond des événements et de toute l'histoire contemporaine. Ce n'est qu'un poète, disaient les tribus incrédules, et elles ne se trompaient pas ; seulement, la poésie était pour lui la vérité même. Il ne composait pas arbitrairement ses rhapsodies sacrées, comme Homère ; il était bien plutôt de la famille de ces rhapsodes orientaux, hindoux, de Valmiki par exemple, qui écrivaient leurs épopées sous la dictée immédiate de Dieu. Plus tard la politique se mêla évidemment à sa mission. Mais qu'il y ait eu un moment où l'inspiration poétique et la révélation d'en haut se soient confondues sincèrement dans sa pensée, voilà une chose dont je ne puis douter. Un poème, une épopée intérieure, prise d'abord à la lettre, comme une réalité, par l'auteur lui-même, et qui devient ainsi un culte, une religion, c'est dans son origine l'esprit de l'islamisme.

Il faut à l'homme un instant de vérité, un levier réel, pour déplacer même un ver de terre ; qu'est-ce donc pour remuer un monde !

La destinée du génie arabe, ces victoires de la foi, ces miracles de l'épée, ces conquêtes instantanées, ces cinq ou six siècles de grandeur, ce monde splendide qui s'étend de la Perse à l'Arabie, à l'Espagne, tout cela a vécu un moment enfermé en germe dans le cœur du Prophète. L'histoire de l'Orient moderne, avec toutes ses vicissitudes, n'est rien que la grande âme de Mahomet, déployée comme un drapeau de siècle en siècle.

Voltaire, dans sa tragédie, n'a vu que le politique ; c'est commencer le drame où il finit en effet. Il resterait une tragédie bien plus sérieuse à composer, si l'on montrait dans le moment suprême de l'inspiration Mahomet partagé entre la poésie et la foi, assailli par sa propre pensée, qu'il ne connaît pas encore, ne sachant si la voix qu'il entend au désert est la sienne, ou l'écho du Dieu de Moïse dans les rochers du Sinaï, si c'est le cri d'un homme ou le cri de l'Éternel, si, en un mot, il est un prophète ou s'il n'est qu'un poète. Drame terrible dont l'histoire n'a point conservé de trace. Peut-être cette lutte a-t-elle rempli les quarante années obscures de la vie de Mahomet. Sitôt que sa vie publique commence, la tragédie s'arrête. Soit qu'il engage le combat comme une prière, soit qu'il prêche dans la chaire de la Mecque, vous ne trouvez pas en lui la marque d'un seul de ces combats intérieurs qui ont ébranlé jusqu'au bout le prophète du Nord, Luther. Pas un moment de défaillance, de contradiction, d'incertitude. La poésie est devenue vérité, action ; et, comme il ne tolère pas la délibération chez les autres, il a commencé par se la rendre impossible à lui-même.

Au seul point de vue politique, la différence entre le christianisme du moyen âge et l'islamisme est aisée à marquer. Le premier ajourne ses promesses après la mort ; le second veut faire entrer, sans perdre un jour, ses doctrines dans la constitution de la société civile et temporelle. Considérez un instant l'Orient moderne après Mahomet. Sitôt que l'unité de Dieu a remplacé les castes de dieux inégaux qui formaient l'idéal social de l'ancienne Asie, sitôt que la Révolution religieuse est consommée dans le dogme, quel changement apercevez-vous sur la terre ? Partout où l'islamisme s'étend, les castes disparaissent. Cette institution, qui était le droit indigène, indestructible de l'Asie, est abolie. L'idéal et la réalisation, ces deux moments séparés par dix-huit siècles dans notre Occident, ces deux périodes marquées pour nous par l'Evangile et par la Révolution française, se pressent et coexistent en Orient dans le même instant.

Mahomet est tout ensemble la tête et le bras, le Christ et le Napoléon de l'Orient moderne ; il établit le nouveau dogme religieux, et il le réalise incontinent dans le monde social.

Vers le sixième siècle, voyez, depuis la Perse jusqu'aux frontières d'Espagne, ces énormes inégalités sociales, débris d'un passé que personne ne peut compter ; ces nations, assises les unes sur les autres comme autant de cariatides ; ces distinctions immémoriales du laboureur, de l'artisan, du soldat ; ces classifications désespérantes où le malheur enfante éternellement le malheur ; cet édifice de servitude, où le prêtre seul est affranchi : tout cela disparaît en une journée devant le cimeterre du dieu niveleur. Tandis que dans notre Occident même ces inégalités s'appesantissent sur tout le moyen âge, en Orient l'armée des croyants forme une société de frères ; l'armée, c'est le peuple. Tout soldat est prêtre du dieu des batailles.

Ne cherchez plus pourquoi les conquêtes de l'islamisme furent si rapides. Qui donc aurait pu ou voulu résister à l'autorité du dogme nouveau et à l'application instantanée qu'on en faisait? Conséquent avec lui-même, l'islamisme commençait par promettre l'égalité des droits sociaux aux peuples convertis. Comme le dieu de l'unité est le dieu de l'égalité, il offrait à toute la terre d'entrer sans combat, sans discussion, dans la communion de l'épée. Un idéal qui se réalise dans le même moment est ce que l'on n'avait encore jamais vu ; l'affranchissement civil suivait immédiatement l'affranchissement volontaire de l'idolâtrie. Le soldat prêtre portait avec lui, non pas seulement un nouveau livre, mais un nouveau droit social.

Il est visible qu'on ne peut rien comprendre au génie de l'Orient moderne, si l'on ne remarque cette suppression du temps, cette simultanéité foudroyante de l'idée et du fait, cette identité de la religion et de la politique, cet éclair qui illumine à la fois le ciel et la terre, l'Église et l'État. Les voyageurs s'étonnent de l'indifférence apathique des Orientaux sur ce qui nous touche ; j'ai pu moi-même observer, dans de graves circonstances, combien ils sont à peine effleurés par le bruit de nos affaires. Mais admettez que l'Orient a rassemblé dans un moment ce que nous avons répandu à travers les siècles, qu'il a vécu en un jour de la vie de mille années, qu'il a eu tout ensemble, à la même époque, son Messie et son Contrat social, la prédication de ses apôtres et sa Révolution de 89, son concile de Nicée et sa bataille d'Arcole, son Église primitive et son Assemblée constituante. Des hommes qui ont été frappés instantanément de cette double révélation dans le temporel et dans le spirituel, et comme investis de tous côtés par l'intervention d'Allah dans l'Église et dans l'État, ont quelque droit d'affecter peu de curiosité pour nos agitations ordinaires. Voyant dans leur passé un moment unique sur la terre, ils dédaignent tout le reste.

On ne s'aperçoit pas qu'ils remarquent très bien que dans notre Occident l'Église dit une chose, et l'État une autre ; ne pensez pas trouver ailleurs la cause principale de notre impuissance à nous les associer. Cette division les frappe comme une infériorité de notre part ; elle est, pour notre monde chrétien, le défaut de la cuirasse. Les mahométans ont atteint avant nous l'unité religieuse et sociale ; nous leur offrons d'en déchoir pour entrer avec nous dans la contradiction. Comment accepteraient-ils l'échange ? cela est impossible.

Cette simple idée nous permet de marquer, d'un mot, la question de l'islamisme qui n'est pas encore posée. Nous l'attaquons par nos missionnaires : effort parfaitement inutile ! les Orientaux savent, comme nous, que nous avons des doctrines, des théories, des idées, un Évangile. Ce qu'ils demandent, c'est la raison pourquoi nous ne faisons rien de si belles théories. Tant que l'on se contentera de leur montrer un livre, ils ne tourneront pas même la tête de notre côté ; ils commenceront seulement à s'émouvoir, s'ils apprennent, un jour, que cet idéal, ce livre est réalisé dans la vie, la constitution d'un peuple, et que le Coran de l'Occident est appliqué comme celui de l'Orient ; car alors l'avantage qu'ils ont ou qu'ils croient avoir sur nous, ils l'auront vraiment perdu. Réconcilier le mahométisme avec la grande association de l'humanité chrétienne, est-ce l'affaire d'un obscur prédicateur ? Pour cela, il faut un fait, le miracle d'un peuple, d'une société, qui montre enfin l'accord de l'idéal religieux et du droit social, de l'Église et de l'État, dans un esprit supérieur à celui du Coran.

L'islamisme a le premier commencé à réaliser le principe d'égalité ; reste à voir ce qu'il a fait de l'institution de la propriété. Si l'on conquiert le monde dans un but spirituel pour le rendre à son maître légitime, qu'en résulte-t-il ? que toute terre occupée par la victoire appartient à Dieu seul, que l'homme en a seulement l'usage et l'usufruit. Le mahométisme ne recule pas devant cette conséquence ; et si vous allez au fond du droit oriental sans vous laisser abuser par les apparences et les usurpations, vous trouvez ce fait extraordinaire que l'on commence à découvrir et que chaque jour met de plus en plus en lumière [1] : à savoir que les terres conquises par les musulmans n'ont point été, à l'origine, partagées ni tirées au sort, comme cela est arrivé chez les Francs et les Barbares de l'Occident. Elles sont restées la propriété inaliénable, de qui ? d'Allah, du Vivant, de l'Éternel.

Quelle clarté ce résultat jette sur l'histoire et la condition des personnes et des choses dans l'Orient moderne, il s'ensuit que vous ne trouvez là réellement point de grands propriétaires fonciers ; que ceux qui se parent de ce nom ont usurpé un titre qu'on ne pouvait leur céder, puisqu'il n'appartenait à personne ; qu'ils ne sont rien que des dépositaires, des détenteurs des biens de l'Éternel. Par là je m'explique un point vraiment incompréhensible auparavant, qui est la mobilité arbitraire, l'incertitude de la propriété dans la société mahométane. Le vizir, le délégué de Dieu enlève comme il lui plaît à chacun ses domaines ; de riche, il le fait pauvre en un moment ; ces caprices, non de la fortune, mais du chef de l'État, forment, pour ainsi parler, le fond des institutions.

Le pacha d'Égypte vient de déposséder ses

---

[1] V. *De la constitution territoriale des pays musulmans*, par M. le docteur Worms, *Revue de législation et de jurisprudence*, t. V.

sujets. C'est une fantaisie, dites-vous, une confiscation. D'accord ; mais, quand une fantaisie dure depuis un millier d'années sans contestation, elle repose sur un fondement inébranlable. Ce fondement, vous venez de le voir : la terre étant à Dieu, l'homme n'a que l'usufruit, sans le droit d'hérédité. Le calife qui lui ôte son domaine ne fait que rendre à Allah ce qui n'a pas cessé d'appartenir à Allah !

Malgré cette rigueur de logique, il est deux points sur lesquels l'islamisme a cédé devant la tradition de l'Orient antique : les femmes et l'esclave ont embarrassé Mahomet. Ce n'est pas qu'il n'ait profondément changé l'institution de la famille patriarcale ; il l'a si bien altérée, qu'il l'a, pour ainsi dire, détruite. Comme il n'y a plus, sur la terre, de peuple élu, il n'y a plus, dans l'État, de familles privilégiées. Dans le droit de succession [1], plus de droit d'aînesse, l'égalité entre tous les membres, le principe de notre Code civil, appliqué dès le septième siècle. Chaque race humaine se perd dans le grand peuple d'Allah ; chaque famille privée, dans la famille musulmane.

Au milieu de cette révolution, que devient la condition des femmes ? Mahomet commence par les dépouiller dans le dogme. Allah n'a point de

---

[1] V. Ganz, *Erbrecht*, t. II, p. 175.

parents, point de fils, point de famille ; pour la première fois, les femmes, devenues orphelines, n'ont point de mères dans le ciel. Il n'y a pas, dans le firmament de l'islamisme, une vierge, une madone, qui leur serve, à la fois, de protection et d'idéal. Rien de plus extraordinaire que la violence avec laquelle Mahomet repousse l'image des anges aux traits de femmes ; il veut évidemment extirper l'idée du sexe, dans sa théodicée. Après y avoir bien réfléchi, je reste convaincu que cette inflexibilité du réformateur a été toute systématique ; elle vient de la nature même de l'idolâtrie qu'il avait à combattre. Où faisait-il sa révolution religieuse ? Ne l'oubliez pas. C'était dans le lieu, dans la race même où la nature avait été presque toujours divinisée sous la figure d'une femme. Ne vivait-il pas au milieu des vestiges, partout renaissants, de la grande Déesse, Astarté, Alilah, qui enivrait la terre, depuis Babylone jusqu'à la Phénicie ? N'était-ce pas là que plus d'un roi hébreu avait marié Astarté à Jéhovah ? Pour renverser d'avance cette alliance impie, en extirpant dans sa racine le principe toujours renaissant de l'idolâtrie indigène, Mahomet repousse obstinément tout ce qui tient de la femme, dans la constitution de son Dieu.

Aux lieux mêmes où, avec Sémiramis, Artémise, Cléopâtre, Athalie, Zénobie, les femmes avaient régné tant de fois, Mahomet les découronne dans le dogme ; elles restent aussitôt découronnées dans l'État ; il leur ôte, au même moment, leur droit de souveraineté dans le ciel et sur la terre.

Pour l'esclave, il en est autrement ; le système n'obligeant à rien, la loi de Mahomet retrouve ici son équité naturelle. L'esclave n'est plus cette chose sans nom qui faisait le fond de la vieille société. Qu'il soit croyant, il entre dans l'association, il peut atteindre à tout, à la famille, à l'État, au gouvernement même. Tel était esclave hier, qui est aujourd'hui chef d'armée, bey, émir, sultan ; sur cette rapide transformation repose en partie la poésie des *Mille et une Nuits*. Mais je veux montrer quelque chose de plus parlant que tout le reste. Rappelez-vous de quelle manière l'Égypte a été gouvernée depuis le moyen âge jusqu'à l'expédition de Napoléon. Tout nourris que vous êtes dans l'esprit d'égalité, vous n'inventeriez rien de semblable. L'Égypte était gouvernée par les mameluks, c'est-à-dire par des esclaves achetés sur les marchés de Circassie. Nul n'entre dans cette classe privilégiée, s'il n'a passé par la dignité de l'esclavage. C'est là son titre de noblesse. Ainsi il y a au monde une société régulièrement instituée, dans laquelle le gouvernement appartient à une dynastie d'esclaves, légitimement, par droit de servitude ; et cet établissement dure des siècles.

Imaginez-vous rien de plus radicalement contraire à l'ancien Orient et au principe des castes ? le dieu de l'islamisme n'a pas émancipé l'esclave ; il l'a conservé, il l'a adopté, il l'a épousé, il a fini par le couronner.

Aussi simple que sa doctrine, la mission de Mahomet est de fermer pour toujours à l'Asie le retour vers le culte de la nature. Entre l'Orient antique et l'Orient moderne, il place le cimeterre ; nul ne rentrera vivant dans le passé : telle est sa première loi. Le christianisme, sorti de sa simplicité primitive, était devenu une doctrine trop composée pour ne pas se dénaturer dans les esprits des Orientaux. Aussi, du cinquième au sixième siècle, l'Asie, se méprenant constamment sur la plupart des symboles catholiques, les interprète dans le sens de son paganisme indigène. L'Orient baptisé menace de rentrer presque aussitôt dans son ancien système, auquel il donne seulement un nom nouveau. Mahomet voit le danger, et il délivre pour jamais le monde de ce panthéisme matérialiste qui renaissait de toutes parts sous la forme des hérésies du christianisme asiatique.

Il fait comme un homme qui, menacé par l'incendie dans le temple, renverse en toute hâte les murailles, les péristyles, afin de sauver au moins le sanctuaire. Il tranche au vif dans la tradition universelle ; il rejette à pleines mains les croyances pour en garder une seule. Avec une sorte de fureur, il s'acharne sur tout le reste; et le point fondamental qu'il veut sauver est si bien choisi, que personne au monde ne pourra jamais le lui disputer. Après cette œuvre terrible, l'Asie déconcertée est transportée hors de sa nature, de son tempérament, de son histoire, dans un chemin opposé à celui qu'elle avait suivi jusque-là. Dépaysée, elle cherche vainement l'ancien sentier. Le prophète l'a arrachée à ses fondements; en la ramenant au désert, il l'a comme égarée dans l'ample sein d'Allah. Désormais, elle lui appartient aveuglément; après avoir effacé chez elle la mémoire du passé, il peut seul la conduire; et (j'allais oublier ce dernier trait) sa réforme est si radicale, dès le commencement, qu'elle rend, en quelque sorte, toute réforme impossible dans l'avenir; le Moïse arabe est aussi son Messie.

Appliquez ces idées à la politique, vous en verrez naître aussitôt l'immutabilité de la société musulmane. Ordinairement on cherche la cause de cette invariabilité dans la doctrine de la fatalité et de la résignation ; comme si la fatalité avait ôté aux Grecs anciens la puissance d'agir, comme si ce principe dans sa force avait empêché les Arabes de courir d'un bout de la terre à l'autre, comme si enfin la résignation à la volonté d'en haut n'était pas aussi en partie le dogme du christianisme. Le vrai est que la force de l'Islam a été toute renfermée dans sa première époque ; jeté hors du temps, il s'est épuisé bientôt, parce qu'il ne s'est pas renouvelé par la tradition.

Comparez-le aux autres religions. Elles vivent dans le temps, elles acquièrent par les années, elles s'accroissent, elles se transforment, et, grandissant toujours, elles font grandir la société avec elles. La plus immobile en apparence, la loi de Moïse, n'est pas si bien scellée par son auteur, qu'elle ne se développe de siècle en siècle, comme une espérance, un héritage qui s'accroît par les lévites et la suite des prophètes ; et ce mouvement intérieur de l'âme religieuse se communique à la vie civile et politique. Il en est de même du christianisme. Le livre fondamental, l'Évangile, est développé, interprété par les épîtres ; les épîtres par les Pères de l'Église, puis par les conciles, par l'Église, par les docteurs, par la réformation qui ravive le catholicisme lui-même ; et cette pulsation intérieure, ce grand cœur du Christ qui ne cesse de battre, répand une vie toujours nouvelle dans le corps social.

Mais dans l'islamisme rien de semblable. La tradition religieuse ne s'y augmente pas ; elle est entière dès le début, dans les pages du Coran. Luttes, angoisses, espérances des générations nouvelles, tout passe sans ajouter un mot à la révélation. Les générations se succèdent inutiles les unes aux autres, puisque leur expérience religieuse est perdue; les prières des siècles ne s'ajoutent pas aux prières; nul prophète n'est attendu. Par l'énergie native de son dogme, la civilisation orientale fait explosion spontanément, dans un essor lyrique, comme une ode, un hymne du Prophète, depuis les frontières de l'Inde jusqu'à celles de la France; mais, la source de l'islamisme ne se ravivant pas, ses conséquences sociales ont bientôt tari. Tout ce qu'il a pu faire a été de garder les positions qu'il avait prises dans le monde, sans les mettre à profit. Aujourd'hui, cette société immobile marque la place d'un dogme qui n'a pas reçu une idée depuis douze siècles.

Comment rendre la vie à ce dogme tari sous le sable? Quelques personnes annoncent la venue d'un Luther musulman. Y a-t-on bien songé, et l'Orient tout seul peut-il se rajeunir lui-même? Que réformerait le protestantisme musulman? L'Église? il n'y a pas d'Église; la hiérarchie? il n'y a pas de hiérarchie; la tradition sacerdotale? il n'y a point de tradition du clergé. Où est la Rome de l'islamisme? est-ce la Mecque ou Médine? Je vois dans Médine le tombeau du Prophète; je ne vois point de Vatican. Telle est donc la condition de cette religion, qu'au premier coup d'œil elle semble ne pouvoir ni se développer en restant ce qu'elle est, ni se réformer profondément sans disparaître ; la grandeur de Mahomet est d'avoir usurpé et dévoré d'avance toutes les révolutions de l'avenir, au point de vue arabe.

D'autre part, qui portera en Orient le principe de la vie nouvelle de l'Occident? qui nous réconciliera avec la moitié du monde civilisé ? Est-ce l'Église romaine qui terminera la guerre entre l'Évangile et le Coran? Sont-ce les hommes du moyen âge? Du moins, s'ils vivaient encore ! Mais où est l'espoir que, sans recevoir aucun esprit nouveau, notre clergé fasse de nos jours ce qu'il n'a pu accomplir dans l'élan de la foi des croisades ? Le miracle de la robe de Trèves fera-t-il ce que n'a pas consommé le miracle de la voix de saint Bernard ? Rome elle-même ne croit plus devenir la maîtresse de la Mecque, et, pourtant, il faut que l'alliance se renouvelle : la terre et les cieux y travaillent.

Que l'on explique pourquoi l'opinion a maintenu la France en Algérie, malgré tant de volontés contraires. Si ce fut hasard, obstination ou plutôt pressentiment, qui peut le dire ? Pourquoi tant de patience à ne recueillir jusqu'à ce moment rien que des sueurs et du sang ? n'y a-t-il au bout de cette mission rien que du sable ? Conquête étrange, qui entraîne, qui appelle, peu à peu, chaque jour, le conquérant plus avant dans le désert.

Puisqu'un instinct secret l'y appelle, que la France s'y engage, sans crainte, dans sa conquête de sable, dans ces déserts où Moïse, le Christ, Mahomet, ont trois fois puisé la vie de l'univers. Elle aussi, peut-être, entendra quelque enseignement éternel sortir de la fente des rochers. Qui jurerait qu'elle ne trouvera pas, à la fin, quelque grande loi écrite sur la pierre d'un nouveau Sinaï ? Un peuple prophète, qui, au-devant de tous les autres, s'en va à l'écart, à la source de toute inspiration religieuse et sociale : voilà ce que nous voyons. La France ne fait qu'apparaître au seuil des mosquées ; déjà s'explique l'énigme de cette tradition populaire des Orientaux qui veut que le Christ transfiguré devienne le dernier calife de l'islamisme.

HUITIÈME LEÇON

LE CORAN ET L'ÉVANGILE

L'Église catholique adopte dans les croisades le principe de l'islamisme : l'extermination. — Que le Christ n'a pas combattu Mahomet. — Comment on peut juger si une guerre se fait dans un esprit chrétien. — Les guerres de la Révolution française comparées à celles des croisades. — Lesquelles sont les plus chrétiennes ? — Le catholicisme et l'islamisme en Europe. — Mission de l'Espagne ; elle épouse, malgré elle, dans la religion, le génie arabe. — Que conclure de l'impuissance du catholicisme à se réconcilier l'Orient ? — Napoléon en Égypte. — Où est le secret de la puissance future de l'Europe sur l'Asie ?

En commentant l'islamisme, nous avons pris un cœur arabe. Pour acquérir le droit de parler des destinées d'une race d'hommes, il faut, un instant du moins, pouvoir vivre de sa vie ; nous avons dû parler comme si l'âme musulmane nous entendait. L'Église du moyen âge n'a cessé de mettre aux prises l'Europe et l'Asie ; ces deux moitiés du monde ne se connaissent encore que par la haine. N'est-il pas temps, après une si longue exécration, d'éprouver quelque fonds d'amitié pour des ennemis de douze cents ans ?

On répète chaque jour que l'Évangile et le Coran sont aux prises depuis les croisades : rien dans le fait n'est moins exact. Quelle est la solution que l'Église a donnée à ce divorce de deux grandes races humaines ? l'extermination [1] ; est-ce là un mot de l'Évangile ?

Il ne paraît pas que Rome ait entrevu une autre issue. Écoutez les terribles cris de guerre de la papauté, au temps d'Urbain II, de Pascal II ; vous serez frappés d'une ressemblance extraordinaire dans l'accent des deux religions rivales. Le génie de la haine a passé du Coran dans la papauté. Même ardeur de combats, de vengeance; dans l'une et dans l'autre, c'est le Dieu de l'Ancien Testament qui parle. Mais celui du Nouveau, qu'est-il devenu ? Il est tel de ces manifestes de guerre du Saint-Siège, empourprés de sang, *purpurati sanguine*, qui semble une page arrachée du livre de colère de Mahomet. Dans ces cris de bataille, où est la magnanimité après la victoire ? où est la douceur, où est l'amour chrétien qui s'insinue jusque dans la haine ? Ne demandez pas aux proclamations des papes ces sentiments nouveaux; la trace même en a disparu. Le mobile

---

[1] Hæreticos, bona fide pro viribus exterminare. (Conc. Arel.

de la guerre sacrée est le même chez les croisés et les mahométans, l'absolution de tous les crimes.

C'est assez dire que dans cette grande lutte entre deux mondes, l'Église, se plaçant sur le terrain de son adversaire, sur celui de l'Ancien Testament descend des hauteurs de l'Évangile et perd ainsi sa supériorité avec son inviolabilité ; elle prend les armes qu'on lui oppose, sans y ajouter celles qu'a forgées l'esprit nouveau. Elle frappe avec une colère musulmane ; mais, dans cette colère, jamais un instant de douceur, de pitié, de sympathie cachée, d'attendrissement pour son ennemi. Elle le hait d'une haine biblique ; elle ne le domine pas. Si Jéhovah est son allié, il est aussi celui de l'islamisme. Armés du même génie, pliés sous les mêmes passions, le catholicisme du moyen âge et l'islamisme ne pouvaient absolument rien l'un sur l'autre : la position prise par l'Église était mauvaise en soi, puisqu'elle opposait à l'Orient le Dieu antique, implacable, qu'il portait lui-même dans son sein ; les batailles stériles ne produisaient que du sang. Entre des forces de même nature, l'esprit du Christ aurait seul pu décider la victoire ; mais cet esprit, où a-t-il paru en face du Coran ?

Autant le christianisme a été puissant par l'amour, autant il a été impuissant par la haine. Dans la première Église, je vois souvent les Barbares apprivoisés par la prière d'un solitaire. Un sentiment surhumain les subjugue ; et ces maîtres nouveaux de l'Occident semblent tout conquérir pour tout céder. Dans le onzième et le douzième siècle, au contraire, l'Église prend les instincts de la guerre ; elle se couvre d'une cuirasse ; elle se charge des malédictions de l'ancienne loi. Rivalisant de fureur avec le Coran, elle fait rouler des fleuves de fer, et tant de haines, tant de menaces n'aboutissent pas même à la remettre en possession du tombeau de son Dieu. Le Christ de Golgotha n'a pas voulu être affranchi par la haine.

En réalité, quel moyen spirituel l'Église a-t-elle employé pour dominer l'islamisme ? quel livre opposait-on à ce livre tout nouvellement sorti des cieux du Prophète ? on ne combattait pas la simplicité du Coran par la simplicité de l'Évangile. Au contraire, à des hommes que l'unité nue de Dieu jetait dans le ravissement, l'Église du moyen âge ne présentait que chaos de doctrines, échafaudage de rites, de liturgies, de traditions. Si le Christ tout seul eût éclaté dans l'Évangile, peut-être eussent-ils reconnu ce langage ; car eux-mêmes pensaient venir accomplir son œuvre ; au lieu que cet esprit, enseveli sous les formes de la tradition d'Occident, ne disait plus rien à des hommes du désert. L'Église colossale leur cachait Jésus de Galilée; plus elle accumulait de doctrines, plus elle était impuissante contre eux. Simplicité, d'une part, subtilité et confusion, de l'autre ; dans cette voie, chaque jour créait une impossibilité. Il ne restait qu'à se détruire violemment l'un ou l'autre, sans discussion; en sorte qu'après ces longues guerres, où le Saint-Siège a été quelquefois vaincu par l'islamisme, il est vrai de dire que l'esprit du Christ n'a pas encore réellement combattu Mahomet.

Voulez-vous juger si une guerre est entreprise dans un esprit vraiment chrétien, il est pour cela un moyen infaillible : c'est de voir si la guerre profite même aux ennemis.

Pour qu'une bataille soit livrée sous le pur drapeau de l'Évangile, il est nécessaire que chaque coup porte en quelque sorte sa guérison, et que la réconciliation, l'alliance entre les races humaines, naissent de leurs chocs. Sur ce principe, mesurez l'esprit religieux des guerres du moyen âge entre le catholicisme et l'islamisme. De quel avantage ont-elles été pour la société musulmane? quel nouveau principe de grandeur ont-elles fait pénétrer dans son cœur, avec le fer des batailles? Je vois bien en Orient les peuples diminués, le désert augmenté; je cherche vainement où sont les idées évangéliques qui ont germé dans ce sol pétri de sang. L'occupation de l'épée a fait oublier de semer la parole. Avec les croisés, l'âme chrétienne a-t-elle pénétré dans les larges brèches faites à l'Orient? Nullement. Lorsque enfin l'Europe et l'Asie, lasses de ne pouvoir rien l'une sur l'autre, viennent à s'arrêter, j'ai beau demander où est le traité d'alliance; il n'y en a pas. Ces deux Églises, le catholicisme et l'islamisme, demeurent à la même place, harassées, découragées, n'ayant plus que la force de se haïr, sans avoir conservé l'espérance de s'anéantir l'une ou l'autre.

Ajoutez que de ce moment le doute commence à entrer au cœur de la catholicité. Les peuples avaient quitté leurs chaumières, avec la persuasion que l'Église, en se montrant, dissiperait le dieu de Mahomet. On allait au-devant d'un miracle plutôt qu'au-devant d'une bataille. Les enfants mêmes chasseraient d'un regard ces troupes de musulmans. Mais dans le chemin où les yeux apercevaient à l'issue l'extermination d'une race d'hommes, il n'y avait qu'une chose qui restait oubliée : c'est celle qui fait les prodiges du christianisme, je veux dire l'amour pour ceux qu'on va combattre. Lorsqu'arrivés en face du sepulcre, personne ne vit sortir les anges gardiens ni la terre s'émouvoir, et qu'au contraire il fallut peu à peu se retirer devant l'Islam, un premier sentiment d'étonnement change l'esprit des croisés. Ceux qui revinrent en Europe reparurent tout différents. C'était le premier mécompte dans le catholicisme. Le prestige inviolable était perdu ; désormais, l'Église, que l'on n'avait pas osé regarder en face, est examinée ; le soupçon s'éveille ; elle a montré visiblement son impuissance et ses limites. Le monde commence à entrevoir qu'elle n'a pas combattu avec les pures armes du Christ ; depuis ce jour, jusqu'à la Réforme, sa défaillance ne s'arrête plus.

Il y a un demi-siècle, d'autres croisades sont sorties de la France ; et l'on a vu précisément, pour la première fois, le caractère que je ne trouve pas dans celles du moyen âge : des hommes qui courent aux armes sans aucune haine pour les peuples qu'on leur oppose. Est-ce l'extermination de leurs ennemis que demandent ces premiers croisés de la République ? C'est l'affranchissement, l'élévation morale de leurs adversaires ; ils veulent se réconcilier avec eux dans un principe plus haut que celui du passé. Voilà la grandeur de ces premières et saintes guerres de la Révolution française, enthousiasme pur et vraiment chrétien pour l'alliance des peuples ! Combats à outrance sans le moindre levain des anciennes haines bibliques ! Le volontaire, redisons le mot, le croisé de l'an III, de l'an IV, de l'an V, haïssait-il jusqu'à l'exécration l'Italie, l'Allemagne, la Pologne, l'Espagne ? Il aimait ceux qu'il allait rencontrer sur le champ de bataille ; il portait avec lui une idée et une épée; le soir du combat, sous chaque chaumière, il prêchait sa croyance ; il voulait vaincre pour faire partager au reste du monde son héritage moral. Aussi les deux armées, encore humides de sang, pleuraient également aux funérailles de Marceau sur les deux rives du Rhin.

Entrez, par delà nos frontières, dans les cabanes des paysans étrangers. Vous y trouverez la mémoire vivante de ces hommes qui, tout ennemis qu'ils étaient, apportaient avec eux le nouvel esprit d'alliance; on vous dira le jour, l'heure de l'arrivée, les paroles qu'ils ont répétées, et qui ont germé dans une famille, dans un hameau, dans une ville. En échange du morceau de pain qu'on lui donnait, chacun d'eux rendait à son hôte une idée, un sentiment nouveau, une révolution religieuse et sociale. Lesquels, suivant vous, étaient les plus chrétiens, ou les croisés du onzième siècle, qui pillaient et dépeuplaient en une nuit Constantinople, Antioche, Jérusalem, ou les croisés de Hoche, de Kléber, de Marceau, de Joubert, de Desaix, qui, dans la riche Italie, dans l'heureuse vallée du Rhin, oubliaient le boire et le manger pour apprendre aux enfants le nom de la République française? De quel côté était l'évangile guerrier? Était-ce sous la cuirasse des seigneurs féodaux, qui voulaient s'arrêter à chaque endroit pour se faire une principauté, ou sous l'habit bleu des hommes de Sambre-et-Meuse et de l'armée d'Italie?

Pour que cela devienne plus clair, voyez un peu la suite. Quand les guerres du moyen âge sont achevées, l'Europe et l'Orient restent ennemis; leur haine s'est accrue. Au contraire, sitôt que ces immenses guerres de 93 à 1815 sont parvenues au terme, il arrive que l'alliance est accomplie, que la pensée de la France est entrée, debout, dans la moindre chaumière. L'amitié des peuples, qui n'existait pas auparavant, se forme dans cette bataille d'un demi-siècle. Chaque coup que se portent les nations profite aussitôt à celle qui le reçoit. Là, pas un combat stérile; l'épée laboure et ensemence le monde. Sur chacun de ses champs de bataille s'exhale l'âme de la France; à peine a-t-elle fait une blessure, qu'elle y répand son esprit pour la guérir. Elle abandonne au prisonnier le meilleur du butin, une pensée, une idée, qui germe dans son sang.

Guerre toute nouvelle, qui profite presque toujours au vaincu plus qu'au vainqueur! C'est l'Autriche qui profite de Rivoli; l'Égypte, d'Héliopolis; Rome, de Marengo; la Bavière, de Hohenlinden; l'Espagne, de Somo-Sierra; la Prusse, d'Iéna; la Russie, de la Moskowa.

Et pour achever de donner à ces guerres une marque que n'eurent jamais les croisades du moyen âge, il faut encore ajouter ceci : tous ces peuples haletants qui rentrent dans leurs foyers relèvent des mêmes champs de bataille un même nom, une même figure, autour de laquelle ils se groupent en cherchant l'avenir ; ils se font tous un même héros, Napoléon. De tant de haines apparentes, de la poussière de tant de combats s'élève cette figure comme la représentation vivante de l'alliance dans la pensée de la France. Chacun de ces peuples, et dans ces peuples chaque individu emporte silencieusement sous son toit la même image ; il la considère et l'interprète à sa manière. L'Arabe d'Aboukir, l'Italien catholique, l'Allemand protestant, le Slave, le Grec moderne, s'élèvent vers le même héros ; en sorte que les cent batailles qui font la couronne du dix-neuvième siècle aboutissent de toutes parts à l'unité des ennemis, à l'alliance des Églises, à la réconciliation, c'est-à-dire à l'accomplissement du christianisme. Rien de pareil ne peut être dit des croisades du moyen âge.

Un pays semblait être appelé plus qu'un autre à commencer l'alliance entre la société musulmane et la société chrétienne. En les voyant renfermées en Espagne, à côté l'une de l'autre, pendant huit cents ans, qui n'eût cru que l'Europe et l'Orient étaient mis là en présence pour apprendre à s'associer? Mais là aussi l'extermination fut la seule loi qui s'établit entre l'un et l'autre. En vain l'islamisme, refoulé de siècle en siècle, de lieux en lieux, de Tolède à Cordoue, de Cordoue à Séville, de Séville à Grenade, avait-il fini par se réduire à quelques crêtes inhabitées; il ne demandait qu'à s'associer à l'Espagne par le travail, en défrichant des lieux déserts. Cette terre elle-même, moitié Afrique, moitié Europe, ces gorges sauvages, ces rochers tigrés de bruyère, ces paysages de Syrie qui enveloppent les plaines de Grenade, cette imitation, ce souvenir du désert jusqu'aux portes des villes, tout cela n'annonçait-il pas un lieu fait pour célébrer la réconciliation des races d'Ismaël et de Jacob? Malgré tant de signes, le peuple espagnol n'a jamais voulu admettre l'idée d'une alliance : il a déclaré que le catholicisme et l'islamisme ne peuvent respirer le même air. Avec un orgueil tout biblique, il a mieux aimé laisser une partie de la terre en friche que de la voir cultivée à son profit par des fils soumis de l'Islam, ne voulant des Orientaux ni pour amis ni pour sujets. Jusqu'au milieu des frimas de la Sierra-Nevada, il est allé chercher quelques restes de tribus pour les jeter à la mer.

L'année dernière, j'ai assisté à la fête où l'Andalousie célèbre la fuite du roi Boabdil. A entendre cette cloche de l'Alhambra qui faisait dès la veille éclater sa joie sur toute la plaine; à voir les multitudes qui, arrivant dès le soleil, couvraient les montagnes, et au bruit des instruments débordaient dans les galeries des rois maures, trépignaient d'enthousiasme dans la tour de la Captive, dans la salle des Abencerrages, sous les voûtes du Généralife, il semblait que la fuite des Maures datait d'hier, que l'Alhambra était au pillage, et que ces cris, ces danses, ces chants, cette ivresse de l'âme, étaient un nouveau défi jeté du fond du palais arabe au génie encore menaçant de l'islamisme.

Car c'est l'originalité de l'Espagne, qu'avec cette horreur sainte du génie arabe, elle ne peut s'en séparer. Elle l'a chassé il y a trois siècles : il est encore là, debout et vivant dans son cœur; elle le hait, et il court dans ses veines. Elle abhorre Mahomet; et son Dieu, tel qu'elle l'a fait, a toutes les passions, toutes les rancunes du dieu du Coran. Elle déteste l'Arabie, et l'Arabie s'attache à ses flancs comme une tunique.

Telle est donc la condition de ce peuple, pendant huit siècles, de haïr toujours le génie qu'elle imite et épouse à son insu. Si le peuple espagnol ouvre la bouche, dès son premier mot vous sentez qu'il a mêlé malgré lui le verbe de l'Afrique et le verbe de l'Europe. L'âme de l'Occident et celle de l'Orient se sont mariées, quoi qu'il ait fait, dans cette langue espagnole, qui est tout à la fois un écho de Rome et un écho de la Mecque. Veut-il se construire une église du Christ, il marie, dans Séville, la cathédrale gothique au minaret de la Mecque. Si je pénètre dans le sanctuaire, je vois, parmi les reliques, des têtes qui paraissent fraîchement coupées, comme on en rencontre au désert, auprès d'un champ de bataille. N'est-ce pas là le rite d'une communion africaine ? Célèbre-t-il une fête chrétienne, les taureaux s'élancent dans le cirque, avec les banderilles des Maures. Veut-il convertir le nouveau monde à l'Évangile, il emprunte à l'islamisme son cimeterre pour décapiter d'un seul coup toute la race américaine. Enfin, c'est surtout dans la poésie que cette alliance involontaire est profondément scellée. Au moment où Calderon rallume toutes les colères de l'Espagne contre le génie de l'islamisme, et se croit le plus chrétien, il s'élance à un mysticisme tout semblable à celui des poètes persans ou arabes; il célèbre le Christ avec une violence musulmane. Dans ses pièces consacrées aux auto-da-fé, n'est-il pas évident qu'il est plus près du génie du Coran que du génie de l'Évangile ? tant il est vrai que le caractère de l'Espagne est d'épouser malgré elle l'âme de l'Orient, et de se débattre incessamment contre ces noces odieuses. Première ébauche d'alliance dans l'imagination et le rêve ; mais il faut que d'autres achèvent l'ébauche, et que le rêve se consomme dans la réalité.

Une chose résulte de tout ce qui précède. Douze cents ans ont été donnés à l'Église du moyen âge pour trancher les difficultés de l'islamisme ; elle a été impuissante à les résoudre, n'ayant su ni exterminer ni ramener le monde oriental. Pourtant, l'Orient et l'Occident avaient, dans leurs luttes, un même but : avec la même violence, l'un et l'autre voulaient l'unité promise par les prophètes, qui sont le fondement de leur double loi. De plus, ils avaient le même ressort moral, la terreur. Que je regarde Mahomet ou Grégoire VII, je vois la même épouvante du dernier jour, le même tremblement précipiter deux mondes l'un contre l'autre ; ils se hâtent, parce qu'ils croient tous deux toucher à leur dernier instant ; des deux côtés, un ange d'effroi les pousse au même choc ; la même force se trouve paralysée par son contraire.

De cette impuissance de l'Église du moyen âge à fonder l'alliance des races humaines il faut bien qu'il sorte un enseignement. On ne peut y échapper ; il éclate de lui-même. C'est la nécessité de renoncer ou aux promesses de la Bible ou à la politique de l'Église, qui ne peut les accomplir. Je ne saurais garder l'une et l'autre : voilà qui est évident. Laquelle de ces deux choses abandonnerai-je, ou l'Ancien Testament, qui marque d'avance le traité de paix, ou l'Église du moyen âge, qui, lasse des croisades, ne peut plus faire ni la paix ni la guerre ? Encore une fois, c'est là en toute sincérité la situation.

Je ne puis balancer ; car les moments ont une grandeur qui n'a pas été surpassée depuis dix-huit siècles. La première explosion du christianisme a réconcilié la race germanique et la race romaine ; elle leur a donné la même conscience. Aujourd'hui, il s'agit de réconcilier des mondes plus séparés encore : le monde arabe, persan, indien, avec l'Europe.

Au fond, cette tâche sacrée parle au génie de tous les peuples d'Occident ; c'est pour cela que le paysan de Moscou veut toucher Constantinople, que l'Angleterre est à Pondichéry, qu'hier nous étions en Égypte, qu'aujourd'hui nous sommes à Alger. Dans ce vaste rendez-vous, il semble que ces trois peuples, comme les rois Mages, vont au-devant d'un grand inconnu, du berceau d'un droit nouveau qui doit tout apaiser. Lequel verra le premier l'étoile ? Celui qui s'élèvera le premier au-dessus de l'idéal du passé. La terreur catholique n'a rien pu contre la terreur musulmane ; l'enfer d'Occident s'est rué sur l'enfer d'Orient ; ils se sont désarmés l'un par l'autre. Après tant de combats, reste encore à assiéger l'islamisme par le principe qu'il ne possède pas. Il ne suffit plus de combattre du haut de l'Église catholique, il faut lutter du haut de l'esprit chrétien. Qui sait ce que pourrait sur l'Asie le Christ tout à coup reparaissant en réalité, au désert, dans l'esprit, dans la loi et les actions d'un grand peuple ?

Napoléon, en racontant la campagne d'Égypte, s'arrête à un fait qui donne en partie l'explication de sa puissance sur l'imagination orientale. Un jour qu'il était entouré du divan des grands cheiks, on l'informe que des Arabes viennent de tuer un fellah et d'enlever son troupeau ; il s'indigne ; il envoie trois cents cavaliers châtier les coupables. Étonné de cette sympathie pour un étranger et de ce grand nombre d'hommes qui s'ébranlent pour la cause d'un misérable, le cheik s'écrie : « Est-ce que ce fellah est ton parent, pour que tu te mettes tant en colère ? — Oui, répondit Napoléon ; tous ceux que je commande sont mes enfants. — Ah ! dit le cheik en se prosternant, tu parles là comme le Prophète ! » Ce fut un court moment où le génie musulman se sentit subjugué par le génie de l'Évangile. Qui fut cause que ces hommes du désert plièrent en cet instant devant le représentant de l'Europe ? une parole vraiment religieuse, réalisée par un bras puissant. Si Napoléon se fût contenté de disserter sur la charité, la solidarité prêchée par les apôtres, il n'eût rien appris aux Orientaux ; mais cette pensée de l'Évangile, éclatant spontanément dans une action, brillait pour eux comme un langage sacré. Étendez ce mot à la politique entière, vous avez le secret de la puissance future de l'Europe sur l'Orient.

Dans le fond, de quoi s'agit-il ? de prouver à l'Asie que l'esprit de Dieu s'est fait chair. Pour cela, je ne vois d'autre moyen que de lui montrer des pensées divines sous des actions humaines. Vous voulez convaincre l'Orient que la sagesse d'en haut s'est incarnée, il y a dix-huit cents ans ; faites mieux : prouvez-lui que cette sagesse, cet amour, ce paraclet attendu s'incarne, se révèle aujourd'hui même dans le monde sous la figure de la société européenne. Chaque époque, dit le Coran, a son livre ; montrez, non par des dissertations, mais par des actions, que le nouveau livre s'écrit chaque jour dans la vie sociale. Étalez, ouvrez, dans le désert, la France comme un grand livre, dont chaque ligne se réalise dans un fait, dans une justice plus haute, dans une œuvre plus puissante, dans une gloire plus splendide, dans une politique plus sainte ; ce moyen est le seul qui puisse faire pâlir, à la longue, les lettres étincelantes du Coran. Les croisés ne cherchaient que le tombeau du Christ ; les musulmans, en restant possesseurs du sépulcre, ont pensé rester maîtres du Dieu. Montrez qu'il n'a plus besoin de tombeau, puisqu'il est ressuscité, et qu'il revient lui-même s'asseoir en esprit à l'entrée du désert.

A l'autre extrémité de l'Orient, l'Angleterre pèse de son côté sur l'islamisme. Par une fatalité extraordinaire, elle sent sa prise lui échapper, à mesure qu'elle-même devient plus puissante. Les enfants anglais, nés sur le territoire de l'Inde [1], meurent, presque sans exception, avant d'atteindre l'âge d'hommes. Cette terre les dévore ; d'où il suit qu'une Inde véritablement anglaise est une chose que l'on commence à reconnaître impossible. L'Angleterre, occupée d'arracher à l'Inde son trésor, comme autrefois l'Espagne à l'Amérique, ne peut pas même songer à montrer l'esprit chrétien à l'Orient. Il en faut dire autant de la Russie, qui n'agit que par la force physique, ou par la convoitise, sur le mahométisme du Bosphore. Dans ces circonstances, la France seule semble appelée à une conquête encore plus intellectuelle que matérielle. Elle donne, elle ne reçoit rien ; elle laisse la terre, elle s'occupe de l'homme. On dirait jusqu'à ce jour qu'elle n'a voulu rien conquérir que l'âme et l'esprit des Arabes.

Ainsi, dans ce dernier choc moral avec l'islamisme, c'est encore au cœur de la France que se

---

[1] V. l'*Inde sous la domination anglaise*, par le baron Barchou de Penhoen, p. 178. *Enquête de la chambre des lords;* voyez p. 54-55.

prépare la vraie croisade. Vainement, on oppose à une religion étrangère un front de soldats intrépides ; il faut que derrière les rangs l'islamisme sente l'action continue de l'âme d'un grand peuple. Ne croyez pas que les déserts soient sourds ; ils entendent ce que nous disons ; ils savent si notre pensée est bien ou mal trempée dans notre sein. L'Afrique entend le bruit même des rêves de notre peuple.

Ce reste de puissance des musulmans vient de ce qu'ils sont abrités dans l'idée de Dieu, comme en une citadelle imprenable. L'Occident, bien souvent, s'est arrêté au niveau du prêtre. Hâtons-nous de remonter plus haut. Tout Arabe est prêtre de la guerre ; tout Européen doit devenir prêtre de l'alliance.

Qui sait combien d'années sont nécessaires avant que notre France musulmane puisse se suffire à elle-même ? Pendant cet intervalle, il faut que la France fasse la charité à l'Afrique ; position toute morale auprès des peuples de Mahomet. Les voilà placés sous notre tutelle ; et nous sommes dans cette obligation nouvelle de nourrir notre conquête de notre pain et de notre âme. Nos vaisseaux portent à l'Afrique le froment de notre terre ; mais nos pensées, le pur travail de notre esprit, arriveront par des chemins plus rapides.

Continuons donc de nous élever, pour dominer

la mêlée des guerres sacrées. Achevons tous ensemble le travail commencé de la vie nouvelle, puisqu'elle doit non seulement fortifier la France, mais encore se communiquer tôt ou tard au génie éteint des races du désert. Si, au fond de ces ruines, de ces peuples, de ces religions tombées, il reste la moindre étincelle morale, la France est envoyée pour la faire éclater. Il faut que nous ayons assez de vie pour résister deux fois à la mort, dans Rome et dans la Mecque.

NEUVIÈME LEÇON

LES PRÉCURSEURS DE LA RÉFORMATION

Avertissement à l'Église. — Le schisme grec ; la diplomatie introduite dans le dogme. — La Renaissance : une réconciliation de la Grèce et de l'Italie, par l'intervention non de l'Église mais de l'art. — Les Albigeois. Saint Dominique. — L'inquisition espagnole : une pensée du Coran, sous une forme chrétienne. — La réformation chez les poètes du Midi, chez les docteurs. — Le pape et le concile se renversent l'un par l'autre. — Une nouvelle autorité paraît : Jean Huss. — *L'Imitation de Jésus-Christ* : le livre d'alliance entre les protestants et les catholiques. — Il ouvre une ère nouvelle. — Le Dieu et l'homme conversent sans le prêtre. — Dernière épreuve. Jeanne d'Arc ; la puissance de l'âme s'appelle sorcellerie. — — Légitimité de la réformation.

Les temps dont nous avons à parler se rapprochent des nôtres ; le sol devient de plus en plus vivant sous nos pas. Désormais nous ne rencontrerons plus dans le monde de l'Esprit un seul événement qui ne nous touche par quelque point. Continuons donc immuablement de nous maintenir dans cette religion élevée où nous voyons se former les idées des peuples, leur génie, leur destinée et leurs orages. Nous cherchons la vérité, la beauté, la liberté morale ; que nous importe le reste ! Songeons seulement à rester conformes à nous-mêmes. Au milieu de tant d'époques que nous traversons, de tant d'hommes, de livres, c'est l'unité inflexible de notre esprit qui doit marquer surtout l'unité de notre sujet.

Rien ne prouve mieux l'instabilité de l'homme que les révolutions religieuses ; il semble que, dans son cœur mobile, Dieu même devienne mobile et changeant comme lui.

Jusqu'ici nous avons vu l'Église catholique et romaine absorber la chrétienté : reste à voir, par un mouvement opposé, ce flot diminuer et se retirer. Précédemment, les chutes mêmes du Saint-Siége témoignaient de sa force ; à l'issue de chaque chose j'apercevais Grégoire VII. Désormais l'éclat même cache un danger ; à l'extrémité de tout, j'entrevois Luther. Je cherche où a commencé le premier présage de la réforme ; mais, comme l'obéissance est antique, la révolte l'est aussi. A peine les cathédrales sont-elles achevées, qu'une force inconnue commence à les miner.

Si jamais un pouvoir a été longtemps averti d'avance qu'une révolution se prépare, grandit, approche, c'est celui de l'Église. Avant que cette révolution aille éclater dans le Nord, elle s'annonce lentement dans le Midi ; elle passe sous le Vatican ; elle se cache à elle-même sous mille formes; elle essaie tous les langages, prière, menace, poésie, science, héroïsme, martyre. Il n'est personne au quinzième siècle qui ne sente la nécessité d'une réforme; personne, excepté celui-là seul qui peut la consommer. Des conciles se rassemblent de toute la chrétienté pour choisir le pape novateur. Ils nomment celui qui paraît le plus avide d'avenir. Le voilà enfin sur le Saint-Siège, l'homme qui, d'un mot, va détruire le schisme en le prévenant. A peine entré dans le Vatican, tout change de figure à ses yeux. Le danger disparaît pour lui; ce qu'il condamnait, il l'approuve : on l'a nommé pour qu'il accomplisse les changements et qu'il abdique. Son serment a été solennel; il l'oublie; nulle prière ne peut l'y ramener. Le réformateur devient incontinent conservateur.

Vous parlez de l'aveuglement des rois dont Dieu veut abréger le règne, de Louis XV que les présages de la Révolution française n'empêchent pas de dormir. Mais que dirai-je du prêtre des prêtres, quand son propre Dieu l'amuse, l'enchaîne et le conduit tout endormi, pendant deux siècles, jusque sous l'anathème de Luther! C'est le spectacle auquel il faut que nous assistions aujourd'hui.

Le premier avertissement donné à l'Église romaine a été éclatant; on l'appelle le schisme grec. Dès le neuvième siècle, il faut renoncer à l'unité que l'on avait promise. Car il ne s'agit pas d'une révolte obscure ; c'est toute une civilisation, la sœur aînée de l'Italie, la Grèce entière avec sa renommée, qui refuse de reconnaître la supériorité de l'évêque romain. La Grèce et l'Italie avaient formé une même unité religieuse dans l'antiquité ; elles se séparent dans l'époque d'alliance. Le Panthéon païen les avait conciliées, le Vatican catholique les divise.

Si vous entrez au fond de ce schisme, vous trouvez, de la part des Grecs, cette pensée obstinée qu'ils ont travaillé plus que personne à constituer le dogme, et qu'ils ne veulent déférer à aucun autre la pleine autorité sur ce qui est en grande partie leur œuvre. Révolte de l'orgueil, au moins autant que de la conscience ! Il est certain que toute la terre de Grèce se soulevait à l'idée que sa langue, son génie, disparaîtraient devant la parole et l'autorité de l'Italie. Athènes, toute convertie qu'elle était, ne put descendre à cette humilité ; les villes d'Homère, qui avaient nourri tant de martyrs, n'allèrent pas jusqu'à se flageller dans leur gloire passée.

Je l'avoue volontiers : plus je considère ce fameux schisme du neuvième siècle, moins je peux y trouver l'explosion d'une pensée impétueuse, d'une conviction spontanée, qui s'élance sans calcul. Il me semble que la Grèce cherche elle-même une occasion de rupture, qu'elle essaie pendant plusieurs siècles, avec un rare esprit de politique, sur quel sujet elle pourra se brouiller avec les Latins sans se compromettre avec le ciel. A la fin elle y réussit; mais ces schismes volontaires, où la diplomatie entre de moitié, font des docteurs, non des martyrs; des Photius, non des Luthers.

De cet esprit de calcul, mis dans le dogme à la place de l'inspiration spontanée, il ne me serait pas difficile de déduire toutes les destinées de l'Église grecque. Combien de fois, en parcourant la Morée, l'Attique, les Cyclades, je me suis obstiné vainement à chercher la Grèce moderne! Où était-elle? qu'avait-elle fait pendant cinq siècles? Au temps que Dante écrivait en Italie, quel poème avait-elle composé? où étaient ses basiliques, ses monuments écrits? Je m'obstinais à les chercher de vallée en vallée; et la chimère de la Grèce byzantine me fuyait à chaque pas. Dans Messène, Corinthe, Argos, Athènes, je trouvais quelques chapelles décrépites, formées de tronçons païens, véritables plagiats de marbre au pied des temples de Jupiter panhellénien. Le Christ semblait le vaincu, Jupiter le vainqueur. Où était l'écho de saint Basile et de saint Chrysostome? Depuis des siècles, les cigales seules emplissaient de leur voix l'Église déserte.

Ne connaissant pas la vraie raison de cette misère, j'accusais la nature d'être trop sensuelle, la mer trop païenne; plus tard, j'ai compris la vraie cause de ce qui n'était alors pour moi qu'un étonnement. La Grèce a fait un schisme, elle n'a pas eu l'audace de faire une révolution; elle a osé assez pour se séparer, trop peu pour créer une époque nouvelle. Son enseignement est fait pour servir à toute la terre; elle a voulu rompre avec Rome, sans substituer une pensée plus vaste que celle de Rome. Contente de vivre à l'écart, ne pensant qu'à soi, elle a cru qu'il suffisait de se brouiller avec le reste du monde, que c'était là un assez beau projet, qu'elle n'était pas chargée de créer un nouveau foyer de vie pour les autres. Elle a porté dans la religion l'égoïsme politique, et c'est là ce qui l'a perdue. Après avoir fait un pas, le cœur lui a manqué pour continuer; elle s'est cachée dans ses illustres murailles, et sa prudence s'est retournée contre elle.

Constantinople est tombée le jour où, après s'être séparée de Rome, elle n'a pas eu l'ambition de devenir à sa place la capitale et l'âme de l'univers chrétien. De ce moment, on a vu que sa destinée était finie; elle l'a senti elle-même. A quoi bon cette immense cité, dont le cœur est si petit! elle se replie, elle se retire, elle se tait; vous n'entendrez plus parler d'elle que pour apprendre sa ruine.

Si la Grèce est restée inerte, d'autre part tous les efforts de l'Église romaine pour l'envelopper ont été inutiles. Le sentiment de cette incapacité désespérait Grégoire VII ; il l'avoue dans ses lettres. Au milieu du quinzième siècle, le dernier effort fut tenté dans le concile de Florence ; j'ai déjà dit combien il fut inutile. Voilà donc la Grèce et l'Italie brouillées sans aucun espoir de réconciliation. Mais ce qui a été impossible à l'Église et aux prêtres, l'art l'a consommé. Ce ne sont pas les prêtres qui ont répondu à la question d'alliance posée par le concile, ce sont les artistes ; dans ce peu de mots est toute l'explication du génie de la renaissance.

L'œuvre qui a été au-dessus du pape et du concile, Raphaël et Michel-Ange l'accomplissent. Ils unissent l'âme d'Athènes à l'âme de Rome chrétienne. Vous ne distinguez plus l'une de l'autre, dans ces miracles de l'art nouveau. Oui, la Grèce et l'Italie, qu'une théologie inférieure divisait encore, commencent à se réconcilier dans un art plus élevé ; elles vivent, elles respirent ensemble, elles sont éternellement inséparables dans les monuments de ces grands hommes. Les figures qu'ils tracent sur les murailles du Vatican ne sont pas des caprices d'imagination. Emblèmes de l'alliance future, ces formes donnent un corps au rêve que la papauté tenait déjà pour impossible.

Tel est le premier acte du schisme. L'Église romaine s'endurcit; et voici aussitôt qu'un autre avertissement commence ; il vient des Alpes et de la Provence.

Rien ne ressemble moins à la révolte de la Grèce ; les docteurs ni les théories savantes ne sont pour rien dans cet éclat. Des peuplades misérables, des noms nouveaux, les Vaudois, les Albigeois, des prières dans les montagnes, le culte ramené, dit-on, à la croix de bois, une vague plainte sortie du cœur, voilà tout ce que l'on apprend sur cette Église nouvelle. Il sera aisé de l'étouffer, sans doute; en effet, cette âme de colère que le catholicisme vient de puiser dans le Coran, il la déchaîne contre les Albigeois. Saint Dominique apporte avec lui la parole de l'Espagne ; cette parole se change aussitôt en glaive.

Qu'est-ce que l'inquisition, si ce n'est un esprit de guerre, un génie tout musulman, qui s'enveloppe des dehors chrétiens? Cacher le cimeterre arabe dans l'Évangile, voilà le secret du Saint-Office de l'Espagne et des frères prêcheurs. Sous cette nouvelle forme, le catholicisme et l'islamisme s'unissent à leur insu pour écraser, chez les Albigeois, les obscurs précurseurs de la réforme. Il n'en fallait pas tant. Le génie précoce de la Provence est anéanti; on arrache à cette société sa langue ; il se fait un rapide auto-da-fé d'une civilisation trop hardie. Tout disparaît, son génie, sa gloire prématurée; son hérésie, son péché, restent un mystère.

Il semble que l'on ne pouvait faire davantage pour dissiper ce premier germe d'indépendance; et cependant quelque chose a été oublié : car voici ce qui arrive. Cette société avait une foule de poètes; la plupart se tournent contre les violences de l'Église : ils parlent avec un accent de fierté que l'on ne connaissait pas encore, en sorte que la poésie moderne naît dans ce que l'on appelle l'hérésie. La voix de ces hommes est perçante, elle traverse les Alpes; ce qu'il y a d'étonnant, cet accent de reproche, d'invective, devient en moins d'un siècle le ton dominant des poètes en Italie; ils se chargent des funérailles de la Provence.

Étranges papistes que Dante, Pétrarque, Boccace! où est l'outrage qu'ils n'adressent à l'Église! Dans cette grave Espagne, l'un des monuments les plus antiques de sa poésie est celui de l'archiprêtre de Hita, une parodie du culte et des ordres catholiques. Qu'est-ce que tout cela, sinon la Réforme elle-même, s'agitant, se montrant, s'annonçant sous les formes de l'art? mais on ne la reconnaît pas. On pense que ces hommes se divertissent à imaginer des chimères. Le moyen de croire que ces menaces se réalisent? L'Église elle-même s'amuse de ces signes; assise à son banquet de Balthazar, elle ne s'inquiète pas de ce qui s'écrit sur la muraille ; alors le danger se rapproche d'un pas, et l'avertissement devient aussi clair que possible.

Les poètes n'ont pas été entendus, les docteurs vont parler. Ce que disaient, dans le langage de l'inspiration, les Dante et les Pétrarque, sera répété, expliqué, sous les formes de la logique, par les maîtres de la science, les Pierre d'Ailly, les Clémangis, les Gerson. Ils démontrent qu'en suivant le chemin où elle est l'Église marche à sa ruine ; ils se servent d'un langage rigoureux pour prouver scientifiquement la dégradation morale de l'ordre du clergé. L'imminence du péril fait que personne ne songe à dissimuler le mal ; loin de là, j'admettrai, si l'on veut, que la peur l'exagère.

Au reste, le signe distinct de ces cahiers des notables de la chrétienté, au quinzième siècle, est la tristesse dont ils sont pleins, le manque d'espérance, la fatalité qui couvre l'avenir. Pour la première fois, vous entendez prononcer le nom de *Réforme;* il revient à chaque instant dans la bouche de ces hommes ; mais ce mot, dont ils n'entrevoient qu'à demi le sens, ne provoque pas chez eux l'espoir d'un ordre nouveau. Ils voudraient rentrer, se cloîtrer dans le passé ; le présent leur est insupportable, l'avenir les épouvante. Derniers témoins du moyen âge, ils souffrent de tous les maux des précurseurs, ne pouvant s'avouer clairement à eux-mêmes ni ce qu'ils repoussent, ni ce qu'ils désirent, ni ce qu'ils espèrent.

Pendant que ces esprits, par leurs souffrances mêmes, sont le plus grand signe de péril, que devient la papauté? Nous avons parlé impartialement de son époque de grandeur, nous avons le droit de parler de ce qui ressemble à sa ruine. Figurez-vous cette reine de l'unité, devenant, par une ironie d'en haut, la figure de la division. Le plus souvent, il y a tout ensemble trois papes : chacun a son conclave, ses conciles, son saint-siége, sa chrétienté ; ces papes se poursuivent, s'interdisent, se foudroient mutuellement; ils ne peuvent s'anéantir ; ils renaissent les uns des autres comme le serpent de l'Apocalypse, en sorte que ce qui avait été institué pour représenter l'unité immuable en est venu à représenter l'anarchie impossible, monstrueuse ; un même corps armé de trois têtes qui se dévorent.

Or ce spectacle ne dure pas un moment ; il est donné pendant soixante-dix ans à toute l'Europe. Peu s'en faut que cette figure apocalyptique du désordre ne réussisse à s'éterniser ; car le vertige de la papauté devient contagieux, il gagne la société temporelle. Je ne parle pas seulement de Charles VI, de Venceslas, de ces fous couronnés qui portent dans la royauté le désordre d'esprit du Saint-Siége. Il est certain que chaque nation de la chrétienté, prise à son tour de folie, se déchire elle-même à l'imitation [1] de la papauté ; chaque peuple se donne alors plusieurs têtes. Il y a, au même moment, cinq rois d'Aragon, trois rois de Naples, deux rois de France, deux rois d'Angleterre, deux empereurs d'Allemagne.

Si de l'ordre politique on arrive à l'ordre moral, on voit que, dans le fond du cœur, chaque homme, au commencement du quinzième siècle, est lui-même partagé comme le chef de l'Église. Le type d'anarchie qu'intronisent les papes avec éclat se réalise fidèlement au fond de l'âme la plus cachée. Cela était nécessaire. Pour que la papauté pût être légitimement combattue au seizième siècle, il fallait, d'une part, qu'elle fût sourde aux avertissements les plus clairs, et que, de l'autre, elle créât elle-même, au fond des esprits, le principe qui devait la frapper.

Ce n'est pas encore assez ; ce reste monstrueux de papauté peut se défendre ; le nom de Grégoire VII en couvre les lambeaux. Il est temps que l'Église elle-même commence à le ruiner en montrant un pouvoir supérieur à celui du Saint-Siége. Ce fut l'œuvre des conciles de Pise et de Constance.

---

[1] Cela avait déjà frappé, au temps de Philippe II, le grand sens de l'historien Zurita. « En lugar del unico pastor y universal, avia tres, y en el poderio temporal del, nunca se passò tanto peligro, etc. » Voy. *Anales de la Corona de Aragon*, t. II, p. 458.

On vit alors clairement combien la blessure de l'Église était profonde, puisqu'à peine on osait y toucher. Ces assemblées se donnent un grand travail pour se démontrer que la source de l'autorité, la souveraineté plénière vient d'elles, que le Pape n'est que leur délégué. Elles le traînent à leur barre; en le destituant elles décapitent le catholicisme. Une œuvre commencée si audacieusement va sans doute se poursuivre. Mais non ; à peine ces assemblées se sont-elles prouvé à elles-mêmes leur puissance, elles en sont effrayées. Leur responsabilité les accable, elles ne songent qu'à se démettre. Quand le monde attend une constitution nouvelle de la religion, c'est à peine si elles tracent à la hâte quelques articles sans vie. Chacun des membres, impatient d'en finir, demande la *paix,* la *paix,* triste mot d'ordre du concile de Constance. Mais cette panique de l'esprit n'amènera qu'une trêve; on ne guérit pas les maux que l'on n'ose pas regarder en face.

Qu'a donc aperçu le concile, pour être saisi de cette terreur? Il a vu paraître devant lui deux hommes, Jean Huss et Jérôme de Prague, qui déconcertent toutes ses combinaisons; ces deux accusés sont auprès de lui, à beaucoup d'égards, les messagers de l'avenir.

Ne croyez pas, en effet, que Jean Huss ait été brûlé pour une idée particulière; sa cause était beaucoup plus grande. Il avait les mêmes croyances que le Concile; il rejetait, il approuvait les mêmes doctrines ; et cependant il a été brûlé vif ; pourquoi cela? Le voici : on ne demandait de lui qu'une seule chose, de s'abandonner à l'assemblée, c'est-à-dire d'en reconnaître la pleine et entière infaillibilité. Ce mot aurait pu le sauver, et il n'a pas voulu le prononcer; il a mieux aimé mourir. Car ce peu qu'on exigeait de lui était l'abdication de sa conscience individuelle, l'abjuration de l'avenir. L'assemblée croyait avoir fait beaucoup en déplaçant le siége de l'infaillibilité, pour le transporter du Pape au Concile ; et voici un inconnu, Jean Huss, qui, représentant un nouveau pouvoir, l'avénement de la conscience individuelle, ne reconnaît la dictature ni de l'un ni de l'autre. Le Concile, qui se faisait souverain, après avoir détrôné le Pape, se trouve lui même détrôné par la simple parole de cet homme qui le nie; on ne pouvait le laisser vivre [1].

Entre l'assemblée et Jean Huss, c'est une question de pouvoir, de souveraineté. L'individu disparaîtra-t-il, abdiquera-t-il devant le Concile, comme il disparaissait devant le Pape ? Le monde ne veut-il qu'un changement de forme dans la dictature, ou bien la dictature a-t-elle cessé dans le

---

[1] Il fallait qu'il mourût, dit Luther. *Ipsum perire necesse erat.*

royaume de l'esprit? Est-ce une réforme, est-ce une révolution qui se prépare?

L'héroïsme de Jean Huss montra ce que l'on soupçonnait à peine, qu'il venait de naître dans le monde moral une puissance invincible au Pape et au Concile. L'assemblée sentit qu'elle s'était brisée pour toujours contre une autorité nouvelle ; le pouvoir qu'elle avait pris au Pape, Jean Huss le lui enlevait à elle-même. Il ne resta véritablement debout que le droit et la conscience de cet homme qu'on allait livrer au bûcher.

Depuis ce moment ces assemblées perdirent tout instinct novateur ; elles avaient cru oser beaucoup ; elles venaient d'apprendre qu'une révolution commençait là où elles ne voulaient qu'une transaction. Avant de se séparer, on jeta dans le Rhin les cendres tièdes de Jean Huss et de Jérôme de Prague ; le Rhin les rejeta sur sa rive ; de ce limon naquit Luther.

Ainsi la vieille Église se brise par ses propres mains ; la réformation n'est pas encore. Moment indicible de douleur et d'attente! l'âme humaine reste à nu. De tous ces sentiments se forme en silence un livre unique au monde, l'*Imitation de Jésus-Christ*. Seul des ouvrages du moyen âge, il va également au cœur du catholique et au cœur du protestant. Car, dans le moment où l'Église et le pape sont, pour ainsi dire, absents, l'âme chrétienne en profite pour parler à cœur ouvert sans intermédiaire au Dieu chrétien ; c'est une conversation privée, intime, aux confins de deux mondes, entre le Dieu et le croyant de l'Évangile. Le sacerdoce, les traditions, la science accumulée des docteurs, tout ce que les siècles avaient amassé d'extérieur s'est englouti dans l'abîme ; une époque a disparu. Il reste dans l'infini un cœur qui s'ouvre et qui crie.

Au fond, l'histoire de la religion se divise en trois époques. Dans la première, le peuple n'ose écouter la parole de Dieu ; il veut qu'elle lui soit transmise par un intermédiaire. Rappelez-vous les Juifs disant à Jéhovah : Parle à Moïse ; ne nous parle pas à nous-mêmes, de peur que nous ne mourions au bruit de ta voix. Dans la catholicité du moyen âge, la même peur saisit les peuples, et c'est l'Église qui s'interpose entre leur conscience et le discours d'en haut. Ces peuples serfs n'osent ouvrir leurs oreilles au langage du ciel ; ils ont peur d'entendre une voix de tonnerre qui les brise ; le prêtre est chargé de leur en renvoyer seulement un écho affaibli. La grandeur du livre de l'*Imitation de Jésus-Christ* est de mettre fin à ces époques.

Ni Moïse, ni l'Église, ni les saints, ni les prophètes, ne paraissent plus, ne s'élèvent plus pour servir de médiateur. L'âme humaine est émancipée. Qu'a-t-elle besoin de charger de sa prière un prêtre ou un docteur? elle s'élance, elle la porte elle-même directement sans la protection des hiérarchies célestes. Ce n'est pas non plus le monologue d'Allah, qui ne souffre pas d'interruption ; c'est un dialogue suivi entre le Créateur et la créature. Ils se trouvent, ils se rencontrent face à face dans les ruines de l'Église. D'un côté, le Christ du moyen âge descend de sa croix sanglante et s'incline vers la terre ; de l'autre, l'âme solitaire, le cœur du peuple se relève de la poussière ; le Dieu et l'homme font chacun un pas l'un vers l'autre. Ils ne se connaissaient plus, ne se parlaient plus que par ambassadeur ; toujours un tiers avait surgi entre eux. Voilà, au contraire, qu'ils se retrouvent comme dans l'intimité de l'Éden ; l'homme, chargé d'années, de douleurs, raconte sa longue vie à celui qu'il n'a plus entrevu depuis les scènes de la Genèse. L'ancienne conversation sous l'arbre de la science du bien et du mal est reprise après six mille années, à la porte de l'Église. Solitude, effusions, confidences rapides, au moment où le prêtre en se retirant laisse le Dieu et l'homme se toucher, se pénétrer, s'expliquer, l'un à l'autre sans témoin.

Qui ne voit que le charme pénétrant de ce livre naît de cette intimité même après tant de paroles officielles mises dans la bouche de l'Église?

L'homme devient à lui-même son prêtre; il est directement enseigné, ordonné baptisé de la vie nouvelle par son Dieu, qui est en même temps son docteur, son directeur, son confesseur. Ne sentez-vous pas que toute une révolution est cachée dans ce livre? Pour moi, je ne puis m'empêcher d'y reconnaître le souffle précurseur d'une ère nouvelle. Le génie de la réformation dans sa source la plus pure y est mêlé à l'obéissance antique. Que dira de plus le protestantisme contre le culte extérieur, les images, le joug stérile de la tradition? Comment fera-t-il pour mieux célébrer les rites du cœur?

N'est-il pas extraordinaire qu'il y ait dans le monde un livre qui fasse goûter au catholique l'esprit de la réforme sans la révolte, au protestant l'esprit du catholicisme sans la servitude? Ce livre unit ceux que tous les autres séparent; chacun y voit son rite et son Église : c'est le livre d'alliance au milieu de la guerre.

J'ai longtemps cherché à mon tour quel en est l'auteur; je serais malheureux de l'avoir découvert, car il me semble qu'il y a quelque sens dans ce mystère. Au quinzième siècle, quand l'Europe va se déchirer en plusieurs sectes, un livre religieux est jeté dans le monde; on ne sait d'où il vient; mais chacun prétend l'avoir écrit. La France, l'Allemagne, l'Italie, y reconnaissent si bien le fond de leur pensée, que toutes déclarent en être l'auteur. Ces peuples vont se poignarder pendant deux siècles pour des Églises différentes ; en attendant, ils s'attribuent chacun la composition du même livre, c'est-à-dire le même idéal ; ils protestent, en quelque sorte, par là, contre leurs propres fureurs. L'identité de la conscience moderne peut-elle être plus manifeste ? ce livre est une promesse de réconciliation, à la veille de la bataille.

Dans les époques antérieures, les livres sacrés portaient le nom d'un homme et le sceau d'une l'Église ; mais l'ouvrage sacré qui ouvre les temps modernes n'appartient à personne en particulier. Il ne porte le nom d'aucun prophète, d'aucun prêtre, et même d'aucun peuple. Il n'a reçu le sceau d'aucun clergé ! il appartient à tous. N'en cherchez plus l'auteur ; ce n'est pas l'œuvre de Gerson, ni d'A'Kempis, ni de l'Église de Rome ou de Byzance ; c'est le fruit mystérieux des entrailles de l'humanité nouvelle.

Ainsi voilà un signe qui s'ajoute à tous les autres. Le monument chrétien le plus visiblement inspiré depuis l'Évangile, celui qui vient couronner la tradition, s'achève à l'insu de l'Église. Elle ne peut dire qui l'a reçu, quel homme, quel peuple ; tout cela lui demeure parfaitement étranger. Cette conversation divine, entre son Dieu et l'inconnu, s'est fait entendre sous son ombre, et elle n'a rien entendu ; elle ignore de qui l'on veut parler. Il est vrai qu'elle n'est pas embarrassée de classer les révélations des morts, elle sait précisément à quel homme, à quel temps il faut rapporter les proverbes de Salomon, l'Apocalypse, la moindre des épîtres. Mais, à l'égard de cette parole encore tiède du christianisme vivant, ne lui demandez rien, elle n'a pas été mise dans le secret. Tout ce qu'elle peut dire, c'est qu'à un certain jour un livre saint a été trouvé; au reste, ce n'est pas elle qui l'a écrit; il n'a pas passé par ses mains; et que disons-nous de plus, quand nous prétendons qu'elle a cessé d'être l'interprète et la confidente unique du Dieu vivant?

Il restait une dernière épreuve à lui faire subir, et la plus grande de toutes, afin de savoir si, en perdant la trace des saints livres, elle a perdu aussi le sens des actions inspirées. L'histoire de Jeanne d'Arc servira à cette épreuve; l'Église reverra de ses yeux la merveille des apôtres, et ne la reconnaîtra pas. Ce qu'elle célèbre avec érudition dans les livres, elle le rencontrera dans la vie, et elle le maudira. Une parole qui transfigure une bergère, comme autrefois les pêcheurs de Galilée, les miracles retrouvés de l'âme, la force qui attirait les disciples, l'impuissance devenant invincible, tout un nouveau chapitre de l'Évangile se montre à l'Église, en chair, en vérité; et, dans ces prodiges de l'esprit qui surmontent la nature, elle ne rêve que magie. Elle ne peut croire que l'âme toute seule émousse les épées. Ce qu'elle consent à glorifier dans ses cérémonies, dans les psaumes, dans le traité des Machabées, venant tout à coup à paraître vivant et présent, elle l'appelle vision, hallucination, sortilége. Quand les tisons s'allument, que l'esprit va être de nouveau crucifié, elle ne pousse pas un cri, elle ne déchire pas son voile; au contraire, elle aide au bûcher. Sur ce nouveau calvaire de cette nouvelle Passion, elle ne voit que sorcellerie. Alors les épreuves furent consommées; il fut décidé que cette Église devait être frappée, que la France, ni le monde, ne lui appartiendraient désormais sans partage.

Vous le voyez, une longue patience a été exercée envers l'Église; l'orage n'est pas arrivé à l'improviste. Avant de se séparer, l'esprit de vie a frappé maintes fois à la porte, et la porte ne s'est pas ouverte. L'âme ayant essayé vainement de toutes les voies pour rentrer dans l'enceinte de l'orthodoxie romaine, un changement était absolument inévitable, et il ne pouvait venir d'aucune des autorités constituées du catholicisme. Comment serait-il parti du Pape, lui qui avait pendant soixante-dix ans représenté l'anarchie au lieu de l'unité, et qui avait été désarmé par le Concile? comment la réforme serait-elle venue du Concile, lui qui n'avait rien osé faire, et qui s'était en toute hâte absorbé dans cette ombre de pape qu'il venait de créer? Le Concile et le Pape s'étant ainsi dépossédés l'un par l'autre, que restait-il? une révolution nécessaire.

L'autorité ancienne s'était elle-même détruite; le trône visible de Dieu restait vide; qui viendra l'occuper? Un pouvoir nouveau, qui n'a encore été usé par aucune concession, celui qu'a montré Jean Huss, la conscience de l'homme mise à la place de la conscience du clergé; et ce ne sera pas usurpation, puisque l'Église, en se frappant, semblait être elle-même dans la conspiration.

Si la Réformation eût éclaté plus tôt, on eût pu l'appeler révolte, hérésie, car les places étaient prises et occupées par le Pape ou le Concile. Mais, à l'heure où elle arrive, tous deux, s'étant brisés l'un par l'autre, ont besoin d'un héritier, le Pape était dépossédé longtemps avant que Luther parût; il restait à remplir, non à usurper le siége de l'esprit : cela fait tout ensemble la légitimité de la réformation et de la Révolution française.

A quoi ont servi tant de bûchers, ceux de Jean Huss, de Jérôme de Prague, de Savonarole, de Jeanne d'Arc, qu'à allumer la pure flamme de l'avenir! Ceux qui jetaient ces cendres au vent semaient un siècle nouveau.

Nous nous plaignons aujourd'hui, si, par hasard, les hommes du passé essaient de faire une plaie cuisante à notre cœur : nous nous plaignons, et nous devrions nous réjouir. Car c'est par la violence de ce dernier assaut du passé que nous devons mesurer l'essor de l'avenir. Le quinzième siècle enfante avec douleur la Réforme : et nous, de cette nuit dans laquelle on voudrait nous replonger, croyons-nous qu'il ne doit rien sortir? Nuit sans ténèbres! Ne nous attristons pas si toute l'Europe fermente; il doit arriver que pas un peuple, pas une ville, pas un hameau, ne reste étranger à cet enfantement de la vie universelle.

Mais c'est là un spectacle douloureux, honteux pour la raison de l'homme ! — Et depuis quand a-t-il fait un pas sans le payer de quelque ennui? La naissance d'un ordre nouveau se fera-t-elle aujourd'hui sans souffrance? Le siècle qui s'approche, en arrivant au monde ne jettera-t-il pas aussi, comme tous les nouveaux-nés, son cri de douleur ? Non, cela ne se peut; nous n'échapperons pas à la loi de tous les temps précurseurs. Plus les hommes pensent nous rengager en arrière, plus nous sommes entraînés en avant par une force supérieure ; nos déchirements feront la paix de ceux qui viendront après nous.

DIXIÈME LEÇON

LA RÉFORMATION.

Luther brise l'Église en la comparant à son idéal. — Comment chez les réformateurs l'esprit de servitude et l'esprit de liberté se concilient. — La réforme n'est-elle que négative ? — Première pierre de fondation du monde moderne. — Un nouveau degré dans le monde de l'âme. — Causes de la tristesse du protestantisme. — L'homme ne peut plus accuser que lui-même. — La réforme et la Révolution française. — Condition actuelle du protestantisme. Si la Bible était enlevée à l'homme, serait-ce la fin des choses ?

La réformation suscite le plus souvent contre elle les croyants et les sceptiques; les uns l'accusent de révolte, les autres de timidité. Lorsque les philosophes veulent se donner pour un moment le plaisir de l'orthodoxie, ils foudroient à leur tour le schisme qui a brisé l'unité du monde moderne. Je ne les imiterai pas en cela; et, d'autre part, pour que personne ne se méprenne sur ma pensée, je dirai, tout d'abord, que je ne suis pas protestant, et que je ne suppose pas que notre pays soit appelé à le devenir.

Rien de plus saisissant dans l'histoire que la manière dont est frappée l'Église au seizième siècle ; elle se bâtit son monument de triomphe dans Saint-Pierre ; elle s'orne d'avance pour un jubilé. Quelle est donc la fête qui se prépare? Les plus grands artistes du monde travaillent jour et nuit pour cette grande journée. Avec une sérénité sublime, Raphaël décore les salles du Vatican pour des noces éternelles. Michel-Ange, dans le dôme de Saint-Pierre, met la tiare sur le front de l'Église visible ; tout est prêt. Qu'eussent fait alors ces hommes, si quelqu'un leur eût dit : « Laissez là cette pompe ; l'Église que vous venez de parer pour un siècle de fêtes va être déchirée ; la moitié du monde est au moment de lui échapper ; un pauvre moine lui ôtera en peu de jours plusieurs peuples ; vous la faites triomphante, il fallait au contraire la revêtir de deuil. » Sans doute ils n'eussent pas cru ces paroles ; mais leurs œuvres devaient rester et sourire éternellement comme une sublime ironie de la Providence.

A véritablement parler, l'Église n'a jamais manqué de réformateurs. De siècle en siècle apparaissent des hommes qui, frappés de la décadence de l'Esprit, créent une société nouvelle pour servir de modèle à l'ancienne. Saint Benoît, saint Bernard, saint François, saint Dominique, en fondant l'un après l'autre des ordres et des institutions, travaillent à réparer la vie à mesure qu'elle menace de disparaître. Pendant quelque temps, chacun de ces ordres donne une impulsion au catholicisme ; puis eux-mêmes, atteints du mal qu'ils combattent, ils s'arrêtent, ils dégénèrent; on ne les reconnait plus, il faut qu'ils soient remplacés par d'autres. Comme ils ne changent rien au fond des choses, ils retombent tous inévitablement dans les mêmes défaillances et périssent du même vice. Ce qui montre combien le remède est inefficace, c'est la nécessité où l'on est de le réitérer. Les ordres, par leurs rapides déclins, en s'amoncelant les uns sur les autres, étouffent de plus en plus l'essor de l'âme ; en sorte que chacune de ces institutions, après avoir donné un moment de vie à l'Église, ne sert plus, le lendemain, qu'à l'embarrasser de sa mort. Toutes ces tentatives, qui n'atteignent que la surface, s'altérant promptement elles-mêmes, augmentent le danger. La réforme d'hier est aujourd'hui corruption.

Fatalité étrange ! De siècle en siècle, les réformateurs, pour se soustraire aux atteintes du temps, aux entreprises du monde, s'enfoncent de plus en plus dans la solitude ; ils bâtissent autour de leurs monastères d'épaisses murailles, ils ne laissent qu'une porte pour communiquer avec l'Église ; et, après quelque temps, sans que l'on sache comment, les voilà envahis par tout ce qu'ils voulaient fuir. le monde, la routine, l'inertie de l'âme !

Si l'esprit devait être renouvelé, que restait-il donc à faire ? puisque tous les lieux déserts avaient été tentés sans succès, que les plus hautes murailles n'avaient servi de rien, il ne restait plus qu'une chose à essayer, qui était de rompre les communications avec l'Église visible, renoncer pour un moment à toute la tradition, mourir à tout le passé, ne conserver dans ce naufrage volontaire qu'un livre, se dépouiller, non de son manteau ou de ses sandales, comme les ordres mendiants, mais de quinze cents ans de souvenirs. Puisqu'une fatalité de corruption s'attachait aux réformes tentées dans l'intérieur de l'Église, il fallait que l'Esprit se vît quelque temps seul avec lui-même, sans aucune forme ; le salut de la vie morale était à ce prix. D'un côté, le corps matériel de l'Église dans sa maison de pierre ; de l'autre, l'âme, toute seule, surgissant d'un sépulcre qui se brise. Cette séparation est une sorte de mort, mais une mort qui peut enfanter l'avenir.

Quel est, dans la chrétienté, le peuple qui entrera le premier dans cet isolement ? Les nations du midi de l'Europe ont souvent ébranlé leurs Églises ; mais, dans leurs colères mêmes, on sent un fond immuable d'obéissance ; elles s'irritent, elles accusent, elles pardonnent, elles adorent ce qu'elles ont frappé ; quand Rome chrétienne est vaincue, elles demeurent encore pliées sous le souvenir de

Rome païenne. Pour bien marquer la grandeur et la nouveauté de la révolution religieuse, c'est une race nouvelle qui en donnera le signal. Dès le commencement, on verra que la scission est irrévocable, que le génie, la langue, le tempérament, la destinée d'une nouvelle famille d'hommes se dressent entre la vieille Église et la nouvelle, pour empêcher que la réconciliation ne se fasse trop vite. Lorsque la Providence veut qu'une pensée entre dans le monde pour n'en plus jamais sortir, elle en fait l'âme d'une nouvelle race humaine; elle en dépose d'avance le germe dans les instincts les plus anciens. Voulez-vous abolir la réforme, brisez d'abord le moule dans lequel ont été jetés dès l'origine les peuples germaniques. Au lieu de la fantaisie d'un homme, c'est la pensée du Créateur qui fait explosion dans le monde civil.

On s'étonne des inconséquences de Luther; elles forment la plus grande partie de sa puissance. Dans le schisme des Grecs, chacun savait au juste, en commençant, où il s'arrêterait. Luther n'en sait rien, il se précipite tête baissée; et sa fougue mêlée de ravissements, d'injures, d'élévations, de terreurs subites, de violences sublimes et vulgaires, mêle le ciel et la terre; c'est une force qui ne veut pas se connaître. On y sent la nature du vieux Germain qui se réveille; dès qu'il se décide contre Rome, il pousse l'ancien cri de guerre des Barbares ; la colère suspendue depuis les temps d'Alaric renaît d'elle-même.

A cette sorte de fureur se mêle un fond de paix qui vient de la certitude de la réussite ; il est seul contre le passé ; mais dans le présent que d'alliés invisibles ! Toute la terre d'Allemagne conspire pour lui, la glèbe et le seigneur. D'abord il croit n'attaquer que le trafic de l'âme, sous le nom d'indulgences ; une puissance supérieure le pousse ; il ne s'arrêtera pas sitôt. Tout d'abord le voilà en guerre avec la papauté ; il l'excommunie ; cet anathème l'entraîne à beaucoup d'autres. A chaque anneau que Luther brise, il s'engage à en briser un second. La vieille Église, si lentement édifiée de siècle en siècle, disparaissait d'années en années ; par une logique inexorable, culte, célibat des prêtres, ordres religieux, tout ce qui formait le christianisme visible tombait de lui-même.

Car ce n'est pas un renverseur vulgaire ; dans son déchaînement il garde une raison suprême. Aux promesses de l'Évangile dans sa force native il compare la religion affaissée sous ses œuvres de pierre. Il tient dans sa main un livre qui est pour lui celui du jugement, et devant lequel il fait comparaître l'Église défaillante ; dans cette balance il la pèse comme dans la main de Dieu ; il mesure chaque chose sur ce type original ; et la vérité est que, suivant ce principe absolu, aucun des changements que le temps avait amenés ne pouvait trouver grâce. La création elle-même devrait être détruite, si on la comparait à ce qu'elle peut être dans l'idéal du Créateur.

Mais enfin, de ruine en ruine, le terrible destructeur s'arrêtera-t-il avant de toucher au fond de l'abîme ? Il s'arrêtera devant le livre qui lui a servi à condamner et détruire tout le reste. La nature et l'Église étant frappées l'une et l'autre au nom de l'idéal, le passé est vaincu ; la colère tombe; le Luther rebelle disparait. Il reste de tout ce chaos une âme émue, subjuguée, agenouillée sur les ruines du temps, devant un livre ouvert.

Luther ne s'inquiète pas du vide qu'il a fait, puisque sur le fondement de l'Évangile un nouveau monde va renaître. Une page écrite le sépare de l'abîme; cela suffit pour lui ôter le vertige. Mais, grand docteur, si le vent de l'abîme emporte par hasard cette page, si, après que vous avez détruit le moyen âge au nom de la Bible, elle vous est un jour enlevée par l'esprit même que vous avez déchaîné, qu'arrivera-t-il? Sera-ce la fin des choses? Vous avez fait remonter le monde chrétien à son idéal. De ce sommet il y a deux pentes ; et, lorsque vous pensez ramener la terre à saint Paul, que serait-ce si, en réalité, vous la poussiez vers le *Vicaire savoyard* et Mirabeau ?

Tout le monde a vu dans Luther deux génies

différents, l'un qui brise les liens du passé, l'autre qui nie la liberté de l'homme. Comment ces deux principes opposés, l'affranchissement et la servitude, ont-ils pu entrer dans le même esprit? Est-ce une fantaisie particulière, un hasard? Non, c'est une idée commune à tous les réformateurs, depuis Wicklef jusqu'à Calvin; j'ai déjà indiqué en quoi ces deux systèmes opposés se rencontrent, et comment l'homme, en sortant de l'Église romaine, était venu à ce point que, pour rentrer dans la liberté, il avait besoin de passer par la servitude.

Le vrai moyen, en effet, de saper par le pied la vieille Église, était d'affirmer que la multitude de ses œuvres ne sert de rien, que Dieu seul agit, qu'il ne laisse rien à faire au prêtre. A quoi bon l'intervention du clergé, ses solennités, ses sacrements, ses cérémonies, s'il est démontré que tout ce qui vient de la terre est incapable de mérite? A quoi sert le sacrifice de la Messe, si tout est prédestiné et enfermé dans le premier sacrifice du Golgotha? Par ce seul mot, se renversait la puissance de l'Église. Songez bien que, pour arracher l'homme à ce reste d'autorité, il fallut un effort extraordinaire. Luther et Calvin le précipitent en Dieu; il y disparaît; sans volonté, sans liberté, sans mérite, noyé dans cette mer sans fond, il n'offre plus aucune prise par où l'Église puisse l'atteindre et le ressaisir.

Qui croirait aujourd'hui qu'il ait fallu, en quelque sorte, ensevelir l'esprit humain tout vivant, pour le soustraire au sacerdoce du passé ? Cependant rien n'est plus vrai.

Les réformateurs, pour dépouiller le prêtre, dépouillèrent l'homme lui-même ; c'est-à-dire qu'ils remirent directement au Christ tout ce que l'Église s'attribuait. Si la réforme se fût accomplie au nom de la liberté humaine, nul doute que l'Église l'eût d'abord accablée des reproches de l'esprit évangélique. Mais que répondre à une révolution qui, dès le premier mot, prend sa force dans l'excès même de l'humilité ? Où avait-on vu une révolte se faire, comme dit Calvin, *à l'ombre du bon plaisir de Dieu ?* On s'affranchissait de l'Église ; mais cette liberté conquise, on la remettait aussitôt à Dieu : en sorte que, dans cette grande affaire, l'homme était pour ainsi dire désintéressé. Tout le débat s'agitait entre le ciel et la terre ; il n'était question jamais que de rendre à l'un les usurpations de l'autre ; la volonté humaine s'abritait dans la pleine souveraineté du Christ, comme, en politique, la liberté de tous dans la souveraineté absolue du roi.

Est-il vrai que Luther n'ait rien fait que détruire et nier ? De chaque homme il a fait un pape et un concile ; il a affermi l'autorité de l'individu, et en cela il a réalisé une partie vitale du christianisme.

Auparavant, on se contentait de dire que l'âme de chacun est sans doute en soi d'un prix inestimable, qu'elle occupera son rang dans le ciel, qu'elle pèsera alors autant qu'un monde ; mais on remettait après la mort de reconnaître cette puissance. Tant que durait la vie terrestre, on voulait que cette âme fût enchaînée par la société comme par la nature. Une pensée, une volonté, une opinion privée, qu'était-ce que cela en présence de la communion des siècles ? de la même manière que le corps devait être macéré sous le poids de la nature, l'âme isolée devait être macérée sous le poids de la société présente et passée. Le genre humain était comme le sépulcre dans lequel il fallait que la pensée de chacun mourût à toute vie particulière.

Luther affranchit l'individu de cette passion, il le détache de cette croix ; il lui donne, dès cette vie, la liberté, l'autorité, la valeur intime, que l'Église ne reconnaissait que pour les morts ; ou plutôt, de chaque homme, il fait une Église inviolable : résurrection anticipée de l'homme sur la terre. Quand il y aurait, dit-il, contre moi seul, mille saint Augustin, mille saint Cyprien, mille conciles, qu'importe ? Est-ce là douter ? c'est affirmer la vie dans son foyer intime.

Aujourd'hui nous travaillons à nous débarrasser du poids de l'univers matériel ; nous armons la nature contre la nature ; mais auparavant il y avait un autre fardeau à soulever, plus pesant que celui du monde visible. Qu'on se figure chaque âme accablée de l'autorité de toutes les autres ; c'était la constitution du vieux monde moral. Il ne suffisait pas d'écarter l'autorité des siècles par un discours, un théorème ; il fallait par un fait, par une action vivante, montrer que le droit de chaque homme, de chaque instant, est en soi aussi imprescriptible que le droit du genre humain et de l'éternité : c'est ce que Luther a fait. Il va, dans la diète de Worms, au devant de tout ce que la tradition a de plus redoutable, l'Empereur et le Pape. A ces deux puissances qui résument toutes les forces du passé, qu'oppose-t-il ? peu de chose, et pourtant ce qu'il y a de moins négatif, de plus réel dans le monde, quoi qu'on en dise : un grand cœur, voilà tout. Le passé se brise contre cette force ; le pouvoir temporel et le pouvoir spirituel sont convoqués pour assister à leur défaite ; l'âme rentre dans la société moderne ; et le droit de l'individu est si solennellement établi, que désormais on ne pourra plus songer à le destituer. La première pierre du monde nouveau est posée.

Comment ne voit-on pas que si la réforme a ébranlé la terre, elle a affermi l'homme, ? elle a préparé les tempêtes, mais elle a donné à chacun le pouvoir d'y survivre. Avant que le jour arrivât des révolutions modernes, il fallait bien que chaque individu sentît qu'il portait en lui-même un monde indestructible, et que, lors même que la vieille société périrait, il survivrait tout entier. Laissons donc ces plaintes efféminées sur la chute de l'unité, sur la division de l'Europe, qui était déjà morcelée, sur le divorce du Nord et du Midi, qui étaient déjà brouillés. Sans doute, il est à regretter que la cathédrale de Cologne n'ait pas continué de grandir ; mais il est plus nécessaire encore que l'homme s'achève et s'édifie jusqu'au faîte. Vous avez perdu le sentier des légendes, le souvenir et le fil du moyen âge, quoi encore ? la couronne du César de Rome. Cela est vrai, mais n'est-ce rien de vous être trouvés vous-mêmes ? cette prétendue unité du monde au moyen âge n'était qu'une figure, une ébauche ; il faut que la figure passe, que l'ébauche se brise pour que l'œuvre s'accomplisse ; préfère-t-on la promesse anticipée à l'accomplissement laborieux ? voilà toute la question entre l'Église du moyen âge et le monde moderne.

La réforme ne se bornait pas à constituer l'individu ; elle l'obligeait encore de faire un pas de plus dans le monde intérieur. Car ce qui heurtait le plus les réformateurs dans l'Église du moyen âge était la pensée que le prêtre pouvait en quelque sorte lier Dieu à un objet extérieur, à une hostie exposée. Ils voyaient dans cette autorité du prêtre une sorte d'incantation de la matière. Pour eux ils faisaient, au contraire, surgir la présence divine du fond de la croyance ; tout se passait dans l'âme. Le mystère n'avait plus rien de visible ; l'esprit seul correspondait avec l'esprit ; la nature et le prêtre se retiraient ; et, tandis que l'Église du moyen âge cherchait de plus en plus son Dieu au dehors, l'Église nouvelle le cherchait de plus en plus au dedans ; cela seul marquait un nouveau degré dans le monde de l'âme.

Si le génie de Luther eût été seul à construire la réforme, on eût pu penser que ce mouvement allait se dissiper par sa violence même. Il faut qu'il rencontre pour barrière un esprit tout différent, qui, en le contenant, le porte à sa dernière extrémité. Je doute que Calvin eût commencé la réforme ; mais il avait tout ce qu'il fallait pour donner un corps à ce qui semblait incapable d'en revêtir aucun. L'esprit méthodique de la France achève ainsi l'entreprise de l'Allemagne. Vous reconnaissez, dans les moindres paroles de cet homme, je ne sais quoi d'inexorable, comme la fatalité d'en haut. Au milieu même de la plus grande tourmente et d'une sorte de tempête de l'Esprit divin, poser tout d'abord à cette furie une limite que l'on ne dépassera pas pendant trois siècles, arrêter et glacer le torrent, cette œuvre n'est pas sans puissance. Dans les violences passionnées de Luther vous retrouvez encore l'ancien fils de l'Église ; il se sépare le cœur ému, la voix tremblante ; d'anciens souvenirs le poursuivent dans son sommeil. Mais Calvin n'a pas un seul de ces moments où reparaît l'homme du passé ; d'une main froide il ferme la porte de la vieille Église. On sent que ce qu'il a fermé ainsi ne se rouvrira pas.

Amère déception des choses humaines ! La réforme a réussi dans tout ce qu'elle a voulu. Quinze siècles sont supprimés ; il n'y a plus aucun obstacle à ce que l'Église primitive recommence. Voilà, comme dans la première heure du christianisme, l'homme tout seul en présence de l'Évangile ; il peut se croire, s'il veut, au lendemain même de la mort du Christ. Vous pensez que dans cette aurore nouvelle un chant d'allégresse va sortir de la terre rajeunie ; au contraire, la marque extraordinaire de la réforme est de commencer par une plainte qui quelquefois touche au désespoir ! Oh ! que cette histoire apprend de choses en un moment ! Pourquoi les anciens jours ne renaissent-ils pas ? Toutes les conditions nécessaires sont remplies. Le livre par excellence, l'Évangile, est retrouvé : on a soufflé sur la poussière des siècles qui le couvrait ; il est là dans sa simplicité, dans sa majesté primitive. Hélas ! pour revenir aux premiers jours, il n'y a qu'une seule chose qui manque, c'est l'homme. L'idéal est resté le même ; mais lui ! qu'il a changé !

Où sont les aspirations, la naïveté des disciples? où est l'espérance, où est la joie ? A côté du livre immortel et rajeuni l'homme se sent doublement vieilli ; il cherche dans son cœur le ciel pur des apôtres, il ne trouve qu'orages, inquiétude, ennui. Qui empêche que les merveilleuses journées de l'antiquité chrétienne ne renaissent, que les pensées des premiers Pères ne descendent de nouveau sur la terre réparée ? qui l'empêche ? lui seul ! Car cette Église qui le séparait de l'âge d'or du christianisme, il l'a détruite, et son impuissance à rentrer dans le siècle heureux en éclate davantage. O tristesse ! ô misère ! de ne pouvoir plus accuser que soi-même !

Voilà le sens le plus profond de la réformation ; rien de plus lugubre que cette soudaine rencontre de l'humanité moderne avec son idéal. De là, la misanthropie amère qui découle de chaque parole de Luther, vers la fin, de Calvin, de Mélanchthon, de Brucer, et qui fait le fond des puritains, de Cromwel, et l'âme de la révolution d'Angleterre.

Pourquoi vous étonner de la mélancolie de leurs cantiques ? On dirait des voix de ressuscités qui languissent sans abri entre le ciel et la terre. Un levain de douleur fermente au fond de leurs poètes, depuis Milton jusqu'à Klopstock. Car ils ont fait, pour revenir à la joie, à la sincérité vierge des premiers jours, l'effort le plus grand qu'on puisse imaginer, effaçant tout sur la terre, excepté le jour des Apôtres. Ils ont été se replacer **eux-mêmes** dans la grotte de Pathmos, dans la maison de saint Paul, toujours aspirant à un passé plus lointain ; et, quand il ne restait plus qu'un pas pour rentrer dans l'enceinte du siècle bienheureux, ils n'ont pu le faire ; une force inexorable les a **arrêtés**, ils n'ont pu ramener ni goûter les jours dont rien, en apparence, ne les séparait plus. L'esprit, l'âme nus, ils ont été frapper, comme des nouveaux-nés, à l'ancienne porte d'Éden. Partout avec eux-mêmes, à l'extrémité des temps, ils ont entraîné et retrouvé l'homme et le fardeau du seizième siècle. N'est-ce pas assez que tout cela, pour se composer à jamais un culte de tristesse et de deuil ?

Les temps des Apôtres fuyant toujours, quelquefois les contemporains de Luther essayaient de les chercher par des réformes sociales ; mais ces essais tentés au delà de l'esprit du protestantisme manquaient de la vraie force. Les paysans d'Allemagne se lèvent ; ils veulent que l'idéal de justice qu'on vient de faire briller sur eux descende en réalité dans leurs sillons ; cet idéal, pour produire quelque chose, doit germer plus longtemps. Ce n'est là qu'une annonce lointaine. Ce que ceux-ci ne font pas, d'autres le feront, dit Luther ; et, en effet, il faut attendre trois siècles que quatorze armées de paysans viennent de France accomplir les prophéties de Luther.

Le peuple parle aussi de ce grand utopiste, le chevalier Franz de Sickingen, le Cid protestant, qui, à la tête de la ligue des villes, veut profiter de l'esprit de la réformation pour changer le droit public et social, renverser les princes, mener l'Allemagne à l'unité. Il périt dans cette œuvre prématurée ; et l'imagination allemande le peint aux pieds des châteaux forts, la lance à la main, rêvant et chevauchant dans la mort. Son cheval se heurte contre les crânes et les reptiles des cimetières ; mais rien ne le réveille de son rêve politique; il continuera de songer de l'Allemagne jusqu'à la résurrection. Ses longues guerres ont été inutiles. Mais , à la place de ce cavalier mystérieux, viendra plus tard un autre cavalier, qui, chevauchant de Wagram à Iéna, tout éveillé, accomplira à la lettre le rêve du premier : diminuant, médiatisant les princes, abattant les vieilles murailles, rapprochant non seulement les villes, mais les peuples. Napoléon réalise traits pour traits dans la vie, en l'agrandissant, l'idéal de Franz de Sickingen dans la mort ; et la Révolution française accomplit ainsi ce qui, dans la réforme, était une utopie.

A travers le changement des temps, qu'est devenue la fougue de la réformation? que fait-elle aujourd'hui? Elle a ramené dans le monde l'idéal primitif; cela certes est une grande chose; pourtant qui peut s'en contenter? Pareille au catholicisme révolutionnaire qui l'a précédée d'un siècle, elle s'effraie d'elle-même; car, à force de regarder l'Évangile, de le creuser, il arrive, ô douleur! qu'elle efface elle-même son livre; elle s'est si bien acharnée, elle a examiné de si près chaque mot, chaque syllabe, qu'elle a pour ainsi dire usé le texte, et qu'il lui reste quelquefois entre les mains, oserai-je le dire? une page blanche.

Dans le pays de Luther, que d'hommes, à cette heure, sont occupés depuis deux siècles, sans colère, sans haine, à retrancher quelques lignes de l'Ancien et du Nouveau Testament! Depuis Lessing jusqu'à Strauss, que de pages arrachées et emportées dans l'abîme! A la vue de cette destruction de la lettre, la réformation s'effraie; elle voudrait reculer. L'Angleterre s'indigne de l'audace de l'Allemagne; on ne sait où fuir! Comment défendre le livre sacré des atteintes de l'esprit que l'on a soi-même évoqué? Il faudrait l'enfouir de nouveau dans le sanctuaire catholique; mais il y a une force plus grande que tous les regrets ; ceux mêmes qui reculent jusqu'au seuil de la papauté sont décidés à ne pas le franchir. Alors il reste à se roidir contre tout effort de la vie, s'endurcir, se tenir les yeux fermés dans la tourmente, ou bien encore, s'abuser de mille formules ; arrivé à ce point, le protestantisme trouve aussi son jésuitisme.

Pourquoi cela ? parce que la réformation avait promis de ne reconnaître, de n'adorer que l'Esprit, et voilà qu'elle ne peut tenir sa parole. Ils s'épouvantent à la nouvelle qu'un nouveau critique, un de Wette, un Schleiermacher, un Strauss, vient d'enlever une nouvelle syllabe à l'Évangile ! Et que serait-ce donc si tous les livres disparaissaient de la terre ! Faudrait-il croire que l'Esprit de Dieu s'est évanoui ?

Ils ont retranché l'Église, afin qu'il n'y ait plus de barrière entre l'homme et Dieu ! et que savent-ils si, un jour ou l'autre, Dieu ne voudra pas retirer le livre lui-même pour que la parole, la pensée, l'âme, vive sans le lien de la lettre ? Quand l'enfant possède sa leçon, le maître lui fait fermer la page. Depuis dix-huit cents ans, l'homme épelle sa loi sur l'Évangile ouvert : que savent-ils si le maître ne veut pas qu'il la répète au fond de l'âme, sans le secours matériel des Écritures ? Depuis dix-huit cents ans l'homme se contente de lire l'Évangile, ce n'est pas assez ; il est nécessaire désormais qu'il l'écrive lui-même sur la surface de la terre, sur le front des peuples, sur le sable, sur l'airain, sur les lois, sur les institutions et sur les chartes nouvelles. Quand le livre sera partout, non pas sur une feuille périssable, mais dans les choses vivantes, on ne s'éveillera plus chaque matin en se demandant si quelque savant, par hasard, n'a pas détruit dans la nuit un verset ou un chapitre. L'humanité sera tranquille sur le livre sacré, lorsqu'elle l'aura gravé, imprimé en caractères permanents à la surface du monde ; ni le vent ni la critique n'en emporteront plus les pages.

Le visage pâle et consterné, vous vous inquiétez sans relâche de saint Marc et de saint Luc ; vous veillez et vous craignez qu'en vous les enlevant, à votre insu, on ne vous enlève, comme à un érudit, l'histoire de Dieu. Rassurez-vous. Qu'avez-vous à craindre? Tout peuple chrétien doit être un évangéliste immortel.

Ainsi la réforme perd sa force au moment qu'elle a peur de l'Esprit jeté par elle dans le monde ; sans se l'avouer, quelquefois elle conspire contre lui avec son ancienne ennemie.

Où est aujourd'hui l'âme de Luther? Dans le siècle tout entier plutôt encore que dans l'Église réformée. Il s'ensuit que protestantisme, catholicisme, ces Églises particulières se fondent déjà malgré elles, à leur insu, dans une société plus grande. Nous avons vu que la puissance spirituelle, le terrorisme de Grégoire VII, a passé dans la Convention ; mais Luther lui-même, avec son génie de révolte, n'est-il pour rien dans la Révolution française? qui peut le croire? Voilà donc les deux principes les plus contraires, Grégoire VII et Luther, qui fermentent dans les mêmes cœurs, les mêmes assemblées, la même révolution : signe palpable que l'avenir, en s'élevant, peut concilier ce que tout le passé a séparé.

Où se fera la réunion? le protestantisme assigne pour rendez-vous l'époque des apôtres ; mais il a montré par trois siècles qu'il est incapable d'y rentrer ; le catholicisme assigne le monde au moyen âge ; mais le monde ne veut pas y remonter. La question ainsi posée, les pourparlers sont inutiles. Ce n'est pas dans le passé, c'est dans l'avenir qu'il faut marquer le rendez-vous.

Le catholique, parmi nous, ne tolère pas l'idée que le protestant, après sa mort, soit couché dans la même poussière que lui. Si cela est arrivé par mégarde, il le déterre et le rejette au loin. Le dernier terme de la barbarie se rencontre ici avec le dernier terme de l'impiété, puisque l'on ne veut pas même de la fraternité du ver de terre, et que l'on met sa dernière pensée à désespérer de l'éternité. Vous vous êtes brouillés dans un moment du temps ! gardez au moins les siècles des siècles pour vous réconcilier.

Aujourd'hui le catholicisme ne fait plus la guerre à la réforme ; il la croit à demi rangée de son côté, il en triomphe d'avance ; et cependant on doit y mieux songer. Luther vieilli peut s'effrayer de son œuvre ; Mélanchthon épuisé peut pleurer ; mais le genre humain est lui-même un immortel réformateur. S'il pleure comme Mélanchthon, ce ne sont pas des larmes de défaillance ou de peur.

ONZIÈME LEÇON

L'AMÉRIQUE ET LA RÉFORMATION.

Le nouveau monde est donné à un nouvel esprit. — Christophe Colomb missionnaire et novateur. — Son hérésie plus vraie que l'ancienne orthodoxie. — L'Église du moyen âge en Amérique reste au-dessous de la religion et de l'idéal de Colomb. — Lutte du catholicisme et de la réforme dans l'ancien monde et dans le nouveau. — La monarchie espagnole; expression politique du catholicisme moderne. — L'Escurial. — Pourquoi l'inquisition a été particulière à l'Espagne. — Comment la Péninsule a compris l'association du Christ et de Mahomet dans la religion et dans la politique. — Sainte Thérèse, l'accent des peuples du Midi. — Au Nord, le protestantisme se défend par des institutions. — La révolution d'Angleterre; l'âme de la réforme dans une société féodale. — Où est l'idéal de la constitution anglaise ? — Le principe du protestantisme achève de se réaliser dans la démocratie des États-Unis. — Le catholicisme dans l'Amérique méridionale. — Principe de contradiction dans les républiques du Sud. — De l'unité morale que cherchait Christophe Colomb.

La Réformation longtemps préparée s'est accomplie; pendant ce temps-là, il arrivait qu'un monde nouveau sortait du fond des mers, comme si le Créateur, en étendant son œuvre, eût voulu montrer à l'homme que le moment était venu d'étendre et de renouveler l'esprit lui-même. Ce n'est pas seulement une combinaison scientifique qui a conduit Christophe Colomb sur le chemin de l'Amérique ; c'est une nouvelle idée religieuse. L'ennui de l'ancien monde l'accable, il se sent à l'étroit dans les limites connues ; il aspire à ce que ses yeux ne voient pas ; il brûle de réunir ce qui est séparé, d'embrasser l'univers entier dans une étreinte de charité. Ce navigateur est, dans le fond, le plus grand des missionnaires ; le monde moral qu'il porte en lui est aussi nouveau que le monde physique qu'il va découvrir.

A quelle distance n'était pas de la vieille Église l'homme qui rassemblait les prophéties, les pressentiments des païens, des juifs, des mahométans, des chrétiens, dans une même parole de vie, et qui, de la croyance religieuse du genre humain, s'élevait à une vue claire des destinées du globe [1] ? Il y a en lui de l'âme de Jeanne d'Arc et de l'âme de Galilée ; il est le premier des croisés du monde moderne. Emporté au delà des mers par le souffle de toutes les Églises, il traverse l'étendue sur les griffons ailés d'Isaïe et d'Ézéchiel. Orthodoxie toute nouvelle qui mêle [2] ce que le catholicisme adore et ce qu'il maudit, l'Évangile, le Talmud,

[1] « Je dis que l'Esprit-Saint agit dans les Chrétiens, les Juifs, es Maures et toutes autres sortes de sectes. Pour l'exécution de l'entreprise des Indes, ni les mathématiques ni les mappemondes ne me suffirent ; mais la parole d'Isaïe s'accomplit, » etc

[2] Ben Ismaël, Sénèque et Joachim de Flore.

le Coran. L'Esprit, avant de partir, rassemble ses forces ; il ouvre, il élargit ses ailes dans toute leur étendue, pour traverser l'abîme. Personne n'avait encore déployé au dedans une croyance aussi vaste, et, pour ainsi parler, une large envergure. La pensée d'un peuple, d'une race d'hommes, d'une secte, d'une communion particulière, disparaît dans Christophe Colomb devant l'humanité ; il franchit le christianisme lui-même. Du haut de toutes les Églises accumulées, il aperçoit des yeux de l'âme, comme du haut d'une tour, le nouveau monde à travers l'abîme. Unité, solidarité, indivisibilité morale de l'univers, ce sentiment respire dans la moindre de ses paroles. Vous diriez une pensée cosmogonique, une idée de la grande âme du monde, qui envahit cet Esprit ; et pour qu'il échappe mieux encore aux limites du passé, ce révélateur reçoit son éducation sans souillures au milieu des mers, comme Moïse dans le désert ; son cœur s'ouvre et se dilate dans l'infini.

Voilà à quel esprit nouveau le nouveau monde a été donné. Tout semblait dire à l'ancienne Église : Vous représentez le Créateur sous les traits de la vieillesse, ou immobile sur la croix. Vous ne sentez plus la vie germer dans ce qui frappe chaque jour vos yeux ; et, parce que votre âme languit, vous restez persuadé que le livre de la nature et le livre de la vie sont fermés pour toujours. Afin de vous tirer de votre stupeur, un univers va surgir ; tout y frappera vos yeux d'un air étranger et inconnu ; les sentiers d'Éden n'étaient pas plus immaculés que ne le sont ceux de cette terre où tout est vierge. Des frères vous y attendent, nus de corps et d'esprit ; vous les vêtirez, vous les réchaufferez, vous les nourrirez de votre propre substance. Ce nouvel essor de la création marquera un nouvel essor de l'humanité elle-même ; transportée dans une seconde Genèse, l'Église du moyen âge entrera dans une seconde époque. Le contact de tant de merveilles lui rendra le don des merveilles, l'amour, l'innocence, la fécondité du monde naissant, avec la science du monde ancien. Dans ces immenses forêts, l'arbre de la science du bien et du mal ne s'est encore épanoui sur personne ; l'Église est libre de se renouveler sous son ombrage ; elle peut en un jour se purifier de tout le passé dans les sources d'un nouvel univers.

A l'arrivée de l'Église du moyen âge en Amérique, ces paroles partaient de tous les objets ; mais personne n'y prêta l'oreille.

Au lieu de cette grande âme de Christophe Colomb, qui semblait sortir des entrailles de l'univers, vous savez quel esprit y porta le catholicisme. Fernand Cortez estime dans ses relations les prêtres espagnols fort au-dessous des prêtres mexicains. Que ce soit là une exagération de vainqueur, je le veux bien ; mais enfin, ce qu'il y a d'incontestable, est qu'une création tout entière surgit de l'Océan ; et cette merveille des merveilles ne dit rien, n'inspire rien à l'Église. Le pape Borgia se contente de marquer de son doigt le méridien qui sépare les comptoirs des Espagnols de ceux des Portugais : voilà tout. Du reste, pas même un cantique ne célèbre cette dernière journée du Créateur. Les abîmes s'entr'ouvrent ; les jours de la Genèse reparaissent ; on ne s'en aperçoit pas. Le bruit de la politique des petits princes d'Italie couvre le murmure d'un univers naissant.

Que deviennent ces vastes pensées qui avaient soutenu Christophe Colomb, l'idée de trouver en Amérique le dénoûment de la politique sacrée, de faire servir ce continent à consommer l'alliance et l'unité du monde moral, de baptiser cette nouvelle terre dans un nouvel amour? Ces pensées ont de nouveau éclaté de nos jours ; mais, au moment de la découverte, l'Église ne les ayant pas comprises, le fait le plus religieux du monde moderne perd aussitôt sa signification. Il reste de ces desseins du Créateur l'image d'une terre où l'or se mêle à tout ; l'Éden spirituel, où le genre humain devait trouver la fin des Écritures, n'est plus qu'un El-Dorado. Si vous suivez les conquérants, vous vous apercevez à chaque pas que l'Église n'a pas compris le caractère tout divin de cette révélation d'un monde à un autre ; elle pénètre dans ces îles, à travers ces forêts, dans *ce paradis* [1], sans aucun enthousiasme : c'est pour elle une province à ajouter à ses provinces. Quand il aurait fallu une charité immense pour embrasser ces continents et se proportionner à la création agrandie, au lieu de se dilater elle se resserre ; elle se fait un Christ *aux bras étroits* qui étouffe et brise sur sa poitrine cet univers trop vaste. Le baptême d'amour de Christophe Colomb devient un baptême de sang.

Nul ne montrant un signe d'avenir dans cette occupation d'une terre nouvelle, on mit à pressurer ce sol, pour en tirer de l'or, l'enthousiasme que la découverte n'avait pu manquer d'exciter. Dans ce qui devait être une communion entre l'Europe et l'Amérique, les Espagnols ne voient plus qu'une occasion de dépouiller en une nuit tout un univers. Il semblait que ce continent allait retomber dans son ancien abîme, tant on était pressé d'en emporter au loin la plus pure substance. De gré ou de force, les prêtres prenaient l'âme, les soldats prenaient l'or ; loin de célébrer cette création nouvelle, on n'était occupé qu'à en tarir la source.

Si quelque chose est évident pour moi, c'est que

---

[1] C'est le mot de Christophe Colomb.

l'Église du moyen âge a manqué, vers le temps de la découverte de l'Amérique, à la plus grande mission des temps modernes. Elle a maudit la terre innocente qui n'avait connu d'autre souillure que la rosée d'Éden; elle a frappé jusqu'à la mort les races qui sortaient de l'abîme en demandant le baptême d'avenir. Lorsque tout appelait, par la bouche des indigènes, dans le fond des forêts, le *grand Esprit*, elle n'a apporté avec elle que le plus petit des Esprits du passé. A une nature neuve elle a marié une âme surannée; tout s'est stérilisé.

Il faut bien que l'Espagne ait commis sur ce monde nouveau quelque grand attentat pour avoir été si durement châtiée par sa propre conquête. Cet aveu fait la principale beauté poétique de l'*Araucana* d'Ercilla; encore aujourd'hui les pierres du Chili saignent [1] et crient contre les *Goths*. Si vous demandez en Espagne depuis quand cette plaine est inculte, cette vallée dépeuplée, presque toujours la première cause remonte à la conquête de l'Amérique. L'or arraché par la violence a ruiné les déprédateurs; il sort du nouveau monde trompé

---

[1] Le ressentiment de l'Amérique contre les déprédations de l'Espagne et du catholicisme des inquisiteurs éclate d'une manière presque officielle dans un Mémoire éminent adressé à l'Université du Chili. — Voy. *Investigaciones sobre la influencia social de la conquista y del sistema colonial de los Españoles en Chi e*, par J.-V. Lastarria, p. 11, 22, 113, 134.

une voix de condamnation contre ses conquérants. Étrange compensation! l'Amérique vaincue a pris à l'Espagne et au Portugal leurs habitants et leur fortune.

A l'endroit de la péninsule d'où les vaisseaux partaient pour les Indes orientales et occidentales, s'élève encore un monument du seizième siècle; on l'appelle le couvent de Belem [1]. Il retrace tout le génie aventureux de ces temps : des mâts de pierre servent de colonnes à l'église; des cordages et des câbles de marbre se nouent autour de l'édifice; l'église est un vaisseau qui appareille pour lever l'ancre. Les ornements de sculpture sont des sirènes qui nagent dans les flots, des perroquets, des fruits de l'Inde, des quadrumanes qui se balancent sur des lianes, des boucliers, des haches, presque partout le globe enveloppé dans une couronne. Un peu plus loin, une grande tour regarde la mer; ses fondements sont appuyés sur quatre hippopotames de pierre qui marquent le génie amphibie de la Péninsule. Rien au monde n'est plus triste aujourd'hui que ces apprêts, et ne marque mieux l'espèce de condamnation dont je parle; car ce vaisseau si bien pavoisé pour l'éternité n'a plus de passagers; ces hippopotames de granit ne se traînent plus jusqu'au flot.

Ce que n'a pu faire le prodige d'une création

[1] Les arceaux du couvent de Belem sont murés.

nouvelle, la réformation l'a accompli; elle a réveillé le catholicisme en sursaut. L'œuvre de Dieu s'était levée sans émouvoir personne; la révolte des hommes ressuscite l'Église. Il est beau de voir ce grand corps, qui semblait abattu sans ressources, se redresser et développer des forces qui n'étaient qu'endormies. Dans ce moment de surprise, l'Église est sauvée par le monde, la papauté par la monarchie. Il se trouve à l'extrémité du Midi un homme, Philippe II, qui, étant tout l'opposé de Luther, abattra le premier sa furie. Jamais la haine de l'avenir ne fut mieux et plus naturellement représentée. La physionomie même de Philippe II a la roideur inexorable de la mort; il règne invisible comme du fond d'un sépulcre; partout autour de lui s'étend la chaumine des cimetières. Dans sa haine de la vie, il pétrifie son immense empire; s'il l'eût pu, il eût glacé de son regard le regard du soleil d'Espagne.

Qui n'a pas vu l'Escurial ne se figurera jamais la forteresse où l'esprit du passé se retranche et défie l'avenir; ces murs de granit d'un aspect égyptien, ces donjons, ces cloîtres, ces bastilles, ce palais enveloppé de cellules, tout est dédié à la mort. Comment une seule idée du monde moderne pourrait-elle franchir ces enceintes? On voit, dans chacune de ces pierres, que l'Église et la monarchie ont été saisies toutes deux d'une même terreur; elles se réfugient l'une dans l'autre; elles se pressent l'une contre l'autre, comme dans un moment où la terre tremble. L'Église s'abrite dans le palais, le palais dans l'Église; au milieu de l'ombre profonde, le pâle spectre d'argent de Philippe II est agenouillé devant l'autel. D'enceinte en enceinte, de palais en palais, de cloître en cloître, vous arrivez enfin à la pièce qui est le centre et le fondement de l'édifice; cette pièce ne renferme que des tombeaux comme une pyramide d'Égypte. L'Escurial tout entier est lui-même un tombeau où s'appuient l'Espagne et le génie de l'Europe du Midi au seizième siècle.

En effet, c'est autour de cette nécropole que l'Espagne se range pour soutenir le siége contre le protestantisme. Ce rôle lui appartenait plus qu'à personne : accoutumée à la guerre sacrée contre l'islamisme, elle n'avait qu'à changer de front pour se trouver tout armée contre la réforme. En Amérique, où il avait fallu s'attacher un univers par les liens d'une charité suprême, elle avait échoué; mais, dès qu'il est de nouveau question de haïr, de combattre, de continuer la guerre sainte, elle retrouve son génie. Deux milices particulières se forment dans son sein, l'inquisition et le jésuitisme [1]. La première lui appartient en propre : ce

---

[1] Pour ce qui concerne la société de Jésus et le concile de Trente, voyez le livre *Des Jésuites* et l'*Ultramontanisme*.

fond de violence musulmane couvert de la mansuétude des apôtres, cette épée de feu de Mahomet dans la main glacée de Philippe II, cette ardeur du désert, ce secret de l'Escurial, ces deux génies du Coran et de l'Évangile, unis seulement dans une alliance de colère et de haine, tout cela fait du Saint-Office une institution qui ne pouvait se développer pleinement et librement qu'en Espagne.

On refuse encore de comprendre comment une combinaison de ce genre a pu être populaire; en effet, elle n'a jamais été jugée qu'à la surface. Le même mélange qui s'est formé partout, en Espagne, entre le mahométisme et le christianisme, dans la langue, l'architecture, les romances, la poésie, les lettres, s'accomplit dans cette législation incroyable de l'inquisition. Mahomet inspire le principe même, celui de l'extermination; le christianisme y mêle les apparences d'une douceur inépuisable; la royauté y ajoute le silence, les ténèbres. De tout cela se composait la facile obéissance à une institution qui renaissait de chaque chose. Allah exterminateur et le Christ pleurant du moyen âge s'identifiaient et vivaient dans l'âme de l'inquisiteur; ces deux religions, mortellement ennemies, s'unissant en un moment et rassemblant leurs terreurs pour enfanter un monstre de colère, voilà ce qui a étonné et glacé le reste du monde.

De ce mélange prodigieux viennent à la fois et la violence inexorable des châtiments et la tendresse, la commisération des paroles, le contraste entre la torture implacable et les entrailles de miséricorde des interrogatoires officiels. Que l'on dénature comme on voudra le christianisme, jamais on ne parviendra à constituer l'Inquisition; il faut, pour en arriver là, faire entrer dans l'Évangile le ferment d'un autre culte. La France, l'Italie, au moment le plus vif de leur colère, ont repoussé cette arme; elles sentaient au fond de cet établissement un génie étranger, l'âme des déserts d'Afrique, qui les épouvantaient, parce qu'il leur était impossible de s'en rendre compte par les traditions chrétiennes.

L'Espagne a scellé le contrat du Christ et de Mahomet dans la vengeance; elle a écrasé ses ennemis entre deux religions, comme si elle n'eût pas assez cru à la puissance de haine du christianisme. Sur le seuil de l'inquisition étaient écrits ces mots : *Ce lieu est terrible! terribilis est iste locus!* En effet, celui qui y entrait se trouvait tout à coup torturé, en sens opposé, et par la violence de Mahomet et par la mansuétude du Christ, il se sentait précipité dans une région où chaque mot de l'Évangile flamboyait d'un éclair du Coran. Les mots accoutumés perdaient leur sens; l'homme ne pouvait plus rien dire à l'homme; la paix signifiait la guerre. De la parole la plus douce des apôtres dégouttait le sang des cimeterres.

On accuse le catholicisme d'avoir produit l'Inquisition ; nous venons de l'absoudre à demi. Livré à lui seul, jamais il n'eût trouvé ce prodige de haine : il a fallu pour cela non seulement réunir deux enfers, mais les attiser l'un par l'autre.

En même temps que cette milice masquée défendait les abords de l'Espagne et du Midi, la Société de Jésus passait les Pyrénées. Il y a deux causes pour lesquelles la popularité lui a toujours manqué en Espagne, son esprit cosmopolite, et son instinct politique. La flexibilité du jésuitisme était tout l'opposé de la roideur de l'Espagne ; d'ailleurs, tant de précautions, d'ambages, de détours, convenaient mal à un pays qui ne discutait pas, brûlant les hérétiques et ne condescendant pas jusqu'à les convertir. Les inquisiteurs devaient nécessairement l'emporter sur tous les ordres.

Au reste, ni Philippe II, ni l'Inquisition, ni les Jésuites, n'eussent empêché la vie nouvelle de s'étendre, si une puissance plus réelle n'eût combattu avec eux. Derrière ces armées spirituelles qui s'ébranlent pour heurter le Nord, j'entends une voix que l'on peut considérer comme celle du cœur même de tous les peuples du Midi ; c'est celle de sainte Thérèse. Écoutez-la ! elle explique pourquoi le protestantisme s'arrête. La réforme a des docteurs, des héros, elle est audacieuse, elle plaît à l'esprit, elle l'a subjugué ; et pourtant il lui manque quelque chose, puisque jamais elle ne s'est élevée au-dessus du cœur de sainte Thérèse. Une âme se sent blessée jusqu'à la mort du coup que reçoit le Christ dans le déchirement de son Église. Elle pleure avec le Christ, à la nouvelle du succès des luthériens ; elle établit un ordre, pour combattre, mais seulement par les larmes, par le silence, par la douleur, par l'amour. Au milieu de la mêlée du Nord et du Midi de l'Europe, la voix de sainte Thérèse est la prière de la terre ébranlée. — « Qu'est ceci, s'écrie-t-elle, mon Seigneur et mon Dieu ! la terre brûle ! ou mettez fin au monde, ou donnez un remède à de si grands maux, qu'il n'y a pas de cœur qui les puisse supporter. » Dans ce cri de sainte Thérèse, il y a un frémissement maternel comme dans le cri de la Mère de Jésus au pied de la croix. On n'avait pas ouï sur la terre un pareil gémissement, ni vu un pareil brisement de cœur, depuis la descente du Golgotha.

La réforme a opposé ses docteurs aux docteurs de Rome, ses armées à d'autres armées, Gustave-Adolphe à Wallenstein ; mais en quoi a-t-elle vaincu jamais ce cri d'angoisse parti du Golgotha du seizième siècle ? où a-t-elle montré jamais plus de flammes intérieures, plus d'amour inextinguible que dans la sainte Espagnole? ce seul cœur qu'elle ne peut surpasser montre d'avance que sa victoire ne sera jamais entière. Car le cri de cette âme percée des flèches de feu[1], c'est le cri de la terre et du ciel du Midi, c'est l'accent de cette passion défaillante, de cette faim d'amour qui est au fond du génie de l'Europe méridionale, et qui, s'élevant à la plus pure puissance, portait au protestantisme le défi de l'égaler. Quand tout se précipitait vers la haine, inquisiteurs, dominicains, jésuites, une femme tient obstinément son cœur attaché à une vision d'amour divin ; par cette constante aspiration où la réforme a peine à la suivre, elle fait autant que des armées.

Entre le Nord et le Midi, la question était, au fond, de savoir lequel avait plus de charité, d'amour, d'entrailles ; sainte Thérèse a mis dans la balance plus d'or pur que tous les docteurs du Saint-Siège.

On demande ce que ferait aujourd'hui la femme qui aurait le génie divin de l'Espagnole? quel emploi la société moderne laisse-t-elle à ces sublimes puissances? Nous sommes trop disposés à penser qu'elles ne sont plus de saison ; nous ne savons plus assez comment une sainte pensée, même cachée, comme la lampe du foyer, rayonne au loin, par des

---

[1] Como si viniesse una saeta de fuego.

chemins inconnus ! Nous ne croyons plus qu'aux effets immédiats. Et qui sait, pourtant, ce qu'une nouvelle Thérèse trouverait, même dans ces temps de disputes, quel cri elle pourrait jeter, de quelle pitié maternelle elle serait encore saisie ! Fût-elle retirée dans une retraite plus grande que n'était le monastère d'Avila, cette âme finirait par percer les murailles ; on la respirerait sans savoir où elle vit.

Voilà donc la réponse du catholicisme à la réformation dans le pays qui est le plus tôt prêt à la combattre; on le croyait abattu, il reparaît dans son énergie première. L'Italie résiste par l'anathème. La confession d'Augsbourg se heurte contre le concile de Trente, les visions de sainte Thérèse contre la logique de Calvin, le jésuitisme contre le puritanisme ; après quoi il ne reste plus qu'à laisser la discussion et à se jeter dans les effroyables guerres de France et d'Allemagne.

Au milieu de ce chaos, celui qui ne regarde que les disputes des théologiens, les massacres, les bûchers, doit penser que la réformation, assaillie avec cette violence imprévue, va disparaître. La discussion par la parole cesse ; les monuments éclatants de la première époque des réformateurs ne se reproduisent pas ; il se fait un moment de silence dans le protestantisme comme s'il allait se noyer dans son sang. Mais ce silence est celui du grain qui germe dans une terre puissante. Le catholicisme tombe alors dans une illusion irrémédiable; il entasse livres sur livres, réfutations sur réfutations ; il croit qu'il a vaincu, et c'est à ce moment qu'il voit le protestantisme se revêtir en quelques sorte d'institutions inexpugnables : ses livres sont des révolutions. La république de Hollande, celle de Genève, la révolution d'Angleterre, la constitution des États-Unis, toutes ces institutions qu'il forme de son esprit lui sont une cuirasse contre laquelle s'émoussent tous les traits de la religion du moyen âge. Il s'élève à une forme de gouvernement plus chrétienne que l'idéal catholique ; montant d'un degré plus haut dans l'échelle de la politique de Dieu, il se rit des anathèmes du concile de Trente.

En effet, comme nous l'avons montré ailleurs [1], la constitution de l'Église catholique, réglée par ce concile, est l'idéal du pouvoir absolu. Sur ce modèle se sont réglées et formées les monarchies catholiques du Midi depuis trois siècles. Qu'est-ce, au contraire, que ces formes nouvelles montrées à l'Europe, Genève, la Hollande et la révolution d'Angleterre, sinon le protestantisme lui-même devenant l'âme de l'ordre temporel? Les docteurs catholiques disputent encore contre des individus;

---

[1] Voy. l'*Ultramontanisme*.

ils pensent que s'ils avaient effacé tel livre, réfuté telle page, détruit la renommée de tel auteur, ils auraient avancé la destruction de la réforme ; et ils ne voient pas que cette réforme était si bien dans les desseins de la Providence, que, pour la mettre à l'abri de toutes leurs colères, elle en a fait le fondement et le type des sociétés nouvelles.

Il n'y a qu'un moyen d'abolir le protestantisme : c'est de lutter non par des controverses, par des sermons, mais par des œuvres vivantes, par des institutions, lesquelles donnent la mesure de l'esprit qui les crée.

Vous voulez réfuter d'un mot la réforme : j'y consens ; moi-même, je ne pense pas qu'elle soit le dernier mot des choses. Laissez là Luther, Calvin ; élevez quelque part une société plus libre que l'Angleterre, plus franchement démocratique que les États-Unis, plus universelle que la France de la révolution, voilà à quoi vous êtes obligés. Les livres de la réforme du seizième siècle sont aujourd'hui des caractères vivants. Pensez-vous les effacer avec de l'encre ? Bossuet est éloquent ; mais la révolution d'Angleterre parle encore plus haut que lui.

Qui ne reconnaît, en effet, dans les institutions sorties de cette révolution, l'âme de la réforme au sein d'une société féodale ? La Charte, n'est-ce pas la Bible politique devant laquelle toute discussion s'arrête? Cet esprit de révolte qui semble vouloir tout briser et qui ne va qu'à s'incliner devant le livre de la loi, cette apparence de rébellion qui rend l'obéissance plus frappante, cette consécration des droits de l'individu, ce foyer domestique respecté autant que le temple, cette prédestination de bonheur et de malheur qui concilie l'inégalité avec la liberté, ces garanties de la presse qui ne sont qu'une suite du droit d'examen ; enfin la monarchie tronquée, décapitée comme la papauté, ne sont-ce pas là trait pour trait les dogmes des premiers réformateurs ? Montesquieu va chercher dans les forêts des Germains le sceau de la constitution d'Angleterre ; il est visible que ce mystère est écrit dans l'idéal de l'Église anglicane. La révolution d'Angleterre, comme la réformation, semble moins se précipiter dans l'avenir que tendre vers un passé inaccessible ; les Anglais cherchent la liberté comme la religion, en remontant à leur berceau, non pas en hâtant le lendemain : et, conformément à l'esprit de Calvin, leur religion a cela d'étrange que les plus emportés se proposent moins d'innover un ordre inconnu que de restaurer une félicité oubliée dans la *vieille Angleterre*.

Ajoutons ce point important : la réforme avait diminué la solidarité entre les hommes ; les œuvres, les mérites de l'un ne servaient plus à l'autre ; chacun était pour ainsi dire chargé tout seul du soin de lui-même ; ce caractère se retrouve tout entier dans la révolution britannique. Au milieu de la plus grande ferveur des partis, personne ne songe à étendre la vie nouvelle aux peuples étrangers. Le volcan se consume dans l'océan, il n'échauffe pas le reste du monde. Vous diriez d'un schisme politique avec l'humanité ; c'est tout le contraire de la révolution universelle et véritablement catholique [1] de France.

D'ailleurs, pour juger la lutte du catholicisme moderne et du protestantisme, il faut sortir d'Europe. Ici, trop d'établissements antiques, de coutumes, les embarrassent l'un et l'autre dans leurs mouvements. La providence les appelle tous deux dans un vaste champ clos, où chacun, n'étant environné que de ses œuvres, ne sera jugé que par elles. L'Église du moyen âge et la Réformation auront chacune en Amérique un monde entier pour s'y mesurer à l'aise. Duel qui a le ciel et la terre pour témoins ! Quelques hommes arrivent isolément sur la plage de l'Amérique du Nord ; pauvres, sans nom, sans passé, ils n'apportent avec eux qu'un livre, la Bible ; ils l'ouvrent sur le rivage, et commencent aussitôt à édifier la cité nouvelle sur le plan du livre retrouvé par Luther.

Le principe protestant se réalise là avec une suite manifeste ; et il est surprenant que plusieurs

[1] Dans le sens littéral.

des écrivains qui, chez nous, ont traité de la démocratie en Amérique, n'aient vu dans ses institutions que l'influence vague de la religion en général. Ces institutions portent exclusivement le sceau de la réforme. Car chacun des fondateurs s'en va à l'écart dans le fond des forêts ; il est là, pour ainsi dire, le roi d'un monde ; il ne relève que de lui-même dans l'univers physique et dans l'univers moral. La nature et la Bible l'enveloppent. Dans cette immensité, il est lui-même une Église ; prêtre, roi et artisan tout ensemble, il baptise ses enfants, il célèbre leur mariage. Peu à peu d'autres souverains semblables à lui se trouvent presque sans le savoir toucher à ses confins ; les intervalles se remplissent ; la cabane devient village, le village devient ville. La société se forme sans que l'individu ait rien à céder de son pouvoir; et ce spectacle ne s'est pas vu deux fois. L'Évangile, partout ouvert, est le contrat primitif qui, de ces solitaires, fait les citoyens d'une république d'égaux. L'autorité que chacun s'attribue sur la croyance conduit nécessairement à la souveraineté du peuple en matière politique ; comment celui qui est souverain dans le dogme ne le serait-il pas dans le gouvernement ? Chacun a son vote dans la cité de Dieu et dans la cité des hommes ; cette liberté qui enfante les sectes a pour forme nécessaire la confédération.

Ainsi cette société des États-Unis renferme dans son berceau la force que donne la conséquence absolue d'un principe. Les Européens, qui n'ont pas le secret de cette organisation et ne voient pas quelle en est la base sacrée, décident de tout sur leurs antiques formules. Au moindre mouvement qui les étonne, ils prophétisent volontiers cet ancien adage, que la forme républicaine n'est possible que pour les peuples de médiocre étendue ; sur cela, ils déclarent que les États-Unis, demain ou après-demain, vont crouler et retomber dans la monarchie. Mais, sans même prendre garde à ces avertissements, l'Amérique du Nord sent qu'elle n'est pas bâtie sur le sable ni sur une convention vague ou arbitraire ; que le germe de ce grand arbre social qui prend chez elle son développement libre est un principe positif, le protestantisme ; qu'aussi longtemps qu'on ne l'aura pas extirpé, ou remplacé par la hiérarchie catholique, la vie républicaine peut s'épanouir et croître sans limite.

Aussi voyez le calme et l'audace de ces hommes ! je retrouve dans le tempérament de cet empire naissant, tout ensemble la fougue de Luther et la froideur de Calvin. Quelle intrépidité à s'élancer dans cet infini visible, à reculer de plus en plus les barrières, à dompter les hydres des forêts ! travail d'Hercule accompli par un esprit chrétien !

sainteté du travail de l'homme occupé à dompter tout un hémisphère! Un empire se fait artisan; l'atelier est un nouvel univers; les instruments sont les fleuves; le Christ redevient charpentier.

Écoutez le bruit de sa cognée; il abat le chêne primitif au milieu de la forêt inviolée. La sueur inonde ses joues. Tout le monde croit qu'il n'est occupé que de l'équerre et du compas. Il bâtit à grand'peine, près du torrent, une cabane inconnue; à peine si le voyageur consent à détourner la tête vers cette humble demeure, où le bruit de la hache et du marteau se mêle au chant d'un psaume. Mais, si quelques années après il repasse au même endroit, il voit, par une sorte de miracle social, à la place de la cabane, un empire puissant qui se lève de terre. Le charpentier est devenu l'instituteur d'un monde.

Dans cette Amérique du Nord, qu'on nous dépeint si matérielle, je trouve l'écrivain le plus idéaliste de notre temps. Comparez les formules souvent alexandrines de la philosophie allemande à l'inspiration, à l'essor, à l'élan moral d'Émerson! Une philosophie vierge devait naître à la fin dans ces forêts vierges; elle commence à y poindre. L'homme que je viens de nommer suffit pour prouver que de hardis pionniers s'engagent, en Amérique, à la recherche du vrai dans le monde moral; ce que nous publions ici du haut des ruines du passé, bien souvent il le publie de même dans l'essor et la solitude d'une nature toute neuve. Que veulent dire ces voix, ces âmes qui se rencontrent sans se connaître à travers l'Océan ? Pour avoir quitté le passé, nous ne sommes point égarés ni les uns ni les autres, comme dans une île déserte. Sur le sable inviolé du nouveau monde, voilà les pas d'un homme qui tend à l'avenir par le même chemin que nous.

Dans cette grande lice ouverte entre deux religions, le catholicisme du concile de Trente a reçu pour se développer l'Amérique du Sud. Là, les fondateurs ne sont pas des individus isolés ; c'est, au contraire, conformément au principe catholique, une association formée d'avance, un empire puissant qui, armé de toutes ses forces, vient prendre possession du sol. L'Espagne avec son Église, son autorité, ses armées, s'assied en Amérique ; pour que la part soit plus belle, d'un côté le peuple qui vient occuper ce théâtre est le bras droit du catholicisme ; de l'autre, la contrée qui lui est donnée est la plus visiblement favorisée du Créateur. Des vallées, des plaines neuves, semblent appeler la vie qui doit y faire germer des empires nouveaux. Afin que l'expérience soit plus décisive, on ne permettra l'approche de ces rivages qu'au catholicisme seul [1] ; la civilisation des indi-

[1] D'après le recensement de 1796, sur les six millions d'In-

gènes aurait pu le contrarier peut-être en quelque chose ; elle disparaît.

Il ne reste plus qu'une nature puissante, qui, dans sa solitude, invite l'homme à la couronner de vastes pensées, de projets, d'innovations, de sociétés, de royaumes gigantesques comme elle. Mais l'homme reste immobile ; une force invisible lui lie les bras.

Sa pensée ne se hausse pas, ne grandit pas, dans ce moule nouveau qui s'ouvre pour la recevoir. Trois siècles passent ; tout tarit près de lui. Au milieu des forêts virginales, pas une pensée nouvelle n'éclate dans une institution, dans une œuvre, ni même dans un livre [1]. Le souffle matinal de l'univers passe sur le front de l'homme, et ne peut raviver ce vieillard. Que sont ces berceaux d'empire, Mexico, Rio-Janeiro, Buenos-Ayres, Lima [2], qui, dès le premier jour, ont les rides de Byzance ? Le seul Chili [3] semble garder encore

diens du Pérou, cinq millions et demi avaient été détruits. Aujourd'hui le catholicisme tend à conserver les indigènes.

[1] Il était d'ailleurs défendu d'imprimer en Amérique un livre quelconque, même de dévotion. (Lastarria, p. 42.)

[2] En 1706, une ordonnance de Lima défendit aux noirs, aux mulâtres, aux métis et aux Indiens de commercer, de trafiquer, de vendre dans les rues, par cette considération, « qu'il ne serait pas décent que cette sorte de gens s'égalât à ceux qui ont choisi ces professions, et qu'il convient de la réduire aux occupations purement mécaniques, puisqu'elle n'est propre qu'à cela. »

[3] J'ai sous les yeux un morceau plein d'élévation et de logique sur les rapports de l'Église et de l'État dans le Chili, par

l'âme des anciens Araucans dans le poëme d'Ercilla. Que signifie ce prodige de stérilité, dans un monde nouveau, sinon que l'idée qu'on y a apportée avait déjà donné ailleurs tous ses fruits ; que le catholicisme, essentiellement conservateur depuis trois siècles, a perdu la force d'impulsion, l'esprit de création ; qu'il est incapable de répandre désormais sur les vastes océans le Verbe qui enfante un nouveau monde social ; que son âme, emprisonnée dans les cathédrales du moyen âge, n'a plus la force de la tempête divine, pour purifier le chaos et baptiser les continents ?

Dans sa jeunesse, que n'avait-il pas fait des forêts abruptes des Gaules, de Germanie, de Bretagne ! Quelles cathédrales il avait su tirer des montagnes ! Quels cris ! quelles paroles il avait arrachés des pierres ! Comme il avait plié cette nature à son image ! Et maintenant le voilà transporté dans la nature sans tache que rêvaient les ermites, les saint Paul, les saint Antoine, les Athanase des premiers temps ! Il voit ce monde immaculé, et il ne le comprend plus. Tristement il s'assied, immobile au bord des grands fleuves,

M. Francisco Bilbao, *Sociabilidad Chilena;* il est vrai que cet écrit a été condamné comme hérétique par les tribunaux du Chili. Ce peu de pages montreraient seules qu'en dépit de toutes les entraves on commence à penser avec force de l'autre côté des Cordillères. **Le baptême de la parole nouvelle,** *el bautismo de la palabra nueva,* voilà des mots qui ont dû étonner dans une brochure écrite aux confins des Pampas.

n'ayant que des souvenirs dans un monde qui n'a point de passé, ne sachant comment s'associer à tant de jeunesse, y renonçant bientôt, refaisant au pied des Cordillères ce qu'il faisait sous les Mérovingiens, sans que le chœur d'adoration qui émane de tant de créatures nouvelles ajoute un seul accent, une seule forme, une seule note à sa liturgie, et semblant répéter à chaque mot : Il est trop tard, il est trop tard pour aimer, célébrer, embrasser les œuvres sorties hier toutes vives des mains de Dieu toujours vivant.

Vous cherchez la cause du mal étrange qui dévore les institutions de l'Amérique du Sud ; d'après ce que je viens de dire, il n'est pas malaisé de la découvrir. Ce mal est la contradiction. D'un côté, la religion d'État, le catholicisme du concile de Trente, fait planer sur ces peuples l'idéal du pouvoir absolu et l'ombre de Philippe II. De l'autre, le souffle de l'Amérique du Nord et de la France est arrivé jusqu'à eux ; il les tourmente d'un désir inextinguible de liberté. Entre ces deux forces opposées, qu'arrive-t-il ? ces peuples s'agitent d'un mouvement désespéré. Quoi qu'ils fassent, ils finissent inévitablement par réaliser dans la politique l'idéal qu'ils ont inscrit dans la religion d'État, c'est-à-dire le pouvoir absolu. Tout ce qu'ils peuvent faire est de changer de dictateurs. On voit alors des républiques n'aboutir jamais qu'à resserrer leur servitude. Supplice nouveau ! L'Amérique du Sud est couchée à l'ombre d'un vaste mancenillier qui lui verse sa torpeur ; le tronc et les racines jetés dans un autre continent lui restent invisibles.

Cependant qui oserait dire que ces deux religions, le catholicisme et la réforme, ne soient mises ainsi en présence que pour un vain spectacle? Si chacune d'elles a reçu ainsi tout un monde, n'est-ce pas un signe qu'aucune d'elles ne vaincra sans partage, et qu'elles sont destinées à se fondre dans une unité plus haute, où l'enthousiasme de sainte Thérèse pourra se concilier avec le raisonnement de Calvin, où la tête et le cœur s'entendront de nouveau? L'idéal de Christophe Colomb rassemblait les deux pôles de la pensée humaine, la rectitude des géomètres, la flamme des prophètes, la liberté des esprits dissidents ; et, de même que dans le passé chaque missionnaire communiquait son esprit particulier à la contrée où il était envoyé, qu'Orphée léguait son âme d'artiste à la Grèce, saint Paul son esprit de discussion à ses Églises d'Asie, saint Pierre son esprit d'autorité à son Église romaine, ne peut-on pas penser que cette grande âme de Christophe Colomb, qui contenait tout ensemble, par avance, Rome et Genève, l'orthodoxie et l'hérésie, le Nord et le Midi, deviendra tôt ou tard le principe vital de la communion du nouveau monde ? L'hérésie de Christophe Colomb, plus vraie que la vieille orthodoxie, est le grain de vie semé dans le sillon de l'avenir ; tôt ou tard la société, en croissant, ressemblera à son germe.

L'unité morale que Colomb poursuivait sur son vaisseau n'est pas encore atteinte ; mais, depuis qu'il a commencé à la chercher, le rivage d'alliance n'a cessé de se rapprocher. Le monde social flotte aujourd'hui, impatient de toucher le bord où les pressentiments vont se réaliser. Quelques-uns crient déjà *Terre !* souvent c'est un nuage. Alors la foule désespère ; elle demande à retourner dans le passé, sur le seuil de la vieille Église. D'autres aperçoivent des oiseaux voyageurs, des herbes marines, et ils voudraient se détourner vers chacun de ces signes. Mais un souffle inexorable enfle les voiles du vaisseau, qui ne peut reculer ; le moindre cœur qui s'élance le hâte comme le battement d'une rame. Il marche, il ouvre son sillon, il avance. Dieu l'attire vers le port.

DOUZIÈME LEÇON

L'ÉGLISE GALLICANE ET L'ÉGLISE DE L'AVENIR.

L'Église renverse l'Église. — La France catholique se défie du catholicisme. — *Politique sacrée* de Bossuet : la charte du pouvoir absolu. — Quel est le signe d'un gouvernement légitime et chrétien? — Une Eucharistie sociale. — Les libertés gallicanes et le *futur concile*; une servitude dissimulée. — La papauté donne au dix-huitième siècle le signal de toute négation. — La bulle *Unigenitus*. Le christianisme nié par le Saint-Siège. — La guerre civile dans l'Église; Bossuet et Fénelon. — Nécessité d'un autre idéal. — La littérature française est-elle catholique? — Comparée à la littérature espagnole. — La philosophie légitimée par l'Église. — Fausse passion de l'esprit chrétien au dix-huitième siècle.

Dans cette crise qui partage le monde entre le catholicisme et la réforme, lorsque chacun fait son choix, et que l'on voit la France, après quelque hésitation, se décider pour l'Église du moyen âge, s'y rattacher avec fureur dans la Ligue, avec réflexion dans le dix-septième siècle, on doit craindre que ce pays ne s'interdise pour toujours la voie de l'avenir. En s'enfermant dans le cercle de l'Espagne et de l'Italie, ce peuple ne se condamne-t-il pas inévitablement au même déclin? Comment pressentir que la nuit de la Saint-Barthélemy puisse aboutir jamais au réveil de la Constituante, et que le même peuple se donne le plaisir de consacrer toutes les entraves pour les briser toutes ensemble? L'imagination ne va pas jusque-là. Par cet acharnement contre les nouveautés du seizième siècle, il paraît évident que la France s'enchaîne au passé de la race romane, qu'elle se lie des mêmes entraves que les peuples du Midi, qu'elle consent à rester une province conquise de Rome spirituelle. La France suit la Gaule dans sa défaite; elle refuse de s'affranchir; le pape conserve sur elle la moitié des droits de César; tout cela semble irrévocable.

De plus, pour que l'on sache à quoi l'on s'engage en restant dans l'alliance de l'Église du moyen âge, il arrive que l'écrivain que l'on appelle avec raison le dernier des pères, Bossuet, se charge d'écrire la charte politique [1] qui est la condition de ce pacte. Avec une candeur incomparable qui n'appartient qu'au génie, Bossuet déduit du catholicisme moderne la constitution idéale de l'État; jamais assurément on ne mit tant de logique, de bonne foi, de modération, à tracer la théorie du pouvoir absolu.

---

[1] *Politique tirée de l'Écriture*, par Bossuet. Voyez aussi la *Politica de Dios*, par Quevedo. C'est un des plus beaux livres de l'Espagne du dix-septième siècle.

La monarchie, sans limite qu'elle-même, sans contrôle sur la terre, l'État tout entier contenu dans le roi, la suppression entière de l'autorité du peuple, tous les droits d'un côté, tous les devoirs de l'autre, renfermés dans l'obéissance aveugle, découlent de source sous la plume de Bossuet ; jamais un scrupule ne l'arrête dans cette éclatante charte de servitude. On la croirait née dans la pensée même de Louis XIV.

L'évêque de Meaux donne à son prince la même autorité qu'à celui de Machiavel ; mais, tandis que chez le publiciste florentin on jouit au moins des angoisses du tyran, on éprouve une sorte d'effroi de voir le roi de Bossuet se faire despote par scrupule de conscience. Il usurpe tout, il absorbe tout, pour mieux imiter le dieu de l'orthodoxie, dans sa politique sacrée. Cette lignée non interrompue de monarques absolus que Bossuet évoque autour de vous, depuis les patriarches et les rois de Judée, cette tradition d'esclavage qu'il fait remonter au delà du déluge ne laisse pas une issue par où l'on puisse respirer. Dans cette continuité d'obéissance passive, toute liberté semble hérésie ; et cette servitude politique, qui va en s'amoncelant et se consacrant de siècle en siècle, comme l'orthodoxie même, écrase l'esprit, mieux que ne font la violence et le fer de Machiavel.

Car remarquez que dans cette charte catholique

toute espérance est ôtée à qui voudrait en sortir.
Le lien enveloppe l'avenir autant que le passé :
nul crime, nul parjure du roi ne peut affranchir
les sujets. Aucun engagement ne le lie ; il n'a rien
promis ni juré. Tout se passe entre Dieu et lui ;
il est sacré ; le peuple ne peut rien sur la couronne
de ce Christ. D'où il résulte que toute révolution
est en soi illégitime et impie. Les remontrances à
voix basse, et, si elles ne sont pas écoutées, les
soupirs, les gémissements, c'est jusqu'où va le
droit des peuples. Le catholicisme ayant pour principe de voir toujours le droit où est le fait, l'esprit où est le signe, l'Évangile dans le prêtre, la
légitimité dans le prince, troubler l'ordre des dynasties équivaut pour lui à troubler l'ordre intérieur de Dieu même.

C'est-à-dire que l'Église, par la voix de Bossuet, en retenant la France dans les chaînes spirituelles du passé, lui ôte tout lendemain politique. Éterniser la monarchie de Louis XIV est le
dernier mot de ce prophète. La Révolution s'avance ;
il lui jette prématurément l'anathème. Ce grand
homme, aveuglé par son Église, ne veut rien voir,
rien pressentir de ce qui se prépare ; tout son génie ne lui sert ici qu'à se faire démentir, un siècle après, et par le roi, et par le peuple, et par le
pape même ; il fait l'oraison funèbre de l'avenir,
au moment où l'avenir se lève.

Voilà donc la France garrottée par le plus grand de ses prêtres, dans le corps et dans l'esprit. Il faut pourtant qu'avant peu d'années ces liens si serrés tombent les uns après les autres, que ces traditions de mort aboutissent à l'éclat de la Constituante, Louis XIV à Napoléon, la souveraineté du roi à la souveraineté du peuple, et que cette politique de Bossuet soit corrigée par une politique plus sacrée. Comment cela pourra-t-il se faire? Révolution spirituelle qu'il faut suivre avant de toucher à la révolution politique.

Avant tout, vous me demandez à quel signe je reconnais si un gouvernement est vraiment chrétien ; je réponds que j'ai vainement cherché cette marque distinctive dans les écrivains ecclésiastiques. Mais, après y avoir bien songé, je pense qu'un souverain est chrétien, dans le vrai sens du mot, non pas s'il protège l'Église, s'il jure le serment ordinaire d'*exterminer les hérétiques*, mais bien si, à l'imitation du Christ, il donne lui-même son esprit et son âme en pâture à son peuple [1]. Un gouvernement légitime et chrétien est une sorte d'Eucharistie sociale, dans laquelle le souverain nourrit un pays, une nation, de sa propre substance morale. Si le chef de l'État se nourrit de son peuple et le dévore, il fait le contraire du Christ :

[1] Voy. Quevedo, *Politica de Dios*.

quelles que soient les apparences, sa politique est l'opposé de celle du Dieu des modernes.

Sur ce principe, jugez l'action des princes et des peuples dans la politique universelle ; beaucoup de choses vous apparaîtront dans un jour inattendu. Les gouvernements de Philippe II, de Louis XIV vers la fin, de Louis XV, bien qu'appuyés sur l'Église et sur les confesseurs, ramenant à eux toute la substance de leurs sujets, les brisant comme le pain, étaient devenus des monarchies antichrétiennes. Au contraire, le peuple de France, emporté dans un moment de fureur contre l'Église visible, mais se distribuant pour ainsi dire lui-même à toute la terre, et disant aux autres peuples en répandant son esprit : Ceci est mon corps et ceci est mon sang ; ce peuple était, au milieu de son blasphème, plus chrétien que ce qu'il renversait.

Pendant deux siècles, le Nord et le Midi se sont déchirés pour la question de l'Eucharistie et de la présence réelle de Dieu. Ils n'ont pu réussir à se réduire l'un l'autre. Le catholique n'a pu forcer le calviniste de croire que Dieu soit enfermé dans une hostie ; le calviniste n'a pu contraindre le catholique d'admettre que le mystère de vie se réduise à la commémoration d'une scène historique, passée il y a dix-huit cents ans. La Terre s'obstine à répéter aux uns, que Dieu nourrit aujourd'hui les âmes comme il les nourrissait autrefois, dans la cène, d'Emmaüs ; aux autres, qu'il n'est pas attaché à un objet indépendamment de l'Esprit. Le monde commence à entrevoir qu'il ne communie pas avec le ciel seulement par l'hostie, ou par les vases sacrés. Une pensée d'en haut qui fortifie votre cœur comme le vin, une parole intérieure qui la nourrit comme le pain, n'est-ce pas là aussi une hostie sans tache ? L'enthousiasme désintéressé pour la cause de l'univers, n'est-ce pas aussi la nourriture des anges ? Pour moi, j'estime que toute la France a communié le jour du serment du Jeu de Paume ; et qui m'assurera que tous les continents qui se rapprochent ne communieront pas à la fin, à la même heure, dans un autre serment répété par tous les membres de l'Assemblée du genre humain ?

En entrant dans ce point de vue, il est aisé de montrer l'enchaînement du dix-huitième siècle, et comment la vieille société, détruisant elle-même chaque jour un de ses principes, ne laisse plus à la fin qu'un cadavre à renverser, quand la Révolution arrive. Une seule chose servait de limite à la monarchie de Louis XIV ; c'était l'autorité de l'Église qui planait sur le roi. Cette ombre éloignée devient insupportable ; le demi-dieu de Versailles ne peut tolérer d'être primé par l'autorité du demi-dieu du Vatican. Le clergé de France, par la Déclaration de 1682, affranchit le monarque de ce reste de dépendance spirituelle. L'État politique est ouvertement délié de l'État religieux; on brise le nœud gordien, le trône se sépare de l'autel; il s'estime assez puissant pour ne s'appuyer que sur lui-même.

Tout le monde pense, ce jour-là, à Versailles, que la monarchie absolue, débarrassée du contrôle de Rome, n'a plus rien à redouter; et, au contraire, il se trouve que ce prétendu affranchissement est la ruine de cette royauté sans limites. Les libertés de l'Église gallicane, proclamées au profit de Louis XIV, deviennent, dans le fond, le premier acte de la Révolution française. Comment cela? Le voici; il est étonnant qu'on n'ait pas fait encore cette remarque.

La monarchie absolue de Louis XIV avait pour condition la monarchie absolue du catholicisme romain. Ces deux choses sont inséparables. Vouloir s'affranchir de Rome, c'était en réalité, pour Louis XIV et ses successeurs, se dépouiller de leur principe et détruire leur fondement. Je veux bien, si je suis croyant, me soumettre au pouvoir absolu, à la condition que l'on me montre que ce pouvoir est une suite de ma croyance, que je ne puis discuter le premier sans ébranler la seconde. Cette royauté, enveloppée des mystères du catholicisme, devient elle-même un objet de foi; je suis investi de tous côtés; je plie le genou devant une autorité qui couvre le roi par le prêtre, le prêtre par le roi.

Mais, si cette monarchie, en restant absolue, ne veut pas même se laisser limiter par son principe, si elle met son génie à se séparer du sanctuaire, à descendre dans la place publique, à ne s'appuyer que sur elle-même, alors son orgueil fait sa perte ; car je la surprends dans son isolement et dans sa nudité. Toutes ses draperies ne m'empêchent pas de mesurer le vide qu'elle a elle-même creusé sous ses pas. Pour être maîtresse plus absolue elle a repoussé l'autorité qui la soutenait ; il ne lui reste plus qu'à tomber. Conserver la forme absolue de la monarchie d'Espagne, et se délivrer de ce qui en est la sanction, est une chose impossible. En détruisant son lien avec la catholicité romaine, Louis XIV détruisait la racine même de son autorité. Il croyait monter sur le trône de Charlemagne ; dans le fait, il commençait à descendre les degrés de Louis XVI.

Cette séparation du spirituel et du temporel, qui est le fond de l'Église gallicane, renferme en soi un singulier présage. Chaque peuple suit avec confiance l'idéal de sa croyance ; l'Espagne s'identifie avec le catholicisme, l'Angleterre avec le protestantisme. Au milieu de cela, la France seule déclare à plusieurs reprises, depuis des siècles, qu'elle sépare sa destinée de la destinée de son Église ; la France consent à ne pas changer de religion ; mais elle prend d'avance la précaution de ne pas lier sa fortune à celle du catholicisme. Elle ne tolère pas d'autre culte; cependant elle refuse de s'engager à accepter le sien pour idéal de sa vie politique.

Quelle étrange réserve! ou plutôt quelle défiance précoce dans ce que l'on nomme les libertés de l'Église gallicane! Au moment même où sa foi est la plus vive, la France ne donne au catholicisme que la moitié d'elle-même, comme si elle pressentait déjà que cette croyance n'est pas celle où elle doit s'arrêter. l'Église d'un côté, la France de l'autre. Si la première languit, la seconde ne lui est pas enchaînée; on conserve au milieu de soi l'esprit du passé, on se réserve de ne pas l'écouter. Étrange convention, pleine de soupçons, et qui seule explique comment notre pays, sans se donner au protestantisme, a pu échapper à ce que Saint-Simon appelle le *chancre rongeur de Rome*. Les États du Midi n'ont pas eu un seul moment d'appréhension ; ils se sont embarqués sur le vaisseau du catholicisme pour surnager ou périr avec lui. Ils se sont donnés tout entiers, ingénûment, sans se ménager d'issue; aujourd'hui les voilà en effet qui périssent sans savoir par où se ressaisir.

Si les libertés gallicanes ont permis ainsi de ne pas tout mettre, ciel et terre, croyance, patrie, dans un même enjeu, voyez d'ailleurs les contradictions où elles ont jeté l'Église ; vous les jugerez par un seul mot. Sur quoi reposent ces libertés? Elles consistent, en dernier recours, à appeler du pape au *futur concile!* Mais cette assemblée, qui doit rétablir tous les droits de l'Esprit, où a-t-elle paru ? qui en a entendu parler ? Il y a trois siècles que le christianisme a formé cet appel ; de bonne foi, ne craint-on pas que la patience ne se lasse, que le droit ne succombe, et qu'en attendant le Christ ne meure encore une fois de soif sur la croix ?

On répète encore de nos jours que l'Église gallicane est libre parce qu'elle n'accepte d'autre souverain que le pouvoir des assemblées œcuméniques. Que diriez-vous d'un État qui se croirait indépendant parce qu'intérieurement il prendrait en patience sa servitude, en se complaisant dans le fantôme d'une prétendue assemblée constitutionnelle, qui jamais ne se réaliserait, que personne ne songerait à convoquer, qu'on saurait impossible, et que tout le monde craindrait également ? Si les siècles se passaient et que ce même peuple continuât de goûter l'esclavage, d'ajourner le réveil, de se proclamer libre uniquement parce qu'il s'amuserait de ce leurre d'une délibération future, sans rien faire même pour la provoquer, et si sa vie se tarissait ainsi en se trompant complaisamment lui-même, ne serait-ce pas là une illusion insupportable, puisqu'elle donnerait à des esclaves l'infatuation des hommes libres ? Or cette condition doublement fictive est celle de l'Église gallicane ; ou plutôt c'est ce mensonge qui l'a amenée à cette profondeur de néant où vous la voyez aujourd'hui et d'où rien ne peut la faire sortir.

L'ultramontanisme est encore un système; le gallicanisme n'est plus qu'une chimère; car le monde détrompé, las d'attendre le rêve de cette assemblée qu'on ajourne à la consommation des temps, a convoqué de lui-même la Constituante, la Législative, la Convention. Est-ce là le futur concile de l'Église gallicane? je le veux bien, qu'elle choisisse. Sinon, que l'on nous dise au moins combien de siècles il faut patienter encore.

Pour en finir, ajoutez que ce rêve, en décapitant la papauté, ne la remplace que par une autre servitude. Lors même que cette illusion du futur synode s'accomplirait pour nos descendants, ce ne serait encore là qu'une autre forme de l'esclavage, puisque dans ces libertés prétendues il n'y a qu'une chose qu'on oublie, le droit sacré de l'individu, l'autorité désormais inviolable de la conscience privée, le dieu intérieur caché dans chacun de nous.

Convoquez aujourd'hui les évêques et archevêques de toute la terre; que cette assemblée prétende décider en maîtresse absolue du monde intérieur ; sa tyrannie me sera aussi insupportable que celle de l'Évêque de Rome. Qui pourrait aujourd'hui se démettre de sa pensée, de son droit moral, de l'évidence intérieure, devant une réunion du clergé, quelque nombreuse qu'elle fût ? Dans la nouvelle constitution de l'Esprit, chacun doit se représenter lui-même ; il n'y a plus de députés ni de mandats ; nul ne peut céder à un autre le droit de voter à sa place sur les questions éternelles.

Le catholicisme sait très bien que le concile est fini pour toujours, qu'il ne doit plus être rouvert, que s'il fallait mander devant lui les Jean Huss, les Jérôme de Prague, les Luther, les dissidents de nos jours, il risquerait d'amener le monde à sa barre. Il a perdu la majorité sur la terre ; et l'on veut qu'il s'en remette de sa destinée à l'ancien vote par tête de nations ? Comment le lui demander ? Dictature pour dictature, la plus logique l'emporte par la force des choses. L'orthodoxie catholique doit se confondre de plus en plus avec l'ultramontanisme : c'est là sa pente et sa nécessité ; le grand avantage que j'y découvre, c'est qu'entre l'Église du moyen âge et l'esprit vivant il n'y aura bientôt plus de faux intermédiaires. L'extinction de ces libertés gallicanes auxquelles je viens d'ôter le masque rend plus nette la situation du monde. Désormais le passé et l'avenir sont aux prises, sans que personne puisse s'abuser ni sur l'un ni sur l'autre.

Si l'on veut voir de plus haut combien la vieille

société française était condamnée, longtemps avant la Révolution française, il suffit de considérer le premier monument du Saint-Siège au dix-huitième siècle; on s'aperçoit alors que cette vieille société est frappée à la tête; la papauté a le vertige.

En effet, son danger lui apparaît pour la première fois. Le jansénisme, poussé sur les voies des réformateurs, tendait comme eux à diminuer l'autorité des prêtres en tout abandonnant à Dieu. Le péril était réel pour l'ancienne Église; malgré les serments d'obéissance, nul ne pouvait dire, en entrant dans ce chemin, où il s'arrêterait. Port-Royal ruiné se relevait dans les âmes. Cette même humilité de Luther et de Calvin, présage de la révolte, reparaissait sous d'autres traits, au milieu de l'Église catholique. On se sentait menacé du fantôme de la Réforme jusque dans le sanctuaire. Alors qu'arriva-t-il? la chose la plus extraordinaire du monde, et à laquelle je ne puis me lasser de songer. C'est que, pour en finir de ces armes spirituelles que les adversaires empruntaient aux Écritures, la papauté imagina d'effacer d'un seul coup et d'une manière solennelle l'esprit et la lettre de l'Évangile. Je m'explique.

Le Saint-Siège, en 1712, publie sa bulle *Unigenitus*, monument incroyable dans l'histoire du christianisme. Une vraie stupeur saisit les plus fervents croyants; la France en est déchirée pendant un demi-siècle ; et si, pour ma part, je lis et je relis cette bulle, je partage de nouveau la stupeur de ces générations ; je ne puis en croire mes yeux.

La papauté, après avoir affirmé pendant dix-huit cents ans, nie tout en un jour, excepté sa puissance ; et cette négation universelle, elle l'affiche au front du dix-huitième siècle naissant. Ces incroyables interdictions parleront d'elles-mêmes.

Anathème à cette maxime : *Dieu n'est pas, la religion n'est pas, où n'est pas la charité* [1]. D'où il suit que Dieu et la religion vont l'un et l'autre sans la charité.

Anathème à cette autre : *Il n'y a pas de bonne œuvre sans l'amour de Dieu* [2] ; ce qui veut dire qu'après s'être passé de charité envers les hommes on peut se passer d'amour envers Dieu. Après cela, que reste-t-il ? le pape.

Malédiction sur ces mots [3] : *La foi justifie quand elle agit, mais elle n'agit que par la charité.* Ceci regarde saint Paul ; l'excommunication tombe sur lui, du plus haut du Vatican.

Damnation et malédition sur ces paroles [4] : *On*

---

[1] Nec Deus est, nec religio, ubi non est caritas.

[2] Ut nullum peccatum est sine amore nostri, ita nullum est opus bonum sine amore Dei.

[3] Fides justificat, quando operatur ; sed ipsa non operatur, nisi per caritatem.

[4] Separatur quis a populo electo, cujus figura fuit populus judaicus, et caput est Jesus Christus, tam non vivendo secundum Evangelium, quam non credendo Evangelio.

se sépare du peuple des élus dont le peuple juif a été la figure, et dont Jésus-Christ est la tête, en ne vivant pas selon l'Évangile ou en ne croyant pas à l'Évangile. D'où il résulte que, pour rester avec les élus, il n'est besoin ni de vivre selon l'Évangile ni d'y croire. Et qu'a dit de plus Voltaire?

Anathème, damnation, malédiction sur ceci : *Rien de plus vaste que l'Église de Dieu, parce que tous les élus et les justes de tous les siècles la composent.* Ce qui veut dire que l'Église, telle que l'entend Rome, n'est pas ce qu'il y a de plus vaste[1]; cet avis est le nôtre, et ainsi la papauté, se niant elle-même, finit en cet endroit, comme les Césars, par un pompeux suicide.

Qu'on se figure ainsi les textes les plus éclatants de saint Paul, quelquefois même les paroles de Jésus-Christ, les maximes des saints, des martyrs, des Pères, c'est-à-dire l'Évangile et la tradition, tout cela, pour plus de sûreté, foudroyé, anathématisé pêle-mêle, au hasard, comme autant de blasphèmes. Cette dictature devait en arriver là, et s'aveugler de ses foudres. Il était impossible que le pouvoir absolu ne finît pas au spirituel par

---

[1] Nihil spatiosius Ecclesia Dei, quia omnes electi, et justi omnium sæculorum illam componunt.

L'anathème va encore frapper, par exemple, cette maxime : *Le jour du dimanche doit être sanctifié par des lectures de piété, et surtout des Saintes Écritures ; il est coupable de vouloir détourner le chrétien de cette lecture.* Homme de bonne foi, qui vois cet anathème, dis-moi ce que tu veux que j'en pense.

un jour de vertige. Les égarements sensuels de la papauté, au sortir du moyen âge, avaient précédé le protestantisme ; il fallait qu'un égarement plus profond, celui de l'esprit, annonçât une réforme plus vaste.

A vrai dire, dans cette bulle *Unigenitus*, le pape, pour se débarrasser des hérésies, non-seulement poignarde le christianisme, mais l'idée même de la religion et de Dieu. Et remarquez ainsi l'acharnement de ces anciens pouvoirs à se détruire de leurs mains. La monarchie de Louis XIV, voulant s'exagérer, détruit son principe ; il ne reste que le roi ; le pape, pour n'avoir pas de rival, efface l'Évangile, il ne reste que le prêtre ; c'est-à-dire que, d'un côté, vous voyez un roi sans peuple, de l'autre un prêtre sans Évangile, de tous côtés un État sans idéal, un catholicisme sans christianisme, un monde sans fondement. Vous étonnerez-vous s'il s'écroule avant même d'être frappé ?

Que l'on ne dise donc plus que les philosophes ont ébranlé la foi. Cette initiative a été prise par une autorité établie longtemps avant la leur. Le dix-huitième siècle s'ouvre avec plus de solennité qu'on ne nous le raconte. Dans ses premières années, un pape, du haut du balcon du Vatican, au nom de la vieille Église, dans toute la majesté de son autorité infaillible, jette l'Évangile dans l'abîme. Pour ne laisser à ses adversaires d'autre refuge que lui-même, il met le Christ à l'interdit. Voilà la première journée du dix-huitième siècle.

Cette bulle est en soi la marque d'une nouvelle ère; et ce reste de gloire appartenait bien à l'ancien souverain spirituel, de donner lui-même le premier signal du renversement de l'ancien monde religieux et social. Ni Voltaire ni Rousseau n'avaient une autorité suffisante pour marcher les premiers. Avant que le monde essayât rien de nouveau, il fallait que le prêtre livrât lui-même son Dieu, qu'il fermât l'ancien livre, et que cet aveu sortît des lèvres mêmes de l'Église, que *tout était consommé*.

Or rien de cela ne manque à ce décret de la papauté, qui est le dernier dont le bruit se soit fait sentir à toute la terre. Au milieu des fêtes de la Régence, cet écho retentit comme les coups de marteau du prêtre sur les clous de la croix. Signal pour la terre de trembler, pour le voile antique de se déchirer. En maudissant, interdisant, anathématisant les fondements mystiques de la vieille société française, le pape légitimait d'avance tous les efforts que le monde allait faire pour en établir d'autres sur la seule raison. Jamais cette logique divine que nous avons suivie depuis le berceau du Christ n'a mieux paru qu'à ce moment. Le pape renverse l'Église de l'esprit; la Révolution française en arrivant ne trouve plus qu'une Église de pierre.

Il est vrai que ces ruines possèdent encore deux hommes, Bossuet et Fénelon. Par malheur, tous deux passent leur vie à disputer l'un contre l'autre pour savoir où est l'orthodoxie; l'autorité de l'un renverse celle de l'autre, et leur théologie va à se nier réciproquement, au lieu de se fortifier et de se confirmer, comme il arrivait au Pères de la première Église. Bossuet condamne Fénelon, qui condamne Saint-Cyran; les saints se jettent l'anathème. On s'accuse mutuellement, comme dans toutes les grandes causes perdues. Jésuitisme contre Jansénisme, Église romaine contre Église gallicane; la guerre civile est dans le saint des saints. La vieille Église se lézarde; pour que l'ironie céleste s'en mêle, la papauté veut donner un chef digne d'elle à cette Église française du dix-huitième siècle. Elle fait tant, qu'elle découvre au fond de la société, dans je ne sais qu'elle orgie de la Régence, l'homme le plus notoirement souillé, le plus universellement déshonoré de cette époque, l'abbé Dubois; et de ce débauché elle fait son cardinal. Sur les épaules de cet apôtre des roués elle met sa pourpre, symbole du sang des martyrs; il faut que le pieux Massillon solennise cette parodie de l'antiquité chrétienne.

Venez donc, hâtez-vous, saintes colères du ciel! Anges et Archanges, qui guérissez les plaies par le feu; si vous n'êtes pas une illusion du juste, descendez de vos nuages ! l'Église elle-même appelle son châtiment. Poussez devant vous, précipitez comme un chariot de guerre la Révolution qui s'approche avec la fin du siècle. Apportez, s'il le faut, le calice des cruelles années ; les saints l'accepteront pour purifier de si indicibles souillures.

A demi séparée de son Église, la France a dû nécesairement chercher bientôt un autre idéal dans les lettres et la philosophie. De cette situation est né le caractère tout social de la domination littéraire du dix-septième et du dix-huitième siècle. Cette universalité de nos écrivains, que l'on explique ordinairement par des considérations tirées du génie particulier de l'époque de Louis XIV, tient à des causes plus profondes. Il y avait eu de grands poètes modernes avant ceux de la France; aucun d'eux n'avait pu aisément gagner le reste du monde; au contraire, une fable de La Fontaine, une comédie de Molière, *Télémaque* de Fénelon, *Phèdre* de Racine, *Cinna* de Corneille, sont adoptés en même temps à Madrid, à Londres, à Pétersbourg, à Berlin, comme les œuvres d'autant de compatriotes. Savez-vous à quoi tient ce prodige ? il vient de ce que la littérature de France est restée, comme l'État lui-même, indépendante de l'Église de France [1], en sorte qu'elle n'est renfer-

[1] Ceci est si vrai, que le législateur de cette littérature, Boileau, croyait que le catholicisme est inconciliable avec la poésie.

mée dans l'idéal d'aucune secte, ni catholique ni protestante. Elle appartient à un idéal plus universel ; voilà pourquoi elle a pu être admise universellement par des peuples de communions différentes. Après les longues guerres de religion, ce fut un jour de fête pour le monde que l'apparition de ces œuvres du dix-septième siècle qui mettaient tous les peuples en communion dans un esprit plus grand que celui qui les avait divisés. Le protestant d'Allemagne, l'ultramontain d'Espagne, le schismatique grec de Russie, se sentaient réconciliés entre eux par des médiateurs qui dominaient les vieilles querelles. En un mot, la littérature française, quittant l'esprit de secte, cesse d'être catholique pour devenir universelle. Quand Fénelon, sans songer à Rome, écrit *Télémaque*, il appartient au monde ; quand il écrit en vue de l'Église, il n'est plus que l'orateur d'un parti.

Faut-il donner à ceci une éclatante confirmation? Depuis trois siècles, la littérature orthodoxe par excellence, celle qui a été écrite sous l'œil même de l'Église, est la littérature espagnole : l'universalité lui a toujours manqué. Les pièces religieuses de Calderon, de Lope de Vega, sont jetées dans le moule exclusif du génie catholique. Il est impossible d'y être plus conforme. La poésie, l'inspiration, rien ne manque à ces œuvres; et cependant qui les connaît en Europe? Tous les efforts qu'on a faits pour les répandre sont restés inutiles. Le sceau de l'orthodoxie leur donne un air étranger au milieu de l'esprit européen; on y sent l'âme d'une grande secte, non plus l'âme vivante du genre humain. Le catholicisme, transporté ainsi avec toutes ses rancunes et ses limites dans la poésie des auto-da-fé, semble aujourd'hui un schisme dans l'art moderne.

Le seul fait, que l'Église a elle-même renversé l'Église, change ainsi tout l'aspect du dix-huitième siècle. Premièrement, en voyant la société précipitée de plus haut, on comprend l'inexplicable impétuosité de sa chute; en second lieu, paraissent dans leur vrai jour et la victoire aisée des philosophes et l'attitude passive du clergé. Voltaire, Rousseau, Montesquieu, Diderot, entrent, la tête haute, dans une place livrée d'avance; ils n'ont pas besoin de combattre; ils marchent sur des cendres. Tout ce qu'ils se donnent la peine de toucher se renverse de soi-même; voilà pourquoi la plus étonnante destruction s'accomplit sans que l'on entende aucun cri de douleur. A voir le peu de pitié des vainqueurs, vous sentez qu'ils ne tuent que des morts; les coups mêmes le plus souvent sont légers, comme si l'on ne frappait que des ombres; à la bulle *Unigenitus* répondent les *Lettres Persanes*. Une ardente joie s'empare de tout ce siècle, en voyant combien son triomphe est facile.

D'autre part, le clergé qui s'est dépouillé de l'Évangile ne sait plus où se retrancher, il cède sur tous les points, sans défense. A peine quelques points d'érudition obscurément contestés à Voltaire; mais, au reste, plus de souffle, plus de larmes, plus d'entrailles. Quand, au milieu des rires, le vinaigre et le fiel sont de tous côtés offerts à l'Église, c'est alors, ce semble, que devraient être poussés de nouveau les trois cris du Golgotha : *Mon père, pourquoi m'abandonnez-vous?* Au contraire, pas un accent d'angoisse profonde ne s'échappe alors de la conscience du monde chrétien. Les pierres des cathédrales ne crient pas; tous les yeux restent secs; je ne vois ni femmes éplorées ni disciples éperdus au pied du Calvaire du dix-huitième siècle. Pourquoi cela? Ne le devinez-vous pas?

C'est que cette prétendue Passion de l'esprit chrétien au dix-huitième siècle n'est plus alors que la Passion d'un simulacre. L'Église a dépouillé la croix de son esprit; personne ne se passionne plus ni ne gémit sur la terre pour un bois mort. L'ordre du clergé a voulu se substituer, dans les ténèbres, au Dieu de l'Évangile; et il a cru un moment que le monde serait dupe de ce masque. Il s'est assis sur un Golgotha d'argent et d'or; il a tendu ses deux bras au plaisir, à l'avarice; par cette imitation, après avoir rejeté l'Évangile, il a cru que la terre le prendrait pour le *Crucifié*.

Mais il n'en a pas été ainsi. La lumière est venue avec le jour, toute la terre a surpris la fraude. Le dix-huitième siècle, avec ses railleries, a passé tout entier, peuple et noblesse, écrivains et artisans, au pied de ce masque du Christ; il a dit de mille manières, en riant, au prêtre qui voulait se faire passer pour Dieu : « Je te salue, roi des Juifs! » Et le prêtre a été si interdit, qu'il n'a pas même trouvé dans son cœur un soupir pour se plaindre que l'usurpation ait été découverte. Il s'est tu. La terre, loin de se fendre, a tressailli d'aise, parce qu'au moment où se jouait cette feinte Passion l'esprit du Christ vivant était ailleurs; le masque était ôté, la vérité restait.

Au milieu de ces ruines, l'homme montrait [1] une radieuse allégresse; il sentait, au fond du cœur, que pour refaire un monde le Dieu vivant demeurait avec lui,

---

[1] Voyez l'*Ultramontanisme*, sur la philosophie du dix-huitième siècle, p. 331.

TREIZIÈME LEÇON

L'ASSEMBLÉE CONSTITUANTE ET LA CONVENTION

La Révolution représentée par le catholicisme comme un enfer. — Poèmes de Monti. — Difficulté particulière à la France. — Une révolution politique et sociale sans une révolution religieuse. — Tentative vaine de la Constituante de concilier la démocratie et le catholicisme. — Alliance naturelle, l'Église et la Vendée. — Comment le tempérament du catholicisme reparaît sous les formes révolutionnaires. — Le culte de l'*Etre suprême*, une bulle de la Convention. — La Terreur. — Les armes de l'Église du moyen âge retournées contre elle. — Infaillibilité que s'attribue la Convention. — Spiritualisme de la Révolution : Fichte et Saint-Just. — Un peuple fait son testament. — Réponse de l'Église à la Convention : M. de Maistre.

Le jour où le drapeau de la Révolution est arboré à Rome, l'envoyé de France Basseville est massacré par le peuple à la porte de l'ambassade. Un grand poète italien s'empare de cet événement pour consacrer la première impression que l'Europe méridionale et catholique reçoit de la Révolution française. Monti compose, au point de vue de Rome, l'épopée de la Constituante et de la Convention; il imagine que l'âme de Basseville, arrachée de son corps[1], est condamnée à flotter à la surface de la France, dans les limbes de la Révolution, comme dans le vestibule de l'enfer. Un ange de vengeance, qui part du Vatican, l'accompagne : ces deux esprits, battus par la tempête, se montrent du doigt avec terreur l'horizon de la France. Ils le traversent ; de cercles en cercles, ils arrivent à Paris [2], la *cité dolente*, la *sentine* du monde. Sur les nues, ils rencontrent l'âme sanglante de Louis XVI qui monte au ciel, en même temps que les légions d'archanges en descendent et se précipitent sur la ville condamnée.

La Révolution française apparaît ainsi à travers le lac de sang de la *Comédie divine ;* et, depuis Dante, on n'avait plus entendu en Italie cette langue des spectres. Ce qui manque à la sincérité de cet enfer terrestre est la pensée du christianisme. Au lieu des personnages et des réalités de la foi, ce ne sont qu'abstractions [3]. Les Pleurs, les Soucis, la Discorde, la Folie, gardent les portes. On se demande comment le poète, qui veut châtier la France de son impiété, ne lui oppose qu'une mytho-

---

[1] *Basvilliana*, 1794.

[2] Le cardinal Pacca, dans ses Mémoires (1813), jette un cri tout semblable à la vue de Paris : « A peine vis-je paraître cette ville immense, que je sentis en moi une espèce de frisson et d'horreur, » etc.

[3]   Sul primo entrar della citta dolente
Stanno il Pianto, le Cure e la Follia, etc.
(*Basvilliana*, c. II.)

logie alexandrine. Il prétend frapper au nom de toute l'humanité chrétienne ; il ne trouve pour cela dans son cœur que les verges du paganisme. Au lieu du Christ juge, je vois le Jupiter d'Homère ; pour venger la foi, rien ne manque à Monti que d'être croyant. Le sentiment vrai qui surnage, qu'aucun système n'a pu fausser, et qui est l'âme de ces poèmes, c'est la Terreur. Quand, au nom de Robespierre, les chevelures [1] des esprits immortels se hérissent et frémissent dans la tempête, l'auteur disparaît ; vous respirez l'épouvante de l'Église. Dans ce poème du passé, le catholicisme inscrit au seuil de la Révolution française l'inscription de l'Enfer.

Après qu'un demi-siècle a été donné au monde pour se remettre de cette terreur, si nous refaisons le voyage de ces esprits déchaînés par Monti, si nous nous élevons comme eux à cette hauteur d'où tout s'entrevoit en même temps, si nous voulons non pas apporter une étincelle à l'incendie, mais converser avec l'âme même de cette Révolution, voici un des premiers principes que j'aperçois, et qui commence déjà pour moi à jeter la lumière dans ce chaos. Seule des nations modernes,

---

[1] Un Robespiero !
Tacque ; e al nome crudel su l'auree teste
Si sollevar le chiome agl' immortali
Frementi in suon di nembi e di tempeste.
(*Mascheroniana*, c. III.)

la France a fait une révolution politique et sociale avant d'avoir consommé sa révolution religieuse. Suivez un moment cette idée; vous en verrez sortir, tout ensemble, ce qu'il y a d'original et de monstrueux, de gigantesque et d'implacable dans cette histoire. Une société qui veut d'abord accorder l'Église et l'État, en les réformant l'un et l'autre, puis qui, après y avoir renoncé, les brise l'un par l'autre; au milieu de cela, des hommes qui ne sont pas croyants, et qui conservent le tempérament de leur croyance, extrêmes dans le soupçon et l'intolérance politique, comme on l'était autrefois dans l'intolérance religieuse; le christianisme et le catholicisme bannis en apparence, et demeurant au fond de toutes choses, l'un par l'esprit de fraternité et d'égalité, l'autre par le principe d'unité et de centralisation; c'est-à-dire l'essence même de la religion antique se réalisant dans le monde, au moment où le monde en renverse la forme, telle est l'épopée que Monti n'a pas aperçue.

Une joie profonde m'anime quand je vois tous les principes que j'ai établis dans le passé éclater dans les actes les plus spontanés de la Constituante. Il ne faut pas croire qu'elle vienne, tête haute, jeter un défi à l'ancienne Église. Rien n'est moins conforme à la nature de cette assemblée. Elle est elle-même trop croyante pour traiter légèrement la foi du passé : de plus, elle ne semble pas pressentir quelle difficulté inextricable viendra de ce côté. Depuis que ces hommes sont réunis, que la parole publique a jailli au milieu d'eux, ils semblent convaincus que l'âme qu'ils apportent dans le monde va retremper en un jour la vieille Église; loin de la craindre, ils pensent s'y appuyer. L'enthousiasme donne à Mirabeau l'accent religieux; n'est-ce pas lui qui tout d'abord, dans un discours écrit et médité, trace l'avenir de la Révolution par ces paroles sacramentelles qui pèsent autant qu'un monde : « La France apprendra aux nations que l'Évangile et la liberté sont les bases inséparables de la vraie législation et le fondement éternel de l'état le plus parfait du genre humain. »

D'ailleurs, on est si loin d'affecter l'orgueil de la victoire sur le catholicisme, que le protestant Rabaut Saint-Étienne ne veut prendre dans l'assemblée que l'*attitude d'un suppliant*. Depuis le serment du Jeu de Paume et la réunion des ordres dans la séance de l'église Saint-Louis, la philosophie devient avant tout religieuse. Près d'enfanter un monde nouveau, elle répète à la tribune le verset d'allégresse de Marie qui sent tressaillir le Dieu : « *Il a élevé* les *humbles* et *détrôné* les *puissants*[1]. »

On semble persuadé que la réconciliation avec

---

[1] Discours de M. Lameth.

le clergé va se consommer. Au milieu de cette effusion, un seul mot ramène chacun à sa situation réelle. Après un discours du philosophe Garat, l'évêque de Nancy demande, par parenthèse, que la religion catholique, apostolique et romaine soit déclarée la religion de l'État. L'Assemblée se réveille en sursaut. Lier la Révolution naissante des entraves du catholicisme, affranchir la France, et lui mettre, au préalable, un bandeau sur les yeux, ces conséquences étaient contenues dans ce peu de mots. Cependant il s'en faut qu'ils aient été repoussés avec éclat. Soit imprévoyance, soit crainte de se brouiller sitôt, la Révolution, ce jour-là, n'évite que par un stratagème de se lier les mains. Elle voit le piége, elle feint de ne pas le reconnaître. On n'ose pas encore avouer qu'on est libre. Audacieuse devant la royauté, l'Assemblée Constituante hésite devant le catholicisme; elle est affranchie au fond du cœur; elle n'en fait pas l'aveu. A la fin elle trouve une issue, et cette issue est une défaite. On ne se liera pas au catholicisme par cette raison subtile, qu'en ne le nommant pas on l'honore davantage. Seule équivoque à laquelle se soit résignée cette assemblée !

Le clergé demande une soumission plus explicite. Alors Mirabeau se lève; il s'approche de la fenêtre de la terrasse des Feuillants, et il montre du doigt le *palais d'où est parti le signal de la*

Saint-Barthélemi. Tout le monde se tait ; chacun sent que la France, en ce moment, vient de faire un grand pas.

Il est certain que les constituants trouvaient devant eux une difficulté particulière à la France. Tout inclinait de soi-même à la démocratie et à la liberté ; nul obstacle ne résistait. La royauté s'effaçait si vite, que Mirabeau songeait déjà à la défendre ; et voilà qu'au milieu de cette société réparée continue de se dresser l'idéal immuable du pouvoir absolu sous la figure de l'Église catholique. Fallait-il laisser cette contradiction de la liberté dans les faits et de la servitude dans la loi des lois ? Que devenaient alors les vastes projets de régénération de tous les peuples par un seul ? Il fallait absolument mettre d'accord la religion nationale et la Révolution ; et, pour cela, entraîner la première dans le mouvement et le progrès de la seconde. La société laïque se sentait un surcroît de vie morale ; elle crut pouvoir en prêter à l'Église. La ramener à la liberté perdue, lui rendre les formes de l'élection, la renouveler dans l'âme et l'émotion d'un grand peuple, la retremper dans ses origines, la sauver après avoir été sauvée par elle, n'était-ce pas un bienfait qui devait compenser la perte des biens matériels ? De sa grande voix, l'Assemblée appelle à la résurrection la glèbe du bas clergé. On invoque la croix de bois à la place de la croix d'or. Cette nouvelle constitution civile du clergé, qu'était-ce en soi, sinon la démocratie transportée dans l'Église ? La France de la Révolution offrait ainsi l'alliance au catholicisme, à condition qu'il se laissât pénétrer par un souffle vivant. Il paraissait beau d'associer l'essor de l'Église primitive et l'essor d'une nation rajeunie, la première ère chrétienne et la nouvelle, le principe et le but.

Mais on sait ce qui arriva. Liberté, élection des prêtres rendue au peuple, tout ce christianisme démocratique ne sembla qu'hérésie. La Révolution française s'était trompée en croyant qu'elle réchaufferait de sa vie les sépulcres ; son alliance est rejetée ; pour prix de ses rêves, l'Assemblée constituante est anathème.

Il est décidé, à Rome, que le projet d'accorder la religion et la Révolution est impossible ou impie, que la vieille servitude est la seule orthodoxe. Tandis que la France va de plus en plus en se démocratisant, son Église tend de plus en plus à la forme contraire ; en sorte que chaque jour les sépare davantage ; quoiqu'elles fassent l'une et l'autre, la scission a commencé.

Alors on vit l'Église ne faire qu'un même corps avec la noblesse, voter avec elle, dans le principe de l'inégalité, c'est-à-dire tous les rapports renversés : l'abbé Maury, l'orateur du clergé, plaidant contre les apôtres pour l'esprit païen de l'aristocratie, et le marquis de La Fayette pour la fraternité de l'Évangile. Dès les premiers pas, le catholicisme refuse le traité d'alliance que lui offre la Révolution ; il veut la guerre, il la fait ; la paix serait pour lui l'apostasie.

Dès ce commencement aussi, la différence entre la Révolution d'Angleterre et celle de France éclate tout entière. La première s'appuie sur l'Église nationale ; presbytériens, indépendants, puritains, niveleurs, tous les partis ont la Réforme pour alliée ; ils se fondent sur une base connue. En France, la Constituante veut de même former un contrat avec la religion établie, mais la repousse aussitôt, non par la malice des individus, mais par l'incompatibilité des principes. Constituants, Girondins, Montagnards, se succèdent ; l'inimitié réciproque entre l'ancien pouvoir spirituel et le nouveau ne fait qu'augmenter.

Parmi tant de factions démocratiques je n'en vois pas une qui songe seulement qu'autrefois il s'est trouvé des prêcheurs catholiques pour afficher, dans la Ligue, des maximes populaires. La grandeur de ce temps fait que les amis comme les ennemis de la Révolution rentrent les uns et les autres dans le vrai. A cette lumière de la passion sincère, il n'y a point de place pour la mésalliance religieuse et politique ; chacun se précipite vers son drapeau, la France vers la liberté, son Église vers le pouvoir absolu. Dans ce duel acharné, c'est l'honneur des uns et des autres, de se combattre à ciel ouvert ; le catholicisme ne fait pas le démocrate, l'État ne fait pas le catholique. On se hait, on se déchire, on se frappe de l'épée ; on ne se donne pas le baiser de Judas. Le jésuitisme disparaît pour un moment de la terre.

Ce qui résultait inévitablement de la nature des choses était l'alliance de l'Église et de la Vendée. Pourquoi la France s'honore-t-elle de cet héroisme qui a manqué la faire périr ? parce qu'au fond de cette guerre civile il y a une éclatante sincérité, que chacun est sous sa vraie bannière, que c'est là un combat de principes, non de personnes et de hasard. Il fallait, d'ailleurs, que cette guerre fût vidée en France. La vieille Église et la vieille Royauté devaient se retrouver et se liguer ensemble. La *politique sacrée* de Bossuet et la politique du droit nouveau devaient s'entre-choquer un jour sur un champ de bataille français, entre des Français, afin que, soutenues héroïquement de part et d'autre, et le courage, le sang, le cœur, l'âme étant les mêmes des deux côtés, Dieu seul pût décider, à la fin, quelle cause était désormais la sienne.

Pour que personne ne puisse s'y méprendre, l'armée de la Vendée s'appelle l'armée *catholique* et *royale*. Ainsi, comme cela était inévitable, le catholicisme, bannière en tête, conduit la noblesse à l'assaut de la Révolution ; tout le passé, éveillé en sursaut, sonne le tocsin. Cette guerre de Vendée est en soi une guerre entre deux Religions ; et la vérité est que la France nouvelle ne peut rien ou presque rien contre l'ancien catholicisme tant qu'elle lui emprunte ses vieilles armes, son intolérance, la puissance de maudire, le bûcher changé en échafaud. Les sillons de la Vendée font germer des héros comme le blé. Il faut, pour en finir, que cette grande figure de Hoche paraisse, noble comme les rois chevelus, intrépide comme les chevaliers, plus clément que les croisés, plus humain que les prêtres, plus chrétien en soi que le catholicisme du moyen âge. Voilà le missionnaire qui va clore par la clémence la guerre religieuse ; il montre à la Vendée quelque chose de plus grand que ce qu'elle adorait ; il ne la détruit pas, il la convertit à la France nouvelle.

Si la Constituante a offert la paix, la Législative accepte la guerre. Chez les Girondins, toute espérance est tombée de se ménager le concours de l'Église. Il ne reste plus que le désir de ne pas offenser trop ouvertement la liberté promise aux cultes. Au bruit des insurrections de la Vendée, l'Assemblée délibère deux mois ; elle est irritée, elle menace ; il ne reste plus qu'un fil à rompre.

Le fond du discours de tous les orateurs girondins est le même; est-ce donc aux prêtres de nier l'Évangile civil? Ne reconnaissent-ils plus l'esprit des Écritures transporté dans la loi? Comment! d'accord avec le Nouveau Testament, la Déclaration des droits établit l'égalité, la fraternité, c'est-à-dire la volonté de Dieu s'inscrit sur la terre; et ce sont eux qui protestent! On les délivre, et ils s'insurgent! La conclusion de ces discours est le décret par lequel les prêtres réfractaires sont contraints de prêter serment à la constitution de l'État. Pour la première fois, le roi hésite à sanctionner un décret de l'Assemblée; tant que rien n'est changé dans la vieille Église, le retour vers le passé lui semble encore possible. On insiste; il refuse. Cette question religieuse fait sortir de terre l'insurrection du 20 juin, qui apprend au peuple le chemin de l'intérieur des Tuileries. Après cela, il ne faut plus qu'une journée pareille pour effacer la monarchie! Entre le peuple et le roi, l'Église du passé s'est levée; elle les sépare pour toujours l'un et l'autre. Depuis que Louis XVI identifie sa cause avec le système de l'ancien clergé, on sent qu'aucune puissance humaine ne peut le sauver. Il s'enferme dans le passé; sa prison commence.

Tant que la famine physique avait seule crié sur le chemin de Versailles, la réconciliation avec le peuple avait été possible ; les femmes étaient allées chercher dans son palais le *boulanger* royal. Mais, dans cette journée du 20 juin, le peuple ne demande plus le pain du corps ; il est affamé d'une idée ; il demande, en aveugle, le pain nouveau de l'Esprit ; et, comme le roi, ce jour-là, ne peut plus lui donner cet élément de l'avenir, l'inimitié se déclare. La famine de l'âme devient fureur ; on prend pour un refus ce qui est une impossibilité. Une autre époque commence ; la Convention succède à la Législative.

Une chose étonnante est de voir, par un dernier effort, le Conseil exécutif écrire à Rome pour démontrer au Saint-Siége[1] l'identité du christianisme et de la Révolution française. Que pouvait penser la papauté en entendant la théologie de la Convention ? qu'y avait-il de commun entre deux pouvoirs dont l'un ne reconnaissait l'esprit que là où étaient les formes, et dont l'autre, en brisant toutes les formes, prétendait ainsi retrouver et et mettre à nu l'âme même de la chrétienté ? S'obstiner à vanter son alliance avec le dieu de l'Évangile, au moment où l'on fermait les portes de l'Église du moyen âge, parut à Rome le renversement de l'esprit humain. Tout ce qu'elle put

---

[1] « Les principes évangéliques qui respirent la plus pure démocratie, l'égalité la plus parfaite... » (*Lettre du Conseil exécutif à Rome.* 1793.)

faire fut d'admettre que la Révolution était une seconde descente de Jésus-Christ dans les enfers; disparu de la terre, il était allé passer les trois jours de ténèbres dans le royaume de la mort. On sentait la terre trembler ; c'était, sans doute, l'effort et le tressaillement du Dieu pour s'arracher à l'esclavage de la nuit.

De son côté, la Convention tient à garder sa parole. Au milieu de la terreur, elle consacre encore une fois, par un décret, chose illusoire! la liberté des cultes; elle essaie de faire surnager le principe, en dépit des cruautés qui la démentent. Elle veut même se faire présider un moment par un évêque, dans son costume ecclésiastique. Un jour, des prêtres, cédant à la peur, viennent en pompe remettre à sa barre le crucifix. Dégoûtée de cette apostasie, elle condamne le lendemain ces hommes à mort pour les punir d'avoir eu peur de la mort. En face de ces renégats, dans le moment le plus terrible, l'abbé Grégoire, à la tribune de la Convention, fait ouvertement sa profession de foi catholique; il n'y eut pas de plus grand courage que celui-là, dans une époque qui en montra de toutes les sortes. La Convention laisse tomber sa colère devant ce défi d'un chrétien ; Rome conserve sa rancune contre celui qui avait voulu être martyr ; l'abbé Grégoire, épargné par les clubs, qu'il défie, reste anathématisé par l'Église, qu'il relève.

Quand, après toutes ces tentatives, il est bien décidé que le divorce est prononcé entre le catholicisme et la Révolution, on découvre avec étonnement que ce peuple, que l'on disait sceptique, ne peut se passer une heure d'un culte national ; déjà il travaille à s'en former un autre. A peine les églises sont fermées, les esprits se tourmentent ; ils cherchent d'autres rites.

Représentez-vous, au soleil levant, sur les ruines de la Bastille, entouré d'un peuple innombrable, le président de la Convention, buvant à la coupe antique de l'égalité, et faisant passer cette coupe aux lèvres des représentants des quatre-vingt-sept départements ! Qu'est-ce que cette gigantesque communion, où se mêle, au bruit des canons, échos de Fleurus et de Mayence, le souvenir de Sparte et de Nazareth ? Appelez cela égarement, vertige d'enthousiasme ; mais ne croyez pas qu'il n'y ait pas eu, un moment, une étincelle de foi dans le frémissement de cette foule, qui, son Église écroulée, croit pouvoir, d'un seul souffle, en rebâtir une autre, et faire éclore, d'un seul battement de son cœur, un verbe, un dieu nouveau !

L'égarement a été de prétendre refaire un autre catholicisme, avec ses images, ses pompes extérieures, ses signes. On a cru que, dans un miracle d'enthousiasme, on pourrait inventer, en une heure, cet amas de rites et de cérémonies que la

vieille Église a mis dix-huit cents ans à composer.
Le malheur est qu'au moment où l'on pensait être
le plus révolutionnaire on retombait dans l'ombre
de l'Église que l'on venait de répudier. Ces abstractions mises à la place des saints, ces saisons, ces
vertus, à la place des fêtes ecclésiastiques, n'était-ce
pas une imitation constante du catholicisme ?
Même désir de frapper les sens, même foi aux
images, aux surfaces.

La Convention a repoussé tant qu'elle l'a pu le
culte de la Raison, inauguré par la Commune ;
comprenant tout d'abord que cette mythologie vivante n'était qu'une dégénération de la mythologie muette du moyen âge. Sa pensée, il faut l'avouer
était plus haute ; et pourtant, dans la conception
du culte de l'Être Suprême, que peut-on voir, sinon
une Assemblée qui, croyant faire un pas de Titan
vers l'avenir, retombe, au contraire, dans les liens
et le moule de la société qu'elle a détruite ?

Où est, en effet, le point qui blesse en cette
affaire ? le voici : l'idée de l'Etre Suprême et de
l'immortalité de l'âme, toute vraie qu'elle est, relève de la conscience de chacun ; en se substituant
à cette autorité, en décrétant par une loi à sa barre
le monde intérieur, la Convention usurpe un pouvoir qu'elle n'a pas ; elle remonte à l'époque des
Conciles, comme si cette époque n'était pas finie ;
elle refait une religion d'État. Robespierre n'est

plus seulement un dictateur ; il devient pape. Le décret est une bulle. Ce qui revient à dire que si les choses continuent ainsi, la figure du catholicisme a changé, mais son esprit demeure. On lira demain au fond de l'âme ; l'État fouillera dans les cœurs. Déjà, pourquoi le parti de Danton est-il envoyé à l'échafaud, si ce n'est parce qu'on lui reproche de manquer de croyance ? Être épicurien devient un crime d'hérésie.

Un peuple a bien pu, pressé par l'enthousiasme et la terreur, donner son sang, sa vie ; mais ici, le Comité de Salut public demande davantage, l'abandon du sentiment intime, du secret entre l'homme et Dieu, du ciel intérieur. Cette portion de l'individu qui échappe à tous les yeux est, depuis trois siècles, affranchie du pape ; la rendra-t-on à Robespierre ? Non. Ce roi de la terreur est moralement découronné le jour où il devient le pontife d'une religion d'État. Sa sanglante auréole pâlit ; il a demandé ce que les hommes modernes ne peuvent livrer. L'échafaud le reçoit à son tour, encore paré du costume de la fête de l'Être Suprême ; et les plus grandes crises de la Révolution française sont, jusqu'à ce moment, tout ensemble, religieuses et politiques.

Vous entrevoyez ainsi le mystère de la Terreur. Il y a dans ces années un prodige que l'on ne retrouvera nulle part : d'un côté un idéal suprême de félicité et de justice, un âge d'or écrit sur le seuil ; de l'autre, pour le mettre en pratique, une implacable Némésis. Vous diriez que pour faire entrer ses idées dans le monde le dix-huitième siècle se sert du bras du seizième siècle. Deux époques coexistent, montrueusement unies ; la logique sentimentale de Rousseau prend pour instrument la hache de la Saint-Barthélemi.

Nées du protestantisme, la révolution d'Angleterre et celle des États-Unis n'ont rien enfanté de semblable, par la raison que la France a été obligée de partir du catholicisme, c'est-à-dire du fond du moyen âge, pour s'élancer d'un bond dans la vie nouvelle. Son éducation non interrompue d'intolérance ne s'est pas effacée en un moment. A mesure que la Révolution est descendue dans les masses, elle y a trouvé ce génie exclusif qui y avait été déposé sans intervalles depuis des siècles. Le catholicisme les avait retenus dans le moyen âge ; avec la violence du moyen âge, elles se sont précipitées par delà l'avenir. Cette justice terrible qui vient d'en haut a voulu alors que l'intolérance du passé fût expiée par une autre intolérance, les dragonnades des Cévennes par les dragonnades des Marseillais, le bûcher par la guillotine, la Saint-Barthélemi par le 2 septembre. La philosophie, qui n'est pas encore dans les mœurs, prend pour se défendre les armes toutes fourbies qu'elle rencontre ; dès le premier émoi, le peuple va chercher dans les arsenaux les piques et les fureurs de la Ligue [1].

L'esprit d'examen, de discussion, n'ayant pas été enraciné par une révolution religieuse, il s'ensuit que le moindre dissentiment passe pour un schisme inexpiable. On voit les assemblées s'ériger en conciles ; chaque parti s'attribue souverainement l'orthodoxie politique, hors de laquelle il n'y a point de salut. Peu à peu, l'Église politique devient aussi soupçonneuse que l'a été autrefois l'Église religieuse. Où est le pape plus intolérant que Saint-Just? Ses *censeurs*, qui, partout présents, doivent lire jusque dans le fond des âmes, ne ressemblent-ils pas beaucoup à une ombre de l'Inquisition? De plus en plus, l'orthodoxie politique se resserre ; la guerre de Voltaire et de Rousseau reparaît dans les clubs ; elle partage Danton et Robespierre. Comme chacun est convaincu que l'infaillibilité est toute d'un côté, l'égarement de l'autre, il ne reste qu'à s'interdire mutuellement dans la même cause ; l'anathème est la mort. Pour composer la loi des suspects, Merlin de Douai déclare qu'il n'a besoin que de transcrire l'ordonnance jésuitique des dragonnades ; en un

---

[1] « Nous ferons usage et de la tactique européenne et des *moyens spontanés de la rébellion catholique.* » (Discours à la Société des Jacobins. Anacharsis Clootz, 1793.)

mot, dans la France catholique éveillée sans préparation à la liberté, vous voyez la Révolution conserver d'abord, en partie, le tempérament exclusif de l'Église qu'elle remplace.

Mais, d'autre part, il s'en faut que tout soit mal dans cet héritage, puisque enfin il n'est pas dans le catholicisme une seule grande qualité qui ne passe toute vivante dans l'âme de la Révolution. D'où vient chez elle cette tendance à l'universalité, si ce n'est qu'elle veut réaliser ce que l'Église nationale s'était contentée de promettre ? D'où vient cet instinct de prosélytisme qui l'emporte dès le le premier moment de la Constituante? N'y a-t-il pas dans le cri de la *Marseillaise* un écho du *Dieu le veut* des croisades? Si la Convention s'arroge l'autorité spirituelle du Vatican, elle fait de Paris la Rome nouvelle ; en sorte qu'en accablant le catholicisme elle trouve le moyen de lui enlever son génie absolu.

Les habitants des îles Sandwich croient que la force d'un ennemi passe dans celui qui le renverse ; c'est ainsi que la force du catholicisme, unité, centralisation, entre au cœur de la Révolution française. Pour mieux en triompher, elle le remplace.

En vertu du même principe d'infaillibilité et de toute-puissance, la Convention décrète que telle ville sera prise, qu'une victoire sera gagnée tel jour. Dumouriez, qui ne sent pas de quel principe elle part, s'écrie : *La Convention se croit capable de tout, parce qu'elle ne connaît rien.* Il ne voit pas que, dans sa grandeur, elle sent un Dieu de colère s'agiter dans son sein. Ce qu'elle veut, il faut qu'elle l'impose à l'univers ; elle vit de miracles. Danton commanderait au besoin, comme Josué, au soleil de s'arrêter. Voilà encore pourquoi le culte de la Raison et celui de la Nature ne représentent pas la Convention ; elle s'élève, dans sa foi, également au dessus de la nature et de la raison, qu'elle déconcerte. Elle demande à ses généraux des prodiges. Convaincue qu'elle leur communique la force d'en produire, tout ce que les autres appellent impossibilité, elle l'appelle trahison.

Un camp de quarante mille homme se révolte ; il va marcher sur Paris. La Convention choisit pour le réduire un de ses membres, Levasseur, qui jamais n'a touché un sabre ; profondément obscur, sans dehors, sans maintien, cet homme se récrie sur son impuissance. Elle s'obstine sur son choix. Il part : avant qu'il ait dit un mot, d'un seul regard il a dompté ces quarante mille furieux qui tombent à ses pieds. Le *hors la loi* produit sur les masses la même terreur que l'interdit de Grégoire VII au moyen âge. Rien de semblable ne s'était vu depuis les bulles du onzième siècle.

Mais, si la Révolution française conserve ainsi

dans la Terreur le tempérament du catholicisme, d'autre part, elle est incontestablement plus idéaliste qu'il ne l'a été jamais ; car son génie est de supprimer le temps. Elle ne remet rien au lendemain, à l'action des années ; elle ne se donne pas même les sept jours pour faire un monde. Avec l'impétuosité foudroyante que nous avons reconnue dans l'islamisme, à peine un idéal, s'est-il formé dans la tête colossale de la Convention, qu'elle prétend le réaliser incontinent.

Je ne m'étonne pas que le métaphysicien le plus spiritualiste de l'Allemagne, Fichte, ait écrit deux volumes pour montrer que le Comité de Salut public lui a enlevé son système. Si l'idée pure survit, au besoin elle repeuplera la terre ; c'est là le fond de la politique de Saint-Just ; c'est aussi toute la métaphysique de Fichte.

Dans l'antiquité biblique, lorsque l'esprit d'extermination marque d'un signe la porte des condamnés, il se fait un silence de peur ; le souffle et la pensée s'arrêtent. Au contraire, la grandeur de la France est de continuer de penser, de créer, d'inventer sur les marches de l'échafaud, et même de faire tout cela avec une force que semble redoubler la vue de l'éternité. La mort pèse également sur tout le monde. « Si Brutus ne tue pas les autres, Brutus se tuera, dit Saint-Just. —Vous n'avez encore vu que les roses, » ajoute Danton ;

et, sur cela, un grand peuple fait tout entier son testament. Chacun, comme s'il n'avait plus qu'un jour, se hâte de concentrer sa vie dans un point brillant et indestructible, le député dans un rapport, le volontaire dans une action d'éclat, le général dans une victoire, le chimiste, le naturaliste dans une découverte. André Chénier, Hoche, Geoffroy Saint-Hilaire, tous ces hommes, jeunes d'âge, ont mûri dans la mort ; leur première strophe, leur première victoire, leur première découverte, ont déjà l'empreinte et le poids d'une longue vie remplie.

Dans la prison du Luxembourg, on remarquait que Danton, au milieu de son indifférence pour l'échafaud, donnait à ses paroles un relief qui pût les faire durer et passer de bouche en bouche. La même chose arrivait à la France révolutionnaire ; condamnée par le reste du monde, elle travaillait à laisser en chaque chose un souvenir immortel; ou plutôt elle avait, au fond, la certitude de vaincre et de détruire l'aiguillon de la mort.

Parmi tant de choses extraordinaires, la plus étonnante sans doute est de voir un peuple assiégé qui, après avoir perdu la moitié de son territoire, ne gardant l'autre que par miracle, et ne s'étant laissé de retraite que dans la mort, enfante mille projets pour l'humanité, délibère sur des théories encyclopédiques d'éducation, d'administration, de science, les poids et mesures, le calendrier, comme s'il était retiré dans l'immuable paix. Archimède au milieu du siège de Syracuse, ne choisissait pas pour méditer le champ de bataille.

Bossuet a montré l'histoire de tous les peuples de l'antiquité gravitant par degré vers un seul point, et aboutissant, enfin, à la croix du Golgotha. On pourrait tout aussi bien établir que toute l'histoire moderne, d'âge en âge, tend à la consommation de la Révolution française. Elle hérite de ce qui l'a précédée ; l'esprit de tous les peuples est renfermé dans ce panthéon vivant. Rousseau, qui en est le législateur, y verse l'âme du protestantisme ; en sorte que le germe de chaque révolution précédente y est représenté ; la réforme par la souveraineté du peuple, le catholicisme par l'unité, la philosophie par l'abstraction et l'âme qu'elle mêle à tout. Sans qu'il puisse s'en rendre compte, le volontaire qui marche à la frontière sait qu'il est chargé non pas seulement du salut de sa chaumière, ou de sa ville, ou de son peuple, mais du salut du monde. Ce qui reste de vivace dans toutes les croyances et les églises du genre humain se concentre dans sa croyance ; il est nu, il a faim, il a soif, mais sa foi le nourrit et l'abreuve.

Le général Serrurier voit sa division mourante de faim ; il vient de recevoir du pain ; il va le distribuer ; mais ce seront deux heures perdues ; elles sont précieuses ; il en avertit les troupes, « Partons sur-le-champ sans manger, » répond d'une voix la division ; et ils arrivent à temps. Si, vingt-deux ans après, le maréchal Grouchy se fût rappelé que les Français peuvent ainsi se nourrir et se désaltérer sans boire et sans manger[1], il ne se fût pas arrêté à Gembloux ; il eût eu une avance de trois heures ; Waterloo était une victoire.

A mesure que cette foi s'allume davantage, la vieille Église nationale la regarde de plus en plus comme la foi de l'Enfer. Les nouveaux croisés, Marceau, Hoche, Desaix, Joubert, passent devant elle, et elle ne les reconnaît pas. Cette unité, cette solidarité, ne lui disent rien ; elle est frappée par une force surhumaine, et l'idée ne lui vient pas qu'elle expie le passé ; où elle pourrait se renouveler, elle s'endurcit.

Par la contagion de la violence, le théologien M. de Maistre devient en idée le Robespierre du clergé. Il oppose, en théorie, un terrorisme de l'Église au terrorisme de la Convention. Son Dieu inexorable, assisté du bourreau [2], Christ d'un co-

---

[1] Il était plus de six heures ; les soldats faisaient leur soupe. Le maréchal Grouchy jugea qu'il serait temps le lendemain de suivre l'ennemi, qui se trouva ainsi avoir gagné trois heures sur lui. Cette funeste résolution est la cause principale de la perte de la bataille de Waterloo. » (Napoléon, *Campagnes de 1815*, p. 93-96.)

[2] Les *Considérations sur la France* et les *Soirées de Saint-Pétersbourg*.

mité permanent de salut public, est l'idéal de 93, mais d'un 93 éternisé contre la Révolution. Au nom de l'Église, il admet du système de la Montagne la terreur, l'échafaud, dont il fait un *autel*, la terre *continuellement imbibée de sang*[1], tout hormis la liberté, l'égalité, la fraternité promise. Dans cette théologie qui met véritablement la mort à l'ordre du jour, il reste au fond l'absolutisme de la Convention, sans l'espérance de l'affranchissement avant le dernier jour du globe, Robespierre sans Rousseau, le moyen sans le but. La haine du catholicisme est alors si grande contre la Révolution, que pour la tuer au berceau on lui emprunte en idée ses propres armes. On lui dispute son enfer, on ne rejette que son ciel.

[1] « La terre entière, continuellement imbibée de sang, n'est qu'un autel immense où tout ce qui vit doit être immolé sans fin, sans mesure, sans relâche, jusqu'à la consommation des choses, jusqu'à l'extinction du mal, jusqu'à la mort de la mort. » (*Soirées de Saint-Pétersbourg.*)

QUATORZIÈME LEÇON

NAPOLÉON[1].

Napoléon dans le plan de l'histoire universelle; il marque l'alliance de la France et de l'esprit de l'Europe méridionale. — Influence de la Corse, de l'Italie, sur la destinée de Bonaparte. Son éducation par l'Italie et l'Égypte. — Le Concordat, une fausse trêve. — Qui faisait les miracles sous le Consulat? — Le *Génie du christianisme*, une hérésie. — Le sacre. Napoléon se livre à l'idéal du catholicisme et du Midi. — Retour au passé; imitation de Charlemagne. — D'où vient la stérilité des institutions de l'Empire? — Comment la démocratie était représentée dans l'Empereur. — Caractère des proclamations. — La Sainte-Alliance; les invasions. — Waterloo.

Si l'Église s'appelle romaine et catholique, la Révolution peut, à bon droit, s'appeler française et universelle; car le peuple qui l'a faite n'est pas celui qui en profite le plus.

A mesure qu'elle se développe, chaque parti s'en forme un idéal où il veut l'enfermer; et le plan de la providence se trouve toujours plus hardi

---

[1] C'est ici le seul endroit où je voudrais quelques changements. Aujourd'hui je laisserais la légende; je m'en tiendrais à l'histoire.

que celui des partis. Vous diriez d'abord que la félicité serait le rêve de la Constituante, une France libre, sans ambition, sans conquête, modestement assise à ses foyers ; mais dans cette prudence vous souhaiteriez plus d'audace. Quand la Montagne a fait peur au monde, que la frontière est sauvée, que la fatigue se montre, il semble qu'il soit temps de se reposer ; vers la fin de la Convention ; la liberté est acquise ; il ne reste qu'à en jouir chez soi. Les fêtes du Directoire commencent ; mais aussitôt ce peuple entre dans un nouveau travail.

La Révolution avait promis de faire le tour du monde ; elle prend un soldat, elle le met sur le pavois, et court frapper au seuil de tous les peuples. Cette marche de capitale en capitale devient la figure de son triomphe à venir à travers les siècles.

Pour entraîner l'univers, il ne suffisait pas de parler du haut d'une tribune, ni de montrer une tête du haut de l'échafaud. L'écho des paroles et la terreur même s'affaiblissaient par l'éloignement ; il fallait faire toucher à l'Europe le monstre de plus près. De là, la nécessité de franchir la frontière, d'aller exciter, réveiller à leurs foyers ceux qui restaient endormis, la terre devait être ébranlée comme la France.

Ici se montre à nu le caractère universel de la

Révolution ; l'homme qu'elle adopte pour la conduire est étranger. Il sort de l'île à laquelle J.-J. Rousseau prédisait de si éclatantes destinées. Par ses origines, Napoléon est Toscan ; c'est-à-dire que la France se choisit son chef hors d'elle-même, dans le pays de Dante et de Michel-Ange, montrant ainsi clairement que sa cause est, comme elle avait promis de l'être, non pas celle d'une nation, d'une race, mais du globe. Les partis ont reproché à Napoléon d'être un étranger, un Corse ; ils n'ont pas senti, dès le commencement, que c'est l'honneur de la France de n'avoir pas borné son cœur à ses foyers. Pour couronner la démocratie, elle appelle à soi l'homme le plus grand qu'elle aperçoive autour d'elle ; peu importe qu'il ait un autre foyer, une autre langue, une autre origine ; cette différence même fait éclater le principe nouveau. On a commencé par ériger dans la Constitution les droits de *l'homme ;* c'est l'*homme* que l'on cherche en Bonaparte, non pas le Frank ou le Gaulois. Rome a tiré son César de son sein, et son action a été toute romaine ; la France a pris le sien dans un berceau lointain ; son génie devient cosmopolite. Elle élargit son foyer par l'adoption de l'Inconnu ; et le grand cœur de la Révolution, telle qu'il s'est annoncé dans la Constituante, apparaît là tout entier. Il a détruit le droit d'aînesse, il a effacé les jalousies, les inégalités entre les frères ; pour que personne n'en doute, l'enfant d'Ajaccio, le dernier fils de la famille française, qui hier ne lui appartenait pas, qui ne lui appartient aujourd'hui que par adoption, passera avant tous les aînés des vieilles provinces de France,

Dans le fait, Napoléon a la même famille que Christophe Colomb ; il est l'homme du genre humain ; il détache violemment le monde de l'ancien rivage. Sans savoir clairement où il touchera, croyant même à la fin aborder dans le passé, il conduit l'équipage vers un nouveau monde social.

Voyez comment l'alliance de la Révolution et de Napoléon s'accomplit dès le commencement : le secret de tout ce qui a suivi est dans ce berceau. Qu'est-ce que Napoléon dans l'ancien régime ? un enfant, un Corse, qui ne voit rien au-delà de son île. Passionné pour elle, il lui sacrifierait le reste du monde. Paoli, errant sur la montagne, est son héros. Dès les premiers jours de la Constituante, au contraire, un immense changement s'accomplit dans cet esprit. La France s'est annoncée, dévoilée à lui par un coup de tonnerre ; la Révolution et la France lui apparaissent ensemble ; la première lui révèle la seconde. L'enfant devient homme, le Corse Français, l'insulaire, cosmopolite en un moment ; c'est l'éclair sur le chemin de Damas. Du fond de son île, Napoléon découvre pour la première fois le monde, au bruit que fait la France ; cette terre qui lui montre l'univers restera pour lui une terre de révélation, le continent des continents, ce qu'il appelle le *sol sacré*, le grand peuple.

D'autre part, quel est le jour où la France entend pour la première fois parler de lui? c'est le 13 vendémiaire. La Convention aux abois va périr avec ce qui reste de vivant et d'audacieux dans les esprits. Bonaparte la sauve ; il fait alliance intime avec elle ; mais, en la sauvant, il la détrône ; car elle a montré par sa détresse que la terreur a usé la terreur. Il faut, si l'on veut s'arrêter et se contenir déjà, que la Révolution continue sous une autre forme ; le temps n'est pas encore arrivé de s'asseoir. Le principe d'autorité qu'a possédé la Convention va devenir l'héritage de celui qui l'a défendu en vendémiaire ; pour user en une fois ce fond absolu que le catholicisme de quinze siècles a déposé dans tout un peuple, la dictature d'une assemblée sera remplacée aisément par la dictature d'un seul ; la liberté s'ajourne encore, l'égalité surgit déjà.

Cependant l'étoile n'apparaît que dans les campagnes d'Italie. Napoléon avoue qu'il ne l'a vue au ciel qu'après Arcole et Lodi. Comment alors ne se serait-il pas senti prédestiné? quelle que soit la rapidité de sa pensée, elle est déjà comme innée dans ceux qui doivent l'exécuter ; les hommes et les choses devinent son commandement ; en sorte que si le général a été de loin préparé pour de pareils soldats, d'autre part ces soldats ont été faits d'avance pour ce général. Dès la première journée, ils s'entendent sans se parler.

A la bataille de Castiglione, un soldat sort des rangs. « Général, voici ce qu'il faudrait faire. — Tais-toi, malheureux ! » C'était précisément l'ordre que le général voulait donner.

Le lieu où il était envoyé devait lui paraître choisi par une faveur d'en haut ; ce n'étaient pas ces contrées du Nord, où l'armée de Sambre-et-Meuse était contrainte d'hiverner une partie de l'année. Bonaparte apparaît d'abord sous son ciel, au milieu des peuples de sa race. Là, la nature ne l'arrête pas ; il peut frapper hiver et été, sans relâche et seul, la renommée, pendant que l'armée du Rhin immobile dans les glaces s'étonne avec Desaix de ce miracle continu.

Enfin, dans un temps où la société tout entière se réglait sur l'antiquité romaine, ce fut une fortune incomparable, d'avoir à combattre dans le voisinage de Rome. Il semble que les victoires plus sonores arrivaient plus vite à l'immortalité, sur des champs de bataille classiques. Le souvenir des hommes de Plutarque vieillissait, en un jour, de mille années, le jeune général, il apparaissait sur le fond de l'antiquité. Les victoires de la République française, sous le ciel de la République romaine, parlaient aux imaginations tout autrement que les autres. Dès le premier jour, Lodi, Arcole, Rivoli, se sont élevés devant les contemporains, sur un piédestal antique de marbre et de granit. J'ai vu, à la tête du pont d'Arcole, dans la solitude des marais, une petite pyramide qui reste debout ; sur les faces sont sculptés des haches d'armes, des faisceaux de licteurs, des trophées antiques, des aigles romaines. Qui a passé là? Est-ce Scipion ? Est-ce César ?

L'expédition d'Égypte n'a pas seulement montré la Révolution française à l'Orient ; elle a montré à Bonaparte ce qu'il enveloppait encore en lui-même, Napoléon. Comment un esprit semblable eût-il été en contact avec le génie oriental, sans lui rien emprunter ? Transporté loin du foyer d'une révolution, aux confins de l'Afrique et de l'Asie, il respire quelque chose de ce nouveau génie. Classiques en Italie, ses projets deviennent gigantesques en Égypte ; peu s'en faut qu'il ne parte pour l'Inde par le même chemin qu'Alexandre. Il a déjà envoyé des officiers en Perse. Surtout son instinct de commandement achève de se déclarer dans cette terre d'obéissance. En se voyant aux sources des vieilles sociétés, il est impossible qu'il ne songe pas aux moyens de conserver les nouvelles ; il lit constamment la Bible et le Coran ; et si Arcole lui a montré le capitaine, le Sinaï lui découvre le législateur. Dans le silence du désert, au berceau des institutions, il songe à refaire l'ordre social. L'Italie avait rendu à la France un général ; l'Orient lui envoie l'auteur du Code civil, du Concordat, un instituteur, un maître. Il revient ; avec l'accent de l'Asie, il dit, au 18 brumaire : Croyez en moi ; je suis le Dieu de la guerre !

En Orient, Napoléon avait vu tout un monde établi sur l'accord de la religion et des institutions civiles ; sa première pensée, dès le Consulat, est de ramener la paix en réconciliant la Révolution et le Catholicisme. Il y eut cela de frappant dans ce retour, que la politique parut des deux côtés, et que l'entrainement ne se montra nulle part: La France reçoit ce baptême de Sicambre comme une nécessité, la papauté le donne dans la crainte de tout perdre. Des deux côtés, la lassitude morale tint lieu de l'espérance. La religion catholique ne s'attribuait qu'à demi ces conversions inattendues ; elle en était presque aussi étonnée que sa nouvelle conquête. Lorsqu'il survenait une difficulté sur le Concordat, avec le légat du pape, Napoléon disait : « Cardinal Caprara, avez-vous conservé le don des miracles? alors faites-en usage, vous m'obligerez ; sinon, laissez-moi faire. » Restauration sans enthousiasme, sans puissance, œuvre de prudence et de raison, que l'Église acceptait sans presque y concourir. La Révolution, s'arrêtant, faisait l'aveu qu'elle n'avait pu entraîner, d'un seul pas, son Église dans le chemin de l'avenir ; le catholicisme reconnaissait qu'il n'avait pu détruire la Révolution. Dès lors, chacun consentait à vivre à côté l'un de l'autre, sans plus chercher à se convertir. Le vivant se liait au mort. On voulait bien appeler cela la paix. Mais c'était une trêve sans persuasion, toute négative, sans triomphe, sans prodiges, sans vie morale, l'alliance de deux muets aux pieds du médiateur. Le catholicisme et la Révolution venant ainsi à se paralyser complaisamment l'un l'autre, ceci explique le vide prodigieux qui se forme partout où n'est pas le Consul. Pour ne pas troubler cette fausse trêve, la France cesse de penser.

Ce prétendu partage du temporel et du spirituel n'avait, au fond, rien que d'apparent. « Les prêtres, disait Bonaparte, voudraient prendre l'âme et me jeter le cadavre ; » mais c'est lui, au contraire, qui abandonne aux prêtres l'extérieur, le corps, les cérémonies, les rites ; il se réserve, à lui, le feu sacré, le privilège divin de l'enthousiasme, le don de nourrir les âmes, de les aimanter d'un regard, c'est-à-dire ce qui fait les prodiges.

Dans ce partage réglé par le Concordat, d'une part, voici des prêtres habiles, prudents, circonspects, les cardinaux Pacca, Caprara, Fesch, l'abbé

Bernier, sachant temporiser, s'insinuer; ils reprennent peu à peu la puissance de l'habitude ; ils rentrent, sans éclat, diplomatiquement, dans l'Église immuable. D'autre part, je vois un homme qui rappelle les légendes ; d'un regard, il console les pestiférés ; à son approche, les blessés, les amputés, marchent et vont au devant de lui ; quiconque touche ses vêtements court avec joie à une mort rapide ; un mot de sa bouche communique un frémissement d'espérance à des multitudes. Dans ce partage, de quel côté est l'empire de l'âme, la puissance morale, spirituelle, le signe de Dieu? qui fait alors les miracles ? est-ce l'Église du Concordat, ou le Consul de Marengo?

Un livre illustre dès le premier jour, le *Génie du Christianisme*, montrait dans la papauté une puissance rajeunie et réparée. M. de Chateaubriand avait tenté de renouveler l'extérieur du culte, en empruntant les couleurs vierges des forêts d'Amérique ; surtout il puisait dans les souvenirs et la détresse de l'émigration un sentiment de douleur qui purifiait l'Église. Il noyait dans ses larmes la grande Madeleine pécheresse du dix-huitième siècle ; et, bien que cet ouvrage contînt l'anathème de la Révolution, du moins il laissait croire que le catholicisme avait appris quelque chose dans l'exil. Ce n'était pas la malédiction féodale de M. de Maistre ou de M. de Bonald, imposant le catholicisme comme une corvée à une terre conquise ; c'était une supplication gémissante au seuil de la France.

La plainte est entendue ; la France ouvre son cœur. Aussitôt, pour que la méprise ne dure pas longtemps, le livre qui a fait cette merveille est condamné par le pape. Rome était si bien accoutumée à prononcer des paroles éteintes, qu'à tout hasard le génie éloquent lui parut hérétique. On dit que l'Autriche, dans la crainte du bruit, ne permet pas à ses écrivains de la louer avec trop d'enthousiasme ; l'Église en était arrivée justement à ce point. Le Premier Consul crut faire sa cour au Saint-Siège en envoyant M. de Chateaubriand à l'ambassade de Rome ; il se trompait. L'homme qui avait le secret de la papauté, M. Cacault, l'ambassadeur, écrit sur-le-champ qu'il faut qu'on se ravise ; un sceptique, un indifférent, seront plus agréables à Rome que l'auteur du *Génie du Christianisme*. La dépêche est précise. Qui l'aurait attendue ?

Du Concordat au sacre il n'y a que deux années ; mais entre l'une et l'autre commence l'abîme. Lorsqu'on voit le pape, attiré par une force surhumaine, venir dans Paris et consacrer l'oint de la Révolution, c'est, il semble, la marque la plus haute du triomphe de Napoléon. Le cardinal Pacca, huit ans après, se souvenant de ce jour là, répète la malédiction de Job : *Que ce jour soit changé en ténèbres !* Mais, en y bien songeant, il est clair que le triomphe était pour le pape, non pour l'empereur ; car dans chacun des symboles de la fête de Notre-Dame on eût pu discerner un présage de défaite. Dans ce *Te Deum* qui résonne, il y a des voix discordantes qui m'annoncent Sainte-Hélène. Que pouvait fonder d'éternel cette cérémonie sans croyance, ce catholicisme sans hostie, cette convention de diplomates scellée au pied de la croix sur les lèvres de l'empereur et du pape ? Qu'avait besoin de cette empreinte du passé celui qui avait été sacré par les rites vivants des peuples ? Le pape effaçait sur son front, autant qu'il le pouvait, l'auréole de la Révolution ; il la remplaçait par l'auréole des morts.

Nul ne peut jouer impunément avec les symboles. Napoléon croit échapper à tous les présages, parce que, contrairement aux habitudes du passé, il prend la couronne sur l'autel et la pose lui-même sur son front. Subtilité de conquérant ! il a, en réalité, accepté, d'un plus puissant que lui, une couronne invisible, pesante du fardeau de mille années ; tout grand qu'il est, pour la première fois, il plie sous le faix. Car cette couronne que le pape lui a octroyée, et qui ne se détachera plus de son front qu'elle ne l'ait écrasé, c'est l'idéal du moyen âge. Quoique ses yeux soient perçants, désormais il verra tout à travers ce voile fictif. Étonnante justice! Il s'est soumis un moment, devant le monde entier, à une puissance morale à laquelle il ne croit pas. Et lui, le maître de l'univers, il va rester, malgré lui, dans ses plus grands projets, le vassal de cette puissance, au moment même où il affectera de la briser. Il s'est rendu, sans y croire, à la religion du moyen âge, et il va refaire, sans y croire, l'empire du moyen âge.

La fascination s'en mêle. Depuis qu'il a été dévoué au passé, pour ne plus être Bonaparte, il travaille à être Charlemagne. Le vieillard de Rome a donné le sacre à la Révolution; tout retombe aussitôt dans l'ancienne forme. Masséna, Lannes, Augereau, ne sont plus les compagnons d'un consul romain; ils sont les douze Pairs d'un Arthus féodal. Toute cette société qui marchait vers l'avenir au pas de course s'arrête et se tourne vers le passé. Obsédé de ce faux idéal du catholicisme, Napoléon imagine des conciles impossibles; le plus original des hommes ne crée plus que des institutions surannées; et, comme cela ne pouvait manquer d'arriver, il finit par punir, de ce qu'il y a d'impossible dans son système, la papauté qui devait en être le soutien. Il ne voulait dans le pape qu'un instrument; il s'indigne de s'être donné un maître; sitôt qu'il s'en aperçoit, il l'emprisonne. Mais c'est lui qui reste captif dans le cercle tracé autour de lui par le catholicisme.

D'une part l'excommunication, de l'autre la prison de Fontainebleau, voilà par où devait finir la paix fictive scellée à Notre-Dame. Et, bien que ce soit la plus mauvaise page de l'histoire de Napoléon, sans doute il fallait que ce dernier essai d'organisation sociale, sur le principe et dans l'idéal du catholicisme, fût essayé par le plus grand homme et le plus entreprenant des temps modernes, afin qu'en voyant ses institutions glacées et mortes en naissant, à ce souffle du passé, tout ce qu'il avait fondé sur l'accord de la papauté tomber ou s'effacer de soi-même, noblesse, royauté baronnies, hérédité Carlovingienne, son tombeau de Saint-Denis transporté à Sainte-Hélène, et le Code civil repoussé par le pape, subsistant seul au milieu de ces ruines, personne au monde ne fût plus jamais tenté de faire sacrer et oindre l'avenir par la religion du moyen âge.

Malgré ce changement, le peuple se reconnaissait encore dans l'Empereur; la capote grise faisait pardonner la couronne de Charlemagne. Dans cet âge héroïque de la démocratie, ce qu'elle demandait avant tout à son chef était, non la liberté, mais l'héroïsme. Faire des rois à sa guise était encore un attribut de souverain. N'ayant pu renverser d'un souffle la vieille Europe, on pensait la braver en donnant à qui l'on voulait, en un moment, la dignité des siècles; puis la France pardonnait à son héros d'être tout chez elle, parce qu'elle espérait devenir tout chez les autres.

Une autre chose servit à conserver jusqu'au bout à Napoléon le cœur des masses; il ne connut pas la distinction impie de la bourgeoisie et du peuple. Jamais l'idée ne lui vint de partager le pays en riches et en pauvres, de se donner aux uns, de se défier des autres. Appliquant à la société son principe de tactique, il fit de tous les enfants de la France une seule masse, la grande Nation, la grande armée, qui respirait, il est vrai, sous la mitraille, mais qui n'avait qu'un foyer, un drapeau, une âme. Y avait-il un pays légal et un pays illégal, des bourgeois et des prolétaires, à Marengo, à Austerlitz, à Iéna? Non : il y avait des hommes qui tous ensemble ont conquis, pour eux et pour leurs descendants, le droit de cité.

En dépit de tous les déguisements, le principe de la démocratie éclatait, étincelait à la veille des batailles. Ces jours-là l'Empereur, quoi qu'il fît, était obligé de se retrancher dans sa vraie force il la déployait comme un étendard, dans ses proclamations. C'est dans ces paroles de feu qu'est toute l'âme de l'Empire; et il faut avouer qu'on ne vit jamais rien de semblable, ni la démocratie plus ouvertement triomphante. Qu'est-ce que cet empereur, qui promet son trône à l'enfant du plus digne? Qu'est-ce que ce général qui, entrant en campagne, confie au moindre de ses soldats son projet, quelquefois son plan de manœuvres, son idée et son but politique? Au grenadier qui est sur l'Elbe ou l'Oder il annonce qu'il veut frapper là l'Inde, Pondichéry, le cap de Bonne-Espérance. Une autre fois, dans les neiges d'Eylau, il proclame qu'il faut gagner là pour le monde la liberté des mers. Et c'est, pour cette cause générale, universelle, pour ces secrets d'État, cette haute politique du globe, qu'il prétend passionner les sous-officiers et les masses de l'armée !

Quelle foi dans l'intelligence et dans le cœur de ces hommes ! quelle égalité, quelle familiarité de génie entre le chef et la foule ! Car enfin, ces proclamations contiennent les idées les plus élevées, et comme la philosophie politique de l'Empereur. En les livrant aux siens, dans l'abandon d'un jour de péril commun il faisait de ces hommes autant de confidents de sa pensée et de représentants de la civilisation de l'univers. Le grenadier de la garde qui entendait au bivac ces immenses paroles ne pouvait en comprendre exactement la valeur ; il faisait mieux que cela, il en saisissait l'âme, il sentait, avec une force électrique, qu'il était le bras qui devait remuer un monde, à ses extrémités. Pour montrer qu'il avait tout compris, il disait à son chef, le soir d'Austerlitz : « Sois tranquille! tu n'auras à combattre que des yeux. »

A mesure que Napoléon semble tout ramener à lui, on s'aperçoit qu'il est moins maître de sa fortune. Lorsqu'il paraît ne plus agir qu'arbitrairement, c'est alors qu'il est l'instrument presque passif d'un plan qui vient d'en haut. Plus il est absolu, moins il est libre. Général d'Italie, consul, il fait exactement ce qu'il a le dessein de faire; empereur tout-puissant, son action va presque toujours au delà de son projet; il frappe des coups qui ont un retentissement là où il ne l'attendait pas. J'en veux montrer un exemple.

La guerre d'Espagne est la plus injuste qu'il ait faite; mais le merveilleux est que le coup qui opprime l'Espagne délivre l'Amérique. L'Europe n'est préoccupée que de la violence faite à Madrid, et il se trouve que tout le nouveau monde applaudit à cette guerre que tout l'ancien condamne. A chaque bataille livrée en Castille, à Burgos, Somosierra, contre l'Espagne, une république indépendante surgit de l'autre côté de l'océan, au Chili, au Pérou, au Mexique. Une justice supérieure éclate, car il fallait trois choses : premièrement, que l'Espagne fût punie de sa dureté envers l'Amérique; secondement, que ce châtiment la régénérât; troisièmement, que ses colonies asservies devinssent des États libres. Or tout cela s'accomplit par la même main, dans l'entreprise qui est considérée avec raison comme la plus inique de l'Empire.

Voilà pourquoi le nom de Napoléon a fait battre le cœur à tous les peuples ; derrière lui on a cru voir la providence. On reconnaît que le plus puissant des hommes a toujours été entraîné par quelque chose de plus puissant que lui, que la paix n'a jamais été entre ses mains, qu'un Dieu le poussait sans relâche, que presque tout l'univers est son complice. Si le général d'Italie se fût arrêté à Marengo, il eut représenté dans l'avenir la démocratie française ; mais, au yeux des étrangers, celui qui est allé au Caire, à Vienne, à Madrid, à Berlin, à Varsovie, à Moscou, est le précurseur de la démocratie universelle ; nous aimons le Consul, ils saluent l'Empereur.

Il arriva le moment où le monde devait montrer qu'il n'avait plus besoin du débordement de la France ; mais il fallut alors attendre qu'elle fût entrée dans la ville sainte, Moscou. Alors toute l'Europe continentale a été visitée. Chaque race, chaque peuple, a reçu son ferment d'avenir. Le signal de la retraite est donné de haut ; la neige de Russie couvre la grande armée ; quelques hommes rapportent le drapeau en ceinture. Personne n'attaque plus la Révolution par le manifeste féodal de Brunswick ; on la combat par l'esprit même qu'elle a créé. Les rois ont appris à la fin le mot sacré de la Constituante, *la Liberté et l'Évangile;* ils le retournent contre le pays qu: "a prononcé le premier. Deux Français, dans la campagne de Saxe, Bernadotte et Moreau, tuent la France en portant chez les autres le secret de la grande tactique ; en sorte que de tous côtés notre pays est assiégé par la force même qu'il a répandue dans l'univers ; et ce qu'on n'a pas encore vu, la défaite d'un peuple n'est consommée par tous les autres qu'à condition qu'ils adoptent son principe et sa foi.

Ainsi commence à s'expliquer la dictature de Napoléon. Comme tous les grands inventeurs, la France devait donner la Révolution au monde et payer son bienfait par un jour de mort. Prométhée donne à la terre le feu du ciel, il est lié au rocher ; Christophe Colomb montre à la vieille Europe un nouvel univers, il est ramené les fers aux pieds du milieu de sa conquête. Si ce jour d'angoisses fût arrivé pour la France sous le Directoire, l'invasion se fût consommée au nom du passé par ce Souwarow qui s'armait du knout. Mais quinze années d'un soleil éclatant sont encore données pour mûrir le grain semé dans la tempête. Alors, peuples, rois, tous ceux qui se lèvent contre la Révolution, déclarent être convertis par elle. Fiction ou vérité, l'empereur Alexandre a sur les lèvres les mots de Mirabeau.

Qu'est-ce que la Sainte-Alliance, si ce n'est la déclaration des droits de l'homme empruntée pour un jour, et le drapeau de la Constituante déployé par les rois ? Peu importe qu'ils aient voulu jouer le monde par ce déguisement ! La robe sanglante de l'esprit qu'ils ont revêtue un moment s'est attachée à leurs os ; elle les brûlera tôt ou tard, eussent-ils tous ensemble la force physique de l'Hercule païen.

Fascinée par cette ombre, cet écho, ce fantôme de son esprit, qui se dresse de tous côtés, depuis la Crimée jusqu'au Rhin, la France est aveuglée ; puis aussi le sang lui manque dans les veines. Au dedans, on lui crie : Liberté. Au dehors, le monde lui a pris son mot d'ordre ; en le répétant à haute voix, chaque peuple passe ses frontières. Elle tombe, et sa pensée triomphe.

Assez de sophismes ont été entassés sur l'invasion, tantôt pour s'en distraire, tantôt pour s'en glorifier, toujours pour s'abuser. Il n'est pas bien que les peuples se consolent trop tôt. On a cherché mille détours pour ne pas voir la plaie ; acceptons la douleur, si nous voulons en guérir. Dans ce moment de détresse, où était l'âme, le sanctuaire du territoire sacré ? Était-ce avec l'Église du concordat ? elle allumait la Vendée. Avec le pape ? il était dans la ligue des schismatiques. Avec les systèmes des doctrinaires naissants? madame de Staël allait jusqu'à dire qu'il fallait se consoler de l'invasion par l'avantage d'étudier les mœurs anglaises et la littérature allemande. La vraie vie, la philosophie réelle était réfugiée au cœur de ces hommes d'instinct qui, avec Carnot, tenaient encore le drapeau, ne voyant plus, à cette heure, que le héros dans l'Empereur. L'âme de Jeanne d'Arc n'était pas sous les fleurs de lis; elle était en Champagne, sous le drapeau tricolore. Qui n'a pas vu ces hommes rentrer, à la fin, un à un dans leurs chaumières, muets, stupéfaits, ne sait pas jusqu'où peuvent atteindre la dignité et la profondeur de la douleur chez un peuple chrétien. Ils ne demandaient pas, comme madame de Staël, à se consoler par des livres ; ils se nourrissaient d'un unique souvenir, et cherchaient toujours l'étoile !

Dans ce silence obstiné, dans ces regards qui creusaient un mystère, dans un soupir qui sortait de ces poitrines d'airain, il y avait plus de l'âme et de l'image du Christ que dans tous les *Te Deum* que l'Église depuis trente ans a entonnés sur sa victoire.

Waterloo ! il faut regarder en face cette autre blessure ; on nous disait que cette journée n'était rien qu'une bataille entre des idées, et qu'en y mieux pensant elle pourrait nous paraître une fête. De quoi servent les sophismes qu'à énerver les cœurs? Ne jouons pas avec de pareils mots. Si nous avons été frappés, sentons au moins le coup. J'ai parcouru ce champ de colère; je crois en connaître les moindres débouchés; dans la nuit, j'ai écouté, vers la Belle-Alliance, les voix des morts. Ce ne sont pas des abstractions qui crient, mais des hommes qui veulent être ensevelis dans une mémoire glorieuse.

Je n'ai rien vu, sur le Golgotha de Mont-Saint-Jean, qu'un immense calice tout plein des larmes et du sang d'un grand peuple; buvons-y à loisir, sans détourner les yeux, jusqu'à la lie. Car il est bien évident, ce jour-là, que nous avons reçu le coup d'en haut. Ces trois armées qui se succèdent, quand l'une est lasse, de Wellington, de Bülow, de Blücher, et ce dernier qui débouche de la forêt, en un clin d'œil, sans être aperçu, tout cela marque une stratégie que l'homme n'a pas faite. Pourquoi avons-nous été frappés là pour la seconde fois? Où était le nouveau crime? Pourquoi la Vestale a-t-elle été enterrée vivante? apparemment pour avoir laissé s'amortir le feu d'en haut. Si là est le mal, là est le remède; il faut rallumer la lampe. Eh! qui sait si cette mort, où nous nous agitons depuis trente ans, ne nous est pas donnée pour nous renouveler? Déjà la France, en 1830, s'est relevée d'un genou dans le sépulcre. En croissant au dedans, nous finirons par briser, de la tête et du cœur, la lourde pierre que l'univers a amassée sur nous.

Un grand signe est de voir qu'avec Napoléon lié à Saint-Hélène la Révolution devient elle-même prisonnière de guerre sous la Restauration. Les insignes de l'esprit nouveau sont effacés ; le peuple est captif comme son chef. Mais, dans cette mort vivante de Saint-Hélène, l'âme de Napoléon grandit ; il voit des choses qu'il n'apercevait pas dans sa toute-puissance ; surtout, il fait l'aveu magnanime de ses fautes. Sans cette incurable douleur, le monde ne l'eût connu qu'à moitié ; il boit goutte à goutte le calice de Waterloo ; et, quand il l'a épuisé, il se réveille dans la paix de l'immortalité, réconcilié avec tous les peuples qui l'ont maudit. N'est-ce pas là une dernière phase dans laquelle doit entrer la démocratie qu'il a représentée ? Après avoir eu sa geôle de Sainte-Hélène, ne faut-il pas qu'elle ait aussi sa délivrance, non dans le marbre et le bronze, mais dans la conscience d'un nouvel ordre social ?

Dans le fond, la Constituante, la Convention, Napoléon, marquent les différentes époques d'un même principe. Ne croyons pas que tout soit perdu, quand une de ces époques finit ; c'est le moment d'entrer dans une autre. L'idéal de l'avenir, qui se développera par les siècles, doit renfermer et concilier tout ensemble l'essor moral de la Constituante sans ses illusions, l'énergie de la Convention sans la cruauté, la splendeur de Napoléon sans le despotisme. Voilà les racines du nouvel arbre social. N'ensevelissons donc pas notre pensée dans un seul de ces moments ; les choses qui les remplissent ne sont si grandes que parce qu'elles ne peuvent plus être refaites par personne ; leur puissance même nous avertit qu'il est temps d'en imaginer d'autres.

QUINZIÈME LEÇON

IDÉAL DE LA DÉMOCRATIE.

Pourquoi le catholicisme n'est plus l'âme de la France. — Résultats de la Révolution de 1830. — Une grande secte. — Nouvelles théories sociales comparées à celle de Campanella. — Avenir de la démocratie. — De l'éducation du peuple. — Conscience du divin dans l'homme ; source de la législation nouvelle. — L'État remplace-t-il l'Église? — Un sanctuaire au-dessus de l'État. — La Réforme de la Réforme. — Que la Révolution a ramené la foi à l'impossible. — Cause d'un divorce d'esprit entre les hommes et les femmes. — Comment juger si une théorie est dans le plan de la révolution française. — Conclusion.

Après Waterloo, Byron chante les funérailles de la France. On retranche du passé les trente années où elle a vécu le plus, comme on enlève à un cadavre, dans l'autopsie, le cœur et les entrailles. Son drapeau, ses couleurs, ses armes, sont enterrés ; personne ne peut dire ce qu'ils deviennent. Sa fortune est octroyée comme un butin.

Le drapeau blanc sert de linceul. Pour peser sur le cadavre et en répondre au monde, on fait asseoir, aux pieds et à la tête, la vieille Royauté et la vieille Église ; après cela l'ancienne Europe prête encore une fois l'oreille. N'entendant aucun souffle de vie, elle s'éloigne ; ses soldats repassent un à un la frontière, sans détourner la tête.

Dans cette heure d'agonie, d'où viendra le secours ? qui réchauffera le grand blessé ? Si le catholicisme est encore, à un titre quelconque, la religion nationale de la France, l'instant est venu de le montrer ; il fera cause commune avec elle dans cette détresse ; il sera le premier à lui communiquer le nouveau souffle de vie. Mais le contraire arrive : à chaque effort que fait ce pays pour se ranimer, la vieille Église le repousse ; elle le scelle, par le droit divin, à une dynastie morte. Jamais on ne vit une lutte semblable : d'un côté, une société défaillante qui tente de surnager ; de l'autre, son Église qui travaille à la replonger dans le gouffre. Il y a eu des moments où ces grands efforts pour revivre ont excité même la pitié de l'Europe ; le clergé est demeuré impassible ; il est resté jusqu'au bout l'allié, l'ombre inséparable de l'étranger. Dans les chaumières, un lambeau de drapeau, un vieil uniforme, une cocarde cachée, étaient les reliques qui relevaient les cœurs ; mais le prêtre n'a pas trouvé, dans toute sa liturgie, un accent pour s'associer à cette douleur, à cette passion d'un peuple. Il n'a su que l'empirer ; s'il avait pu l'éterniser, il l'aurait fait. L'Église ne priant plus pour cette grande nation défunte, il a fallu qu'un homme, qui unit le sourire aux larmes, fît l'office du curé de campagne. Béranger a ramené sous chaque toit l'espérance avec le chant du *Dieu des bonnes gens !*

Avez-vous jamais ouï dire que l'Église de France ait pris le deuil, qu'elle ait répété jour et nuit la liturgie des agonisants, lorsque l'ennemi a fait invasion sur ce territoire sacré? Quelqu'un a-t-il entendu le glas de ses cloches, lorsque les cavaliers hérétiques de Crimée et de Prusse sont venus bivaquer au seuil de Notre-Dame? Qui sait, pourtant, ce qu'un gémissement aussi solennel d'une Église réellement nationale eût pu produire, quelle commotion en eussent ressentie cette terre envahie et ce qui restait de ce peuple guerrier! Ah! si elle eût seulement tenté ce miracle, pour ma part je lui eusse tout pardonné. Mais non! Elle a vu, les yeux secs, le pays agoniser ; elle a vu les schismatiques de Russie et d'Angleterre se répandre, comme une mer, sur les villes et les hameaux de sa fille aînée ; et, dans ces jours où le calcul s'efface, où l'instinct seul paraît, non seulement elle ne s'est pas frappé la poitrine, mais elle s'est réjouie. Plus tard, au contraire, lorsque trois jours de réparation ont brillé pour la France, s'est-elle la première ornée de fleurs pour la fête ? Non, elle s'est attristée comme d'une défaite.

Qu'est-ce donc que ce prodige d'une Église qui

se dit nationale et qui toujours se glorifie de ce qui nous désespère, et se désespère de ce qui nous glorifie? Si nous périssons, elle s'élève; si nous nous élevons, elle périt. Après qu'en ces moments suprêmes le salut d'un peuple s'est accompli en dépit d'elle, suffira-t-il, aujourd'hui ou demain, d'un livre, d'un sermon, d'un mandement d'évêque, pour renouer, avec le pays, l'ancienne alliance? Non! les pénitences et l'éloquence de saint Bernard échoueraient, si on pouvait les retrouver; car quelque chose de plus éloquent que toutes les paroles du monde a éclaté dans ces jours solennels, où la vie et la mort étaient en jeu.

A la clarté funèbre des invasions, on a pu voir de quel côté étaient l'espoir, la vie, la rédemption. Le prêtre a passé devant ce peuple frappé par le glaive de tous les peuples; il a laissé se noyer dans son sang le grand samaritain, et il s'est mis du côté des assaillants. Avec M. de Bonald et tous les autres, il a prouvé doctement, sèchement, que le blessé avait tort de se plaindre; avec M. de Maistre, il disait qu'il faudrait peut-être le sang et la mort de plus de *quatre millions de Français* pour étancher la soif de son Dieu implacable! Et, après cela, on pense, on feint d'imaginer que cette terre de France peut oublier ce qui s'est passé dans les heures d'angoisses, où elle avait tout perdu, jusqu'au sentiment d'elle-même! Jamais. Si les hommes perdaient la mémoire, les choses la garderaient à leur place !

Cessez donc de répéter que la Révolution de 1830 a découronné violemment le catholicisme en lui ôtant l'auréole de la religion d'État. Cette destitution est, en effet, le résultat capital de la Révolution ; mais ce n'est pas elle qui l'a provoqué. Tout au plus elle a déclaré une chose accomplie. Le catholicisme lui-même, en se séparant des douleurs de la France, a commencé par établir dans tout l'univers qu'il n'est plus le foyer moral, la conscience, la religion nationale de notre pays, c'est-à-dire qu'il n'en a plus le cœur ni les entrailles. Par où l'on voit que la légitimité de cette Révolution est d'avoir écrit, dans la loi, une chose qui était dans les faits, et que ses adversaires eux-mêmes y avaient mise. Toute l'âme des journées de 1830 est là ; et c'est pourquoi aussi ce qu'elles ont fait est irrévocable. Les siècles des siècles passeront. Le catholicisme, avec ce qui en est la conséquence rigide, le droit divin inféodé à une dynastie, se repliera de mille manières. Il s'offrira à tous les partis. Il essayera, ce qu'il y a de moins probable et d'impossible, de se renouveler dans l'esprit même qui le renverse ; ou encore il continuera de subsister, sans s'accroître, immuable témoin d'un passé qui s'éloigne chaque jour. Malgré toutes ses fautes, soit qu'il tente de se réparer, soit qu'il se contente d'être le Brahmanisme ou le Bouddhisme de l'Occident, les esprits lassés s'abriteront dans cette ruine. Il restera une grande secte ; mais, quelles que soient les chances de la destinée, jamais il ne sera plus l'âme ni la religion de la France. Pourquoi cela ? parce qu'il l'a voulu ainsi.

On a vu de quelles sources éloignées part la Révolution française ; elle ne tombe pas seulement des mains du dix-huitième siècle; elle descend des hauteurs de tout le passé, Aussi, depuis un demi-siècle, malgré les apparences, ne s'est-elle pas arrêtée une heure. Lorsqu'elle trouve un obstacle, elle creuse la terre, et va surgir un peu plus loin. Sous la Restauration, les écrivains, les philosophes doctrinaires, disaient que le péril était passé, qu'avec un peu de prudence on s'assurerait que la démocratie a vidé sa coupe. Mais, avec l'instinct de sa propre conservation, la royauté absolue entendait bouillonner et trembler le sol sous ses pas. Rien ne pouvait la rassurer ; le sentiment de son danger lui en apprenait plus sur cela que toute la science des publicistes. En effet, après 1830, tout le monde a vu sortir de terre le fleuve enseveli ; seulement il était bien changé. De l'abîme où il avait été contenu, il apportait une question que personne ne connaissait, la guerre des classes, l'inimitié de la bourgeoisie et du peuple.

Dans le vrai, l'esprit de la Révolution française est de s'identifier avec le principe du Christianisme. Au milieu du vertige des passions, cette idée reparaît depuis Mirabeau jusqu'à Danton ; elle devient l'héritage de chaque parti ; c'est l'arc d'alliance qui brille dans la pluie de sang.

Après dix-huit siècles, l'homme commence enfin à déclarer que Dieu est descendu dans l'homme ; cette conscience réfléchie de la présence de l'Esprit divin crée un nouveau Code des droits et des devoirs. La Révolution, dès l'origine, promet d'être religieuse et universelle ; d'où cette première conséquence, que son esprit repousse tout ce qui peut diminuer la dignité intérieure du genre humain.

Gardez-vous donc d'abaisser le niveau moral, croyant par là rendre plus aisé l'avénement de la démocratie ; vous feriez précisément l'opposé de ce que vous voulez faire. J'ai bien peur, je l'avoue, de ces facilités de mœurs, que l'on érige en théories sublimes. Vous voulez surmonter la bourgeoisie ; ne commencez pas par lui emprunter ses vices. Tout serait perdu si, par je ne sais quelle fascination, la misère morale des riches devenait l'objet de la convoitise des pauvres.

Car ne pensez pas qu'à aucun prix l'homme, le genre humain, consente à déchoir du beau moral qu'il a une fois entrevu. Il ne suffirait pas que du fond de l'abîme un grand peuple criât : J'ai faim et soif. Dieu lui jetterait la pâture du corps, mais il lui retirerait la magistrature du monde. L'avénement de la démocratie ne peut-être qu'un nouveau progrès de l'esprit, de la civilisation, de l'ordre universel. Ou elle sera tout cela, ou elle ne sera jamais rien ; ce qu'il est impie de supposer.

Que faut-il pour hâter l'avenir ? Qu'une contradiction manifeste éclate entre la dignité intérieure d'un peuple et sa condition réelle, que cette opposition aille toujours en s'accroissant, jusqu'à ce que par la force des choses elle ne puisse plus subsister ; de telle sorte que l'esprit émancipe forcément le corps ; car c'est ainsi que se sont accomplies toutes les émancipations durables que le monde connaît.

Il ne s'agit pas ici d'une instruction scientifique, d'un appareil de théorèmes, d'une bibliothèque à étaler devant des gens qui ont à peine le temps de vivre. Non. Je ne demande qu'une étincelle, mais puisée au foyer le plus pur de la vie morale. Ce peuple est accoutumé à comprendre aisément les mots tombés de haut. L'Assemblée constituante, la Convention, Napoléon, lui ont donné en courant cette éducation de roi ; il la faut achever.

Vous voulez l'émanciper de la glèbe ; relevez donc sans relâche son esprit à la hauteur du nouveau ciel moral. Que sont ces théories par lesquelles chacun sera dispensé tôt ou tard de toutes les vertus ! L'homme fera tout ce qui lui plaira, dites-vous, et jamais rien qui lui coûte. Eh ! ne voyez-vous pas que vous détruisez jusqu'au dernier ressort de l'âme? Pour moi, j'aimerais mieux cent fois cette devise : *Fais toujours ce que tu as peur de faire.* Car je sais que dans cet assaut intérieur, dans ce travail héroïque, l'âme s'accroît, elle prend sa force, son point d'appui, elle crée, elle soulève un monde ; l'homme enfante le surhumain.

Si la souveraineté du peuple n'est pas le plus trompeur des mots, c'est une âme royale qu'il faut élever dans ce berceau, non pas seulement un artisan dans l'atelier, un laboureur sur le sillon. Je ne veux pas seulement que la démocratie ait son pain quotidien ; avec l'esprit de mon siècle, je veux encore qu'elle règne ; voilà pourquoi je demande d'elle des vertus souveraines.

Pendant trois jours de juillet, elle a marché sur les nues. Le souvenir de sa clémence dans le combat, la foi du volontaire de 92, l'héroïsme chevaleresque d'un Latour d'Auvergne, l'inébranlable constance d'un Carnot, le christianisme spartiate de madame Roland, l'élan du serment du jeu de paume, l'âme d'airain de la Garde dans les jours de détresse, voilà la couronne idéale qui doit flotter sur son front ; c'est le diadème que

Dieu a préparé pour le sacre de la démocratie moderne. Entre tant de partis ou de classes qui se divisent, vous demandez lequel aura la victoire. Je réponds que celui-là aura la puissance, l'autorité, la légitimité, qui, restant le plus fidèle à ce beau moral, s'en approchera davantage.

On dira que je suis trop exigeant, que j'élève jusqu'au ciel l'idéal de la démocratie; cela est vrai; mais songez qu'il faut le placer haut, puisqu'il doit être vu, comme un phare, du Globe entier.

Remarquez ici une chose étrange! La destinée de la France veut qu'elle renferme tout ensemble la Révolution la plus nouvelle et l'Église la plus ancienne; le prodige est que l'avenir naît de cette contradiction même. Louis XVI tranche la difficulté par le *veto*, le Comité de salut public par le culte de l'Être Suprême, Napoléon par le sacre, Charles X par les ordonnances; tous ces gouvernements ont été entraînés par cette question; elle n'est pas encore résolue. Comment ne pas voir que le catholicisme accomplit chez nous, depuis un demi-siècle, une mission extrordinaire? Sitôt que la France veut se reposer, cet esprit du passé se réveille; il se lève, il la provoque, il la harcèle, jusqu'à ce que, pour lui échapper, elle se jette dans l'inconnu.

Au reste, n'allons pas retomber dans une autre idolâtrie. Toute grande qu'est la Révolution, je ne demande pas que vous en fassiez une idole. Si elle avait été identique avec l'idéal religieux, si elle l'avait absorbé tout entier, il ne resterait qu'à la recommencer éternellement. De l'or pur qui était au fond de ces temps de douleur et de gloire, je ne prétends pas que vous vous formiez un veau d'or.

Véritablement il serait trop commode de croire que nous sommes les plus pieux, les plus religieux des hommes, parce que nous exigeons que le christianisme se réalise à notre profit; l'erreur serait étrange de croire que, pour devenir l'apôtre de l'esprit nouveau, il suffit de diviniser notre intérêt. Ne nous rendons pas la tâche trop aisée, car nous ne la remplirions pas même. Croirai-je ce philosophe allemand qui m'enseigne qu'après tout, le vrai baptême est un bain pour la santé du corps, que la vraie communion est un repas splendide? Flétrir l'âme, est-ce là m'affranchir? Nous parlons presque uniquement de réaliser l'Évangile social pour en jouir. Quelqu'un espère-t-il arriver à l'âge d'or de la fraternité universelle sans passer par le dévouement, par le sacrifice, par le travail intérieur, par la mort peut-être? Si cela est, il se trompe; le comble de la misère serait, en perdant le trésor de l'âme, de perdre jusqu'à l'espoir de thésauriser pour le corps.

A quelque moment que je considère l'histoire

de cette Révolution, il n'en est aucun dont je voulusse éterniser l'esprit, parce qu'il n'en est pas qui contienne et réalise en soi l'idéal de vérité dont j'ai besoin. Elle a tendu, d'un effort sublime, à embrasser le divin ; elle s'en est approchée en des instants suprêmes ; mais, enfin, elle n'est pas la Justice, l'Évangile éternel, la Religion absolue. Je ne me rengagerai donc aveuglément dans aucun de ses partis ; je ne rentrerai pas dans le monde du passé ; je ne me condamnerai pas à marcher, les yeux baissés, sur les vestiges d'aucune des factions qui ont eu, un moment, la conscience du salut de la France. Hommes nouveaux, faisons-nous un monde nouveau ? Parce que j'ai parcouru les champs de bataille de Napoléon, croirai-je que l'Empire peut renaître ? prendrai-je pour idole la Constituante, dont le pur enthousiasme me séduit ? adorerai-je, en aveugle, comme un Juif au pied du Sinaï tonnant, la montagne de la Terreur ? me ferai-je un culte d'épouvante ? Un des conventionnels amis de Saint-Just, souvent en mission avec lui, un des hommes qui ont le plus abusé des moyens de la Terreur, me disait, il y a peu d'années : Les hommes de nos jours qui parlent de l'échafaud ne le connaissent pas : *c'est un ressort usé.* Puisque la mort est usée, de l'avis même de ceux qui la donnent, qu'est-ce donc qui ne l'est pas ? La vie de l'âme, la conscience insatiable de vérité et de justice, l'esprit de création qui descend perpétuellement en vous pour vous renouveler : voilà le ressort qui ne se brisera jamais. Celui qui le tient dans sa main le retrempe incessamment aux sources où il a puisé l'univers.

De tout ce que j'ai établi il résulte que l'idéal de la Révolution est, à beaucoup d'égards, plus près du Christianisme que ne l'est aujourd'hui l'Église. Dirons-nous pour cela que l'État est la religion même? Nous ferons-nous un fétiche des lois politiques et civiles? ce serait où nous péririons à bon droit. Prendrons-nous le Code civil pour la parole sainte, les Chambres constitutionnelles pour nos conciles? Par ces abus de mots, croirons-nous nous rapprocher beaucoup de cette conversation avec Dieu, laquelle ne peut et ne doit jamais manquer à l'homme? Que serait véritablement tout cela, sinon la parodie de notre pensée?

Il y aura toujours un sanctuaire dans lequel l'État avec ses armées ne pourra pénétrer ; et ce sanctuaire idéal, élevé au-dessus des gouvernements et des institutions réalisées, ce temple, où n'entrera plus jamais la force, cette enceinte, cette Église que ne peut *réglementer* aucun pouvoir temporel, c'est la conscience religieuse de l'homme, en commerce avec l'infini. Vous cherchez toujours au loin ce pouvoir spirituel, indépendant de la terre. Vous l'avez placé d'abord dans Rome, au Vatican, puis dans les livres du dix-huitième siècle, puis dans les assemblées, dans les conseils de la Révolution, toujours en dehors. Combien de temps vous faudra-t-il donc pour déclarer que le pouvoir spirituel, qui lie et qui délie, habite tout près de vous, en vous, dans votre poitrine ? L'État ne peut rien sur cette Église, et cette Église domine l'État ; car elle le juge, elle l'absout, ou elle le condamne ; ses arrêts finissent pas être exécutés.

Un homme, en grandissant intérieurement, en redoublant en soi, par un effort sublime, la vie morale, fait, sans qu'il le sache, une révolution dans le genre humain, qui, tôt ou tard, est obligé de se mettre à son niveau. Je dirais volontiers que chacun porte, au dedans de soi, la chaîne de diamant qui soutient l'univers moral ; à mesure qu'il s'élève, il oblige l'univers de monter avec lui.

Ce qui sera la force de ce temps commence par en faire la misère. Nous sommes embarrassés et comme accablés des puissances que vient de nous donner la nature. Ces forces nouvelles et incalculables, ces machines inconnues, où fermente l'énergie du globe, attendent l'idée qui doit les dominer. Qui aura la victoire, la goutte de vapeur condensée dans la chaudière, ou la pensée divine dans le cœur de l'homme ? Voilà le combat auquel nous assistons. La nature se montre avec toute sa puissance, pour défier l'homme à ce dernier duel. Ne voulant pas être vaincus dans ce combat d'honneur, rassemblons donc, il le faut, de nouvelles énergies morales. Quand, au seizième siècle, la découverte de l'imprimerie a éclaté, l'Esprit s'est recueilli ; il s'est élevé à la Réformation, Aujourd'hui, les découvertes du monde physique viennent de nouveau harceler l'âme humaine ; pour ne pas être écrasée sous la roue, la voilà obligée de remonter jusqu'à Dieu.

Dans les systèmes généreux qui éclatent depuis une vingtaine d'années et qui attestent l'espérance dont la terre est saisie, presque toujours on imagine changer l'ordre social sans toucher à la religion. Comme si un monde nouveau pouvait s'insinuer en silence et apparaître sans troubler les anciennes églises, ou même en s'y appuyant ! Dirai-je ma pensée ? Nos utopistes ne me semblent pas assez hardis. Quand même toutes leurs promesses seraient réalisées demain, cela ne me suffirait pas. Je demanderais encore la réforme de la réforme, c'est-à-dire le renouvellement non-seulement des choses, mais de l'homme intérieur, de l'esprit, de l'Église vivante.

La Révolution française, dans ses développements, a promis d'être universelle ; d'où résulte cette seconde conséquence, qu'elle doit renfermer en soi et concilier le principe social de chaque Église, en particulier du catholicisme et du protestantisme. Par cette simple idée, il est aisé de voir si une théorie, une utopie, un rêve est dans le plan, dans le génie de la France moderne.

A la fin du seizième siècle, un moine d'Italie, Campanella, dans le fond d'une prison, imagine une nouvelle humanité. La communauté des biens[1], l'abolition de la famille, du foyer domestique, de la patrie, de la nationalité, l'agriculture pratiquée en commun, la hiérarchie de haut en bas, la distribution des richesses suivant la capacité et le travail de chacun, la papauté au faîte ; telle est l'utopie catholique dans son expression la plus nue. Le monastère en est le fond. Campanella dit lui-même qu'il l'emprunte à l'Église [2], pour réaliser la *monarchie du Christ*[3], il demande le bras séculier de l'Espagne. L'idée grande qui saisit dans cette république idéale est le principe de l'association, l'âme du catholicisme ; mais, d'autre part, que devient l'individu ? il n'existe pas.

Au contraire, voici dans une île déserte un homme, Robinson, jeté, par le naufrage, sur un

---

[1] Omnium communitas, etc. (*De Civitate solis.*)

[2] Sed ego dico finem monarchiarum jam advenisse, et quod in eo jam ævo simus quo omnia Sanctis et Ecclesiæ subjici debent. (*Mon. hisp.*, p. 22.)

[3] Monarchia Messiæ. Atheismus triumphatus. (*De Monarchia hispanica.*)

rocher. Nu, sans défense, il ne lui reste que la Bible ; il est seul, il tire tout de lui-même et du livre sacré ; c'est l'extrémité et l'utopie du protestantisme. Entre ces deux rêves, le monde cherche son chemin.

Lorsque l'idéal du moine de Calabre fut transporté en France, dans le Saint-Simonisme, beaucoup de personnes crurent faire un pas irrévocable vers le pur avenir ; et cependant il est évident que, d'autre part, en continuant sans interruption le rêve de la fin du moyen âge, elles supprimaient toute l'individualité de l'homme moderne. Pendant quelque temps, elles marchèrent plongées dans ce sommeil merveilleux ; à la fin, elles trouvèrent en elles-mêmes cet homme moderne, qui poussa un cri. Ce cri les éveilla. Elles avaient, sans le savoir, rêvé de l'avenir, à l'ombre puissante de l'Église du moyen âge.

Entre les deux principes contradictoires que la Révolution française doit finir par concilier, l'association et le droit de l'individu, nous sommes naturellement disposés à ajourner le second. L'éducation catholique que notre pays a reçue pendant dix-sept cents ans nous laisse une empreinte absolue que nos yeux ne discernent pas toujours. De là, une facilité singulière à laisser se voiler la liberté, sans pourtant y renoncer jamais. Chaque parti se promet intérieurement une heure de despotisme, un 18 brumaire, pour assurer l'indépendance des autres. Nous avons toujours l'air d'être un peu étonnés du droit de discussion et d'examen, quand nous en faisons usage. Notre premier mouvement est de fortifier l'État, l'association; nous ne pensons que par réflexion à l'individu, à la personne. Une chose qui étonne le monde est de voir qu'après tant de bouleversements l'institution par excellence, la famille, est encore régie exclusivement chez nous par le droit ecclésiastique. Le mariage est demeuré, parmi nous, le sacrement indissoluble de l'Église romaine, notre loi civile tient le divorce pour hérésie. Il paraît incroyable qu'avec la liberté des cultes nous continuions ainsi d'imposer également à tous, aux croyants et à ceux qui ne le sont pas, le sceau du catholicisme dans le for le plus intime de la vie privée. De combien de révoltes intérieures cette contradiction a été la cause la plus prochaine! Tel a été chercher au loin une théorie transcendante, qui n'avait besoin que de réclamer, d'abord, la logique du sens commun.

Élévations, aspirations vers un monde meilleur que l'on pense saisir dès ici-bas, tel est le génie de notre siècle. La secousse que la Révolution a donnée à la terre a été telle, et tant de choses extraordinaires ont été vues, tant de montagnes abaissées, tant de vallées comblées, qu'il n'est plus de miracle social qui ne semble possible. Autrefois, le genre humain, courbé sur la glèbe, sentait, par intervalles, un souffle passer sur son front, comme la fraîche haleine des siècles à venir ; il s'amusait à imaginer un âge d'or ; puis, l'instant d'après, il se disait : C'est un rêve ! Aujourd'hui, au contraire, en contemplant l'édifice des nuages et les cités féeriques qui s'amoncellent à l'horizon, dans la pourpre et l'or du soleil, il va jusqu'à penser que ce songe du ciel pourrait descendre dès demain sur la terre, et devenir son domaine. Chose nouvelle, grande en soi, présage d'avenir ! il se trouve des hommes qui croient déjà embrasser leur idéal. Ce que l'on appelait autrefois leurre, utopie, s'appelle maintenant théories. Ne méprisons pas les songes. Pour qui sait les interpréter, ils contiennent sans doute des lambeaux et des prémices de vérité. Ce grand trépied de l'avenir dont Napoléon parlait à Sainte-Hélène, et qu'il faisait reposer sur trois grands peuples, résonne de paroles étranges, souvent dures à entendre ; ces mots sibyllins étonnent l'oreille. Les uns les acceptent, le plus grand nombre les repousse ; ce qu'il y a d'évident pour tous est que la Révolution française a ramené sur la terre la foi à l'impossible.

Tout, en effet, non-seulement est possible avec les siècles, mais inévitable et sans cesse imminent, dans ce qui doit augmenter la dignité intime de l'homme. Il n'y a rien d'impraticable que le renoncement à la beauté morale et le renversement de l'âme humaine. Dans l'ivresse des théories, laissez-moi donc à jamais le sacrifice, l'intimité, la fidélité du cœur, la sainteté du serment, la personne morale, la pierre du foyer, la famille, la patrie : hors de là, je ne vois que confusion et désespoir.

On a remarqué justement qu'un divorce d'esprit éclate de nos jours entre les femmes et les hommes. Elles n'encouragent plus les novateurs ; elles rentrent une à une et disparaissent dans la *foi caduque*[1] de l'ancienne Église. Pourquoi cela ? il y en a beaucoup de raisons ; voici peut-être la plus importante.

Les femmes forment entre elles le cœur du genre humain, et le cœur a été blessé. Ces âmes nourries de sacrifices, d'abnégation, insatiables d'un idéal de pureté, n'ont su que devenir au milieu de systèmes qui semblaient rendre tout cela inutile. D'un côté, le prêtre murmurait à leurs oreilles les mots éternellement puissants : dévouement, larmes, immolation, beauté, sainteté de l'âme ; de l'autre, elles n'entendaient presque jamais que ceux-ci : restauration de la matière, hausse du salaire, vanité du sacrifice, folie des larmes intérieures. Est-ce une merveille qu'elles

---

[1] Calvin. *Inst. chrét.*

se soient presque toutes retirées vers celui qui gardait au moins l'apparence des choses invisibles ? Où disparaissait le sacrifice, devait disparaître le génie de la femme.

Mais ce n'est là qu'une méprise qui ne peut durer longtemps ; car, en dépit de toutes nos forfanteries de princes, après nous être couronnés de myrte, nous ne pouvons même, sur ce trône de l'avenir, nous passer de larmes, de crucifiement, d'immolation, de sainteté morale. Homme, genre humain, grand roi, nouveau parvenu, qui as déjà le vertige, tu ne te délivreras pas du berceau, ni de la mort, ni de la soif de l'invisible, du beau éternel, du vrai, du pur sans tache et sans déclin. Pour tout cela tu as besoin de pleurs ; tu en verseras que tu ne connais pas encore ! Et c'est la raison pourquoi les femmes reviendront du côté des novateurs. Là aussi il y a des larmes ! Que prétendez-vous faire sans vos mères et sans vos sœurs ? Pour nous laisser passer faut-il que les anciennes vertus nous fassent place et disparaissent ? C'est folie de l'imaginer. Relevons donc nos pensées, si nous voulons rallier à nous les âmes sans lesquelles nous ne pouvons vaincre ; tant il est vrai que le moyen de s'emparer irrévocablement de l'avenir n'est pas, en abaissant le seuil, d'en rendre l'entrée plus commode aux âmes bourgeoises, mais bien de l'élever d'un degré vers l'idéal éternel d'amour, de sainteté, d'héroïsme.

La Révolution française n'est si laborieuse que parce que, ayant plusieurs principes à concilier, elle ne veut se renfermer dans aucun à l'exclusion des autres. Ne croyons pas avoir tout décidé pour la société future, quand, afin de nous rendre le problème plus facile, nous supprimons un membre vivant. Quelquefois, dans nos théories, je vois pâlir la France, la patrie, au profit du genre humain. Ne vous abandonnez pas à cette pente. Si l'on cherchait l'origine de cette pensée, on verrait qu'elle est née, sous la Restauration, dans la nuit de l'invasion, lorsque la France avait perdu la conscience d'elle-même. Ce système de renoncement à la nationalité est né dans le tombeau d'un peuple. Mais le mort est ressuscité ; la France a retrouvé le sentiment d'elle-même ; laissons donc là les pensées du sépulcre !

D'ailleurs, ne sentez-vous pas que ce pays, cette terre que vous foulez, est nécessaire au monde? M. de Maistre dit que la France est investie d'une véritable magistrature dans l'univers ; quand ses ennemis parlent ainsi, sont-ce ses enfants qui soutiendront le contraire? Les aveugles ne verront-ils pas que la magistrature continue avec la nécessité de la fonction? que le peuple, qui a fait la Révolution, est nécessaire pour la diriger, pour l'expliquer, la développer? Qui dira au monde le sens, la conséquence, l'esprit de cette ère nouvelle, si ce n'est le peuple qui l'a créée ou inaugurée ?

Ne faut-il pas que l'ouvrier subsiste pour surveiller ou réparer son ouvrage ? Et d'ailleurs, où est la puissance, où est la nation qui, à la place de la France, se charge de prendre la magistrature et les dangers qui y sont attachés ? Où est le peuple qui a posé avec plus d'éclat les difficultés nouvelles de la bourgeoisie et du prolétariat, lesquelles enferment dans leurs flancs un monde inconnu ? il ne faut que passer la frontière pour en apprendre beaucoup sur ce sujet. Partout vous entendez des nations tranquilles, assises à leur foyer, répéter que la France cherche des périls volontaires, qu'elle ne peut se reposer, qu'elle se travaille pour un bien auquel elle n'arrive pas, qu'elle se consume au lieu de jouir. Oui, en effet, elle se consume ; et c'est pour la gloire du monde, pour les autres autant que pour elle-même, pour un idéal non encore atteint d'humanité et de civilisation. Aimez donc ce pays, non comme une abstraction doctrinaire, mais comme une terre consacrée. Quand les métaphysiciens vous proposent d'émigrer sans choix, sans souvenir, à la surface du globe, rappelez-vous ce mot par lequel a été sauvée la Révolution : « Emporterai-je ma patrie à la semelle de mes souliers ? »

Il est fini, ce long pèlerinage que nous avons

entrepris ensemble. En touchant le but, d'autres horizons s'ouvrent ; mais il faut s'arrêter aujourd'hui. Parmi tant d'événements et de siècles différents, je me suis imposé la tâche de ne rien dire que je n'aie puisé dans l'étude immédiate des monuments et des sources. J'ai paru devant vous comme devant ma conscience ; j'ai cherché, j'ai appelé la vérité. La voilà, sans art, telle qu'elle m'a été donnée. J'ai parlé avec le sentiment que notre siècle est grand, et que ce serait lui manquer que de manquer de liberté et de franchise.

Si cette année a été rude pour nous, elle n'a pas été inutile. Dans cette fraternité de pensées qui, depuis vingt ans, nous unit, M. Michelet et moi [1], nous avons senti nos paroles germer en des cœurs amis. Puisse cette fraternité s'étendre avec nos paroles elles-mêmes !

Nous avons regretté de ne plus voir dans la lutte cet envoyé de l'exil [2], ce pèlerin polonais qui, en consolant l'émigration polonaise, marquait l'alliance de la France et du monde slave.

Je dois remercier la presse, qui, toutes les fois qu'une difficulté est survenue contre nous, a revendiqué aussitôt les droits du libre examen ; elle a vu en nous des hommes qui, placés hors des partis, n'ont point ici d'autre cause que l'honneur

---

[1] Pendant cinquante ans, 1825-1875. (*Note des éditeurs.*)
[2] M. Mickiewicz.

de la France et la dignité de l'esprit humain.

Quant à vous, que vous dirai-je ? nous nous connaissons désormais ; nous n'avons plus besoin d'explications mutuelles. La France sait qu'il s'élève une génération qui apporte un souffle nouveau ; personne ne peut dire quelle forme prendra la vie morale que vous avez montrée ici. Ce qu'il y a de certain, c'est qu'elle ne s'éteindra pas tout entière, et qu'elle comptera pour quelque chose dans le travail de ce temps. Vous nous avez entourés, et nos ennemis n'ont pu arriver jusqu'à nous ; vous nous avez accablés de témoignages partis du cœur, et Dieu sait que jamais je ne les ai rapportés à ma personne. Je vous ai donné ce que j'avais de mieux en moi ; vous m'avez donné en retour l'étincelle sacrée que toute âme jeune apporte dans le monde. Conservons le foyer qui s'est formé ici du plus pur de nous-mêmes, et que ce soit là notre offrande au dieu du passé et de l'avenir. En nous séparant nous resterons unis. Je penserai loin de vous à ces heures de flamme ; vous aussi quelquefois vous vous souviendrez de nous.

N'oubliez pas qu'à ce dernier instant nos adversaires veillent encore. Retirez-vous paisiblement. Adieu, messieurs, vous êtes le printemps de l'année et l'espoir de la France.

FIN.

APPENDICE

LETTRE A M. LE DIRECTEUR DU JOURNAL DES DÉBATS

Monsieur,

Il ne nous a pas été difficile, à M. Michelet et à moi, de renoncer à répondre aux accusations portées contre nous à la Chambre des Pairs. Après les avoir examinées, nous ne prendrons pas la peine de les réfuter. Mais la bienveillance même que vous avez montrée envers des absents m'engage à vous adresser, avec mes remercîments, quelques observations sur la réserve que vous faites à mon égard. Vous pensez que, si je m'écarte du programme de mon cours, quelques sages avertissements suffiront pour m'y faire rentrer; des paroles aussi modérées que les vôtres ne peuvent manquer de faire impression, même sur mes amis ; si je pouvais céder à quelque chose, assurément ce serait à un conseil aussi éclairé que le vôtre ; mais je ne le puis ni ne le dois, et voici par quelles raisons.

Vous supposez, monsieur, que surpris brusquement par une polémique violente, j'ai changé le caractère de mon enseignement ; que les passions qui sont venues me provoquer ont allumé chez moi un désir soudain de représailles, et que dès lors je suis sorti des conditions ordinaires de mes études. Il n'en est rien. Ce qui fait ma tranquillité parfaite dans ces débats, c'est que je suis aujourd'hui ce que j'ai toujours été. Lorsque, il y a huit ans, j'ai commencé mon enseignement, j'ai débuté par chercher les rapports des littératures et des institutions religieuses. L'opinion publique était alors fort éloignée de ce genre de questions ; je pouvais me considérer comme isolé et abandonné dans cette voie. Depuis ce temps-là, au contraire, l'attention générale a été portée de ce côté ; ce n'est pas moi qui suis allé au-devant de tout ce bruit. Je n'ai pas renoncé à cette carrière d'idées dans mon enseignement, lorsque je pouvais croire que j'y resterais seul ; est-ce une raison d'y renoncer, parce qu'aujourd'hui l'esprit public s'en mêle ? je n'ai pas craint l'isolement, pourquoi craindrai-je la foule ?

Il y a sept ans, M. le ministre actuel de l'instruction publique m'a fait l'honneur d'assister à l'une de mes leçons, et je conserve le témoignage de l'approbation qu'il y a donnée. J'entrais alors dans la voie où je n'ai cessé de marcher ; je montrais les rapports de l'Évangile de saint Jean avec la religion des Perses. Le résultat de ce premier enseignement a été résumé dans un volume intitulé le *Génie des Religions*. Personne alors n'a songé que ce fût une chose étrangère aux lettres, que de montrer la source des grands poètes dans les croyances et dans les cultes.

Appelé au Collège de France, j'ai porté dans l'étude des littératures méridionales le même esprit qui avait jusque-là dirigé mon enseignement. Sans doute il m'eût été infiniment plus commode de traduire, pour mon auditoire, un auteur espagnol ou italien ; j'ai pensé que dans ce noble Collège de France je ne pouvais donner une tendance trop élevée ni trop philosophique à la critique. J'ai traité, dans une suite de leçons qui seront publiées bientôt, de Dante, de Pétrarque, de Machiavel, de Boccace, de Barros, de Calderon, des philosophes italiens du seizième siècle, etc. ; mais il ne suffisait pas de parler isolément de chacun de ces hommes, il fallait montrer une fois le lien qui les rassemble, la société dans laquelle ils vivent. Or le lien qui les unit, c'est la religion. Otez-moi le christianisme, tout mon sujet disparaît. Comprenne qui pourra, que je parle sérieusement de l'Italie sans Rome, de l'Espagne, des Arabes sans l'islamisme.

Otez-moi, si vous le voulez, tous les prosateurs du Midi, ne me laissez qu'un poète : choisissez. C'est Pétrarque. Je le veux bien, il suffit pour ramener la difficulté tout entière. J'ouvre au hasard ces œuvres, et je tombe sur ce traité : *Du droit de l'Etat, et de l'iniquité du Saint-Siège.* Me voilà de nouveau en proie aux questions les plus grandes ! Fermerai-je le livre ?

Imaginez un enseignement sur Homère, Pindare, Sophocle, et que le professeur soit tenu de ne rien dire des dieux ni de la religion grecque ! autant vaudrait fermer cette chaire. Retranchez de la littérature française Bossuet, Fénelon, Massillon et tout Port-Royal, il le faut, si l'on veut que les lettres ne touchent pas l'Église ; et encore cela ne servira de rien : le professeur retrouvera l'Église dans une tragédie, dans une comédie, dans *Athalie*, dans un vers de Molière. Où s'arrêter dans cette voie ? Pour être conséquent, il faudrait dire à chaque professeur de littérature : Ne parlez pas de morale, c'est l'affaire du prêtre ; laissez l'histoire, elle appartient à l'historiographe : les institutions au juriconsulte, les monuments à l'architecte, la nature au naturaliste, la terre au géologue, le ciel à l'astronome ! Après ce travail, une chaire de littérature serait en effet peu redoutable; elle n'aurait plus aucun sens.

De plus, on n'aurait rien fait encore, si l'on n'appliquait le même système aux sciences. Le littérateur pourra, par une juste réciprocité, dire au physicien : Il ne vous est plus permis de toucher à la chimie ; au géologue : J'interdis le déluge ; à l'anatomiste : J'interdis toute comparaison avec l'échelle inférieure des êtres, car cela heurte l'idée que je me forme des premiers chapitres de la Genèse. Lorsque l'honorable M. Ampère est venu couronner sa carrière par ses travaux sur l'encyclopédie des sciences, il eût fallu lui fermer la bouche en lui rappelant qu'il était là pour refaire chaque année un même nombre d'expériences de physique, et non pour créer une philosophie de la nature.

Quel serait le résultat de cet isolement, si l'on y réduisait toutes les sciences ? la mort même. Quant aux lettres, il ne resterait qu'une vaine rhétorique. Cela est d'autant plus évident, qu'il n'est pas dans le corps enseignant un cours qui ne puisse être atteint sous un prétexte semblable à celui qu'on m'oppose. Il n'est pas un professeur qui n'ait senti que la vie de l'enseignement est aujourd'hui dans l'étude des rapports. En 1828, M. Villemain était professeur de littérature française. Sans que la Restauration s'y fût opposée, il fit un cours justement célèbre sur le Parlement anglais, sur les orateurs anglais, sur la politique anglaise, sur lord Chatam, Pitt, Sheridan. Tout le monde sentit que le grand critique agrandissait, fécondait son sujet, qu'il ne le quittait pas ; et, malgré les passions qui se mêlaient alors aux moindres débats politiques, la Chambre des Pairs ne songea pas à le ramener à la rhétorique de Le Batteux. Au Collège de France, mon ami et mon collègue, M. J.-J. Ampère a, selon moi, fondé très sagement son cours de littérature française sur le christianisme des Pères et la théologie du moyen âge. Il a traité sans nulle opposition du pélagianisme et de l'augustinianisme, de la nature et de la grâce. C'était son droit et son devoir, puisque ces mêmes questions redeviennent le fond du siècle de Louis XIV. Il me souvient, il est vrai, que de vives attaques s'élevèrent dans quelques journaux et dans quelques pamphlets lorsque le savant M. Letronne traita du Déluge ; mais je n'ai pas mémoire qu'il soit intervenu une seule décision de l'une ou de l'autre Chambre pour proscrire ce sujet, qui, dans l'état présent des choses, se trouve encore momentanément ouvert à la discussion.

Pour ce qui me concerne plus particulièrement, si j'ouvre les commentateurs du Dante au moyen âge, je vois qu'ils s'occupent fort librement de la théologie, de la politique, du droit, de l'Église, de la papauté ; ces commentaires sont des encyclopédies. Et je me demande comment le droit que Boccace avait au quatorzième siècle, Landini au quinzième, je devrais y renoncer au dix-neuvième ; je ne le vois pas clairement.

Il est vrai, monsieur, que les personnes qui ne cherchent qu'un prétexte s'arrêtent au titre de mon cours, le *Christianisme et la Révolution française* ; quel rapport cela peut-il avoir avec le Midi ? A ceux qui, comme vous, cherchent le vrai et non un prétexte, je réponds que le programme de mon cours renferme les littératures méridionales dans leurs rapports avec les institutions ; qu'en publiant le volume de mes leçons, j'ai sans doute le droit d'y donner un titre plus précis, et de marquer ainsi le mouvement de l'esprit humain entre deux époques,

Dira-t-on que le Christianisme ne regarde en rien le Midi, que la Révolution française ne compte plus, qu'elle n'a pas même été aperçue par l'Italie et l'Espagne, par Monti, qui cherche l'enfer du Dante dans la Convention, par Alfieri, Manzoni et la nouvelle école espagnole ?

Cette lettre est trop longue, monsieur, et cependant elle m'a paru nécessaire pour expliquer comment je ne puis déférer aux observations bienveillantes que vous m'adressez. J'ai la conscience qu'en cédant aujourd'hui sur un point je serais contraint logiquement de céder demain sur un autre ; et, pour me rendre la vie plus facile, il ne me resterait qu'à abandonner la liberté et la dignité de l'enseignement. Les vives inimitiés qui s'adressent à nous s'étendraient bientôt à d'autres si nous manquions à notre tâche : autant vaut les assumer sur nous.

J'ai le plaisir, au milieu de ces luttes, de ne haïr personne ; les difficultés ne viennent pas de nos adversaires, elles sont dans la situation même. N'ayant pas cherché le combat, je ne le fuirai pas non plus ; et, puisque des paroles aussi tempérées que les vôtres n'ont pu me convaincre de renoncer à ce que je considère comme le droit et la vie de l'enseignement public, je ne pense pas que personne autre m'y décide aisément.

Agréez, monsieur, l'expression de ma considération la plus distinguée.

EDGAR QUINET.

21 avril 1845.

TABLE

LE CHRISTIANISME ET LA RÉVOLUTION FRANÇAISE.

Avertissement	i
A M. J. Michelet.	3
Première leçon. — Introduction.	9
Deuxième leçon. — De la tactique parlementaire en matière de religion et de philosophie	29
Troisième leçon. — L'Église dans l'esprit de Jésus-Christ.	53
Quatrième leçon. — Le christianisme sans Rome	73
Cinquième leçon. — De la cité de Dieu et de la cité de l'homme.	97
Sixième leçon. — Le pape	117
Septième leçon. — Le mahométisme	141
Huitième leçon. — Le Coran et l'Évangile.	172
Neuvième leçon. — Les précurseurs de la réformation. .	192
Dixième leçon. — La réformation.	215
Onzième leçon. — L'Amérique et la réformation	237

Douzième leçon. — L'Église gallicane et l'Église de l'avenir. 266

Treizième leçon. — L'Assemblée constituante et la Convention. 290

Quatorzième leçon. — Napoléon 316

Quinzième leçon. — Idéal de la démocratie 340

Appendice. — Lettre à M. le directeur du *Journal des Débats* 365

FIN DE LA TABLE.

Soc. d'impr. Paul Dupont, 41, rue J.-J.-Rousseau. (Cl.) 22. 12.82).

EDGAR QUINET

La démocratie républicaine, tenant à honneur d'élever un monument aux lettres françaises et de populariser l'œuvre du penseur, du citoyen qui a si fidèlement servi la patrie et la liberté, forme un Comité pour la publication des *Œuvres complètes* d'Edgar Quinet. Cette édition comprendra tous ses ouvrages (1825 à 1875), épuisés ou disséminés par vingt ans d'exil, et ses manuscrits inédits. Elle réunira à la fois les cours du professeur de Lyon et du Collège de France, l'œuvre entière de l'historien, du poète, de l'exilé et de l'intrépide adversaire de l'esprit clérical.

Philosophie. — Cours de Lyon. — Collège de France : Génie des religions. Origine des dieux. Les Jésuites. L'Ultramontanisme. Introduction à la philosophie de l'histoire. Essai sur Herder. Examen de la vie de Jésus. Le Christianisme et la Révolution française. Philosophie de l'histoire de France. La Création. L'Esprit nouveau. Vie et mort du génie grec.

Histoire : Les Révolutions d'Italie. Marnix. Fondation de la République des Provinces-Unies. Les Roumains.
La Révolution. Histoire de la campagne de 1815.

Voyages. — Critique littéraire : La Grèce moderne. Allemagne et Italie. Mes vacances en Espagne. Histoire de la poésie. Épopées françaises. Mélanges.

Politique et Religion : Enseignement du peuple. La Révolution religieuse au xixe siècle. Situation morale et politique. La Croisade romaine. La Sainte-Alliance en Portugal. Pologne et Rome. Etat de siège. Le Panthéon. Le Siège de Paris et la Défense nationale. La République. Le livre de l'Exilé. Œuvres diverses.

Poèmes : Prométhée. Napoléon. Les Esclaves. Ahasvérus. Merlin l'Enchanteur.

Autobiographie : Histoire de mes Idées. Correspondance.

Ont signé

PARIS : Ed. ADAM, ALLAIN-TARGÉ, BAMBERGER, BARODET, Louis BLANC, BRELAY, Henri BRISSON, CARNOT, CAZOT, CORBON, CRÉMIEUX, CANTAGREL, G. CASSE, CLÉMENCEAU, DENFERT-ROCHEREAU, DESCHANEL, FLOQUET, GAMBETTA, GREPPO, HEROLD, Laurent PICHAT, LE ROYER, MARMOTTAN, Pascal DUPRAT, PEYRAT, B. RASPAIL, SCHEURER-KESTNER, SCHŒLCHER, C. SÉE, SPULLER, TALANDIER, TIRARD, Victor HUGO (députés et sénateurs); ASSELINE, BIXIO, BONNARD, BONNET-DUVERDIER, Dr BOURNEVILLE, BRALERET, BRISSON, CADET, CASTAGNARY, CLAMAGERAN, Dr CLAVEL, COLLIN, Fr. COMBES, L. COMBES, DEBERLE, DELATTRE, DELIGNY, DENIZOT, Dr DUBOIS, DUJARRIER, DUMAS, ENGELHARD, FERRÉ, FOREST, GERMER-BAILLIÈRE, Yves GUYOT, HARANT, DE HÉRÉDIA, HÉRISSON, JACQUES, JOBBÉ-DUVAL, Sigismond LACROIX, LAFONT, LAUTH, Ernest LEFÈVRE, LENEVEUX, LÉVEILLÉ, Dr LEVEL, Dr LEVRAUD, D^r Ch. LOISEAU, MALLET, MANET, MARAIS, MARSOULAN, Dr G. MARTIN, MATHÉ, MAUBLANC, Dr MÉTIVIER, MORIN, MURAT, OUTIN, PÉRINELLE, RÉTY, E. RIGAUT, SONGEON, THOREL, Dr THULIÉ, VAUTIER, VIOLLET-LEDUC, (membres du Conseil municipal de Paris),

Dr Béclard, Hunebelle, Jacquet, Moreaux, Villeneuve (membres du Conseil général de la Seine). — AIN : Chaley, Gros-Gurin, Mercier, Robin, Tiersot, Tondu. — AISNE : Malézieux, Henri Martin, Ed. Turquet, Villain. — ALLIER : Cornil, Chantemille, Defoulenay, Laussedat. — BASSES-ALPES : Allemand. — ARDÈCHE : Challamet, Gleizal. — AUBE : Masson de Morfontaine. — AUDE : Bonnel, Marcou, Rougé. — BOUCHES-DU-RHÔNE : Bouchet, Bouquet, Labadié, Lockroy, Pelletan, F. Raspail, Tardieu. — CHARENTE : Duclaud — CHER : Devoucoux, Giraud, Rollet. — CORRÈZE : Général de Chanal, Latrade, Le Cherbonnier. — CORSE : Bartoli. — COTE-D'OR : Sadi Carnot, Dubois, Hugot, Joigneaux, Lévêque, Magnin, Mazeau (députés et sénateurs), Amiel, Barberot, Beleime, Bouchard, Dr Brulet, Coquengniot, Court, Cousturier, Dr Cunisset, Enfert (maire de Dijon) ; Garnier, président de la commission départementale ; Gleize, Leroy (secrétaire du Conseil général) ; Louet, Meugniot, Muteau (secrétaire du Conseil général). Perdrix (vice-président du Conseil général) ; Piot, Robelin, (conseillers généraux). — CREUSE : Moreau, Nadaud. — DORDOGNE : Garrigat, Montagut. — DOUBS : Albert Grévy, Oudet, Viette. — DROME : Chevandier, Loubel, Madier-Montjau. — EURE-ET-LOIR : Dreux, Gatineau, Labiche, Maunoury, Noël Parfait, Truelle. — FINISTÈRE : Hémon, de Pompéry, Swiney. — GARD : Bousquet, Ducamp, Laget, Marcellin Pellet. — HAUTE-GARONNE : Constans, Duportal. — GIRONDE : Dupouy, Fourcand, Lalanne, Roudier, Simiot. — HÉRAULT : Devès, Lisbonne, Vernhes. — ILLE-ET-VILAINE : Le Pomellec. — INDRE : Leconte. — ISÈRE : Bravet, Brillier, Buyat, F. Raymond. Riondel. — JURA : Gagneur, Lelièvre, Tamisier, Thurel. — LANDES : Loustalot. — LOIR-ET-CHER : Dufay, Lesguillon, Tassin. — LOIRE : Bertholon, Chavassieu, Crozet-Fourneyron. — HAUTE-LOIRE : Maigne. — LOIRE-INFÉRIEURE : Laisant (député) ; Lauriol, Leroux, Normand, Roch, Vezin (conseillers généraux). — LOT-ET-GARONNE : Fallières de Lafitte, Marcellin. — MAINE-ET-LOIRE : Benoist, Maillé. — MARNE : Leblond. — HAUTE-MARNE : Maitret. — MEURTHE-ET-MOSELLE : Berlet, Cosson, Duvaux. — MEUSE : Liouville. — MORBIHAN : Ratier. — NIÈVRE : Girerd, Turigny. — NORD : Louis Legrand, Masure, Scrépel, Testelin, Trystram. — PUY-DE-DOME : Bardoux, Salneuve, Tallon. — PYRÉNÉES-ORIENTALES : Em. Arago, Escanyé, Escarguel, Massot. — RHONE : Andrieux, Durand, Jules Favre, Guyot, Millaud, Ordinaire, Valentin, Varambon (députés et sénateurs) ; Dr Alexis Chavannes (président du Conseil municipal de Lyon) ; Falconnet (président du Conseil général du Rhône) ; Carle, Gomat, Million, Vallier (conseillers généraux). — HAUTE-SAONE : Noirot, Versigny. — SAONE-ET-LOIRE : Boysset, général Guillemaut, de Lacretelle, Logerotte, Margue, Ch. Rolland, Sarrien (députés et sénateurs); Baudu, Bessard, Boullay, Bouiloud, Carion, Dulac, H. Druard, Ph. Druard, Gilliot, L. Goujon, L. Mathey, J. Martin, Rambaud, E. Reyneau, Roberjot, Flochon, Sorlin, A. Thomas, Truchot (conseillers généraux). — SEINE-INFÉRIEURE : Desseaux, Le Cesne. — SEINE-ET-MARNE : Menier, Plessier. Sallard. — SEINE-ET-OISE : Albert Joly, Journault, Langlois. — DEUX-SÈVRES : Antonin Proust. — SOMME : Barni, Douville-Maillefeu, Mollien. — TARN : Bernard Lavergne. — VAR : Allègre, Cotte, Daumas, Dréo, Ferrouillat. — VAUCLUSE : Gent, Naquet, Poujade. — VENDÉE : Beaussire. — HAUTE-VIENNE : Godet, Georges Périn. — VOSGES : Jules Ferry, Georges, Jeanmaire, Méline, Ponlevoy. — YONNE : Paul Bert, Dethou, Guichard, Lepère, Ribière. — ALGERIE : Gastu, Jacques, Alexis Lambert, Lelièvre. — COLONIES : Godissart, Lacascade, Laserve, de Mahy (sénateurs et députés).

A VILLE DE BOURG.

P. Bataillard, Alfred Dumesnil, Auguste Marie, Paul Meurice, Eugène Noel, Auguste Préault (membres du Comité de 1856, pour la publication des Œuvres complètes, édition Pagnerre).

Paris, 4 août 1876.

SOUSCRIPTION NATIONALE DE 1876
A L'ÉDITION DES ŒUVRES COMPLÈTES
D'EDGAR QUINET

Les admirateurs du grand penseur et du grand écrivain que la France a perdu l'année dernière, ceux qui regrettent dans Edgar Quinet le patriote inébranlable comme l'éloquent et profond philosophe, jugeront tous, comme nous, que le pays qu'il a tant honoré doit un monument à sa mémoire, et que le monument le plus digne de lui serait la publication intégrale de ses œuvres.

Nous proposons donc à ceux de nos concitoyens qui partagent les sentiments que nous avons voués à ce mort illustre, l'ouverture d'une souscription pour aider à préparer et à commencer cette œuvre vraiment nationale.

Cette souscription serait fixée à 20 francs.

Il nous a paru qu'il conviendrait d'inaugurer la série des œuvres d'Edgar Quinet par la publication de sa correspondance inédite, qui ne saurait manquer d'offrir de précieux documents à l'histoire contemporaine. Les personnes qui enverront une souscription de 20 francs auront droit à recevoir *deux volumes de Lettres inédites, et quatre volumes des Œuvres complètes*.

EDMOND ABOUT, Publiciste; BARDOUX, Député; BATAILLARD, Publiciste; Louis BLANC, Député; H. BRISSON, Député; CARNOT, Sénateur; CASTAGNARY, Conseiller municipal; A. CRÉMIEUX, Sénateur; A. DUMESNIL, Publiciste; J. FERRY, Député; GERMER BAILLIÈRE, Conseiller municipal; HARANT, Conseiller municipal; A. MARIE; H. MARTIN, Sénateur; LAURENT-PICHAT, Sénateur; E. LEFÈVRE, Conseiller municipal; P. MEURICE, Publiciste; E. MILLAUD, Député; E. NOEL, Publiciste; E. PELLETAN, Sénateur; A. PRÉAULT; D. ROBIN, Sénateur; SPULLER, Député; TIERSOT, Député; VACQUERIE, Publiciste; E. VALENTIN, Sénateur; VICTOR HUGO, Sénateur; VIOLLET-LE-DUC, Conseiller municipal.

ŒUVRES COMPLÈTES D'EDGAR QUINET
Trente volumes in-18
CHAQUE VOLUME SÉPARÉMENT : 3 fr. 50

Philosophie. — Génie des Religions. Origines des dieux. Les Jésuites. L'Ultramontanisme. Introduction à la philosophie de l'histoire. Essai sur Herder. — Examen de la Vie de Jésus. Le Christianisme et la Révolution française. Philosophie de l'histoire de France. La Création. L'Esprit Nouveau. Vie et mort du Génie grec.

Histoire : Les Révolutions d'Italie. Marnix. Fondation de la République des Provinces-Unies. Les Roumains.

La Révolution. Histoire de la campagne de 1815.

Voyages. — **Critique littéraire.** La Grèce moderne. Allemagne et Italie. Mes vacances en Espagne. Histoire de la Poésie. Épopées françaises. Mélanges.

Politique et Religion. Enseignement du peuple. La Révolution religieuse au XIXᵉ siècle. Situation morale et politique. La Croisade romaine. La Sainte-Alliance en Portugal. Pologne et Rome. État de siège. Le Panthéon. Le Siège de Paris et la Défense nationale. La République. Le Livre de l'Exilé. Œuvres diverses.

Poèmes : Prométhée. Napoléon. Les Esclaves. Ahasvérus. Merlin l'Enchanteur.

Autobiographie. Histoire de mes idées. Correspondance.

Paris. — Imp. PAUL DUPONT (Cl.) 436 *bis*

www.ingramcontent.com/pod-product-compliance
Lightning Source LLC
Chambersburg PA
CBHW070440170426
43201CB00010B/1165